Vielfalt von Anfang an

»Im Dialog«

herausgegeben vom *nifbe* Niedersächsisches Institut
für frühkindliche Bildung und Entwicklung

Vielfalt von Anfang an

Timm Albers | Stefan Bree | Edita Jung | Simone Seitz

Vielfalt von Anfang an

Inklusion in Krippe und Kita

Mit einem Geleitwort der Bundesministerin
für Familie, Senioren, Frauen und Jugend
Kristina Schröder

FREIBURG · BASEL · WIEN

© Verlag Herder GmbH, Freiburg im Breisgau 2012
Alle Rechte vorbehalten
www.herder.de

Umschlagkonzeption: Weiß-Freiburg GmbH – Graphik und Buchgestaltung
Umschlaggestaltung: Verlag Herder
Umschlagfoto: © Harald Neumann, Freiburg

Gesamtgestaltung: Susanne Lomer, Freiburg
Fotos im Innenteil: Karsten Herrmann

Druck und Bindung: fgb · freiburger graphische betriebe
www.fgb.de
Gedruckt auf umweltfreundlichem, chlorfrei gebleichtem Papier
Printed in Germany

ISBN 978-3-451-32540-3

Inhalt

Geleitwort 9
Kristina Schröder

Vorwort 11
Karsten Herrmann | Maria Thünemann-Albers

I Zentrale Aspekte einer inklusiven Pädagogik 15

Inklusion in Kindertageseinrichtungen – eigentlich ganz normal 15
Simone Seitz | Nina-Kathrin Finnern

Inklusion als Beitrag zur Chancengerechtigkeit – Diversity und Verschiedenheit in der Elementarpädagogikt 27
Wiebke Warnecke

Inklusion und ethnisch-kulturelle Vielfalt 37
Petra Wagner

Kinder mit Behinderungen in Krippe und Kita – von der Integration zur Inklusion 51
Timm Albers

»Man muss satt sein, bevor man lernen kann« – Überlegungen zum Umgang mit sozialen Benachteiligungen 58
Birgit Behrensen

Mädchen und Jungen in Krippe und Kita – Inklusive Denk- und Handlungsmodelle 69
Maria Eleonora Karsten

II Pädagogische, strukturelle und bildungspolitische Perspektiven der Inklusion 77

Inklusion und Resilienz – Konzeptionelle Gemeinsamkeiten und Konsequenzen für professionelles Handeln. 77
Klaus Fröhlich-Gildhoff

Inklusion als kreativer Dialog mit Menschen und Dingen – auf dem Weg zu einer inklusiven Didaktik 91
Stephan Bree

Inklusion und Qualität in Kindertageseinrichtungen – ein dialogischer Entwicklungsprozess 107
Ulrich Heimlich

Bildungspläne für Kindertageseinrichtungen – eine Annäherung an die inklusive Frühpädagogik? 115
Edita Jung

Inklusion von Kindern mit besonderen Bedarfen – durch Interdisziplinarität und Vernetzung 129
Andrea Caby

Pädagogik – Therapie: WAS ist WAS aus der Perspektive des Kindes? 140
Jürgen Kühl

Anschlussfähigkeit durch Inklusion? – Gemeinsames Lernen im Elementar- und Primarbereich 147
Anke König

Bildung konsequent inklusiv – Wir sind dabei! 158
Norbert Hocke

III Wie Inklusion in der Praxis umgesetzt und gelebt wird 161

Vielfalt als Chance – Teilhabe in der Kita 161
Heike Bornhorst

**Inklusion durch Partizipation – zur vielfältigen
Mitwirkung unserer Kinder** 168
Angelika Oest

**Irgendwo zwischen Inklusion und Exklusion – Aspekte
zur vorschulischen Bildung tauber und schwerhöriger Kinder** 176
Bengt Förster

Inklusive Genderpädagogik in einer Elterninitiative 185
Thekla Bergen

**Inklusion durch sprachliche Bildung und Elternbildung –
am Beispiel des Programmes Griffbereit** 191
Livia Daveri | Miriam Weilbrenner

**Eine Kita macht sich auf den Weg zur Inklusion –
eine Einzelintegration für Jakob** 199
Erika Schußmann | Hans Peter Schmidtke

**Kreativer Tanz für Kinder mit und ohne Behinderung –
auf gleichberechtigter Ebene treffen** 207
Tamara McCall

**Inklusion aus der Sicht der Eltern – der lange Weg
zur gemeinsamen Erziehung** 214
Stefanie Lüpke | Heide Tremel

Inklusion mit Namen Olga – ein Integrations-Arbeitsplatz entsteht 223
Susanne Waller

Verzeichnis der AutorInnen 228

Geleitwort

Bundesministerin für Familie,
Senioren, Frauen und Jugend
Dr. Kristina Schröder

Die ganze Vielfalt und Fülle individueller Potenziale kann sich nur in einer offenen Gesellschaft vollständig entfalten. Voraussetzung ist, dass wir allen Menschen faire Chancen auf gesellschaftliche Teilhabe ermöglichen, unabhängig davon, wo sie herkommen, was ihr sozialer Hintergrund ist, ob sie mit einer Behinderung leben oder welcher Religion sie angehören. Dazu leistet die inklusive Pädagogik einen wichtigen Beitrag. Sie legt den Grundstein für ein rücksichtsvolles und faires gesellschaftliches Miteinander sowie gleiche Startchancen in Schule, Ausbildung und Beruf.

Zu einer Gesellschaft der fairen Chancen, die Vielfalt von Anfang an unterstützt, leistet auch die Kinder- und Jugendpolitik einen wichtigen Beitrag. Insbesondere mit dem Ausbau der Kindertagesbetreuung fördert die Bundesregierung frühkindliche Bildungsangebote. Weil gerade Kinder aus schwierigen sozialen Verhältnissen besondere Unterstützung benötigen, haben wir die »Offensive Frühe Chancen« gestartet. Um die Zukunftschancen benachteiligter Kinder zu verbessern, investieren wir bis 2014 rund 400 Millionen Euro in bis zu 4.000 Schwerpunkt-Kitas zur Sprach- und Integrationsförderung.

Über frühkindliche Bildungsangebote hinaus brauchen wir ein Betreuungs- und Bildungssystem, das Kinder mit ihren individuellen Bedürfnissen gemeinsam fördert, anstatt sie voneinander zu trennen. Es gibt deshalb einen bundesgesetzlichen Auftrag, wonach Kinder mit und ohne Behinderung in Gruppen gemeinsam gefördert werden sollen. Dementsprechend bauen die Kommunen Angebote inklusiver Betreuung aus. In der Kindertagesbetreuung gibt es deshalb bereits gute Beispiele dafür, wie Kinder mit und ohne Behinderungen in gemeinsamen Gruppen spielen und lernen. Im Kindergarten ist die gemeinsame Aufnahme und Förderung von Kindern mit und ohne Behinderung bereits bestehende Praxis.

Wichtig ist nun, dass wir den bundesweiten Ausbau der Kinderbetreuung für unter Dreijährige gemeinsam nutzen, um die Weichen richtig zu stellen – damit inklusives Denken und Handeln, das Vielfalt als Lernchance für alle begreift, von Anfang an gelingen kann. Das ist sicher ein Paradigmenwechsel, der einen Entwicklungsprozess für alle Beteiligten bedeutet. Daher brauchen wir weiterhin eine lebhafte Auseinandersetzung mit dem Thema, die konkrete Hinweise und Unterstützung für die Praxis liefert, aber auch eine nachhaltige Verankerung der inklusiven Pädagogik in Ausbildung und Praxis.

Noch stehen wir am Beginn eines Reformprozesses für eine inklusive Pädagogik. Auf dem Weg zu mehr Vielfalt von Anfang an ist es hilfreich, den theoretischen Wissensstand und vorhandene Praxiserfahrungen der inklusiven Pädagogik zusammenzufassen und zu diskutieren. Dazu leistet dieses Buch einen wichtigen Beitrag. Ich freue mich deshalb sehr, dass der Anstoß zu dieser Publikation aus dem vom Bundesfamilienministerium geförderten Projekt des Niedersächsischen Instituts für frühkindliche Bildung und Entwicklung »Professionalisierung, Transfer und Transparenz im elementarpädagogischen Praxis- und Ausbildungsfeld« hervorgegangen ist, und wünsche den unterschiedlichen Beiträgen viele interessierte Leserinnen und Leser.

Dr. Kristina Schröder

Vorwort

»Ohne Angst verschieden sein können«
Theodor W. Adorno

Vielfalt als Chance und Ressource
Der Grundgedanke der Inklusion – also die Einbeziehung und Teilhabe aller Kinder – geht auf eine lange pädagogische Traditionslinie zurück. Sie reicht von Pestalozzi und Montessori bis zu Annedore Prengel und der von ihr geprägten »Pädagogik der Vielfalt«. Der Begriff der Inklusion setzte sich dann in den 90er Jahren des 20. Jahrhunderts durch, bezog sich hier aber noch weitgehend auf den schulischen Kontext. Die Umsetzung der Inklusion auf allen gesellschaftlichen Ebenen wurde schließlich im Rahmen der UNESCO-Weltministerkonferenz im Jahr 2006 als Auftrag an alle Mitgliedstaaten formuliert. Auch Deutschland und damit die Länder und Kommunen haben sich verpflichtet, im Sinne einer inklusiven Chancengerechtigkeit die Würde des Kindes und seine Subjektstellung in das Zentrum ihrer Politik zu stellen.

Die Deutsche UNESCO-Kommission veröffentlichte 2009 die von allen Bundesländern unterzeichneten Leitlinien für die Bundesrepublik. Der erste Satz bringt Programm und Ziel auf den Punkt: »Inklusive Bildung bedeutet, dass allen Menschen die gleichen Möglichkeiten offen stehen, an qualitativ hochwertiger Bildung teilzuhaben, unabhängig von besonderen Lernbedürfnissen, Geschlecht, sozialen und ökonomischen Voraussetzungen.«

Als Meilenstein für die Umsetzung dieser Zielsetzung wurde der von ExpertInnen aus Theorie und Praxis am »Centre for Studies on Inclusive Education« in Großbritannien entwickelte »Index für Inklusion« auch in Deutschland eingeführt. Eingebettet in eine humanistische Wertehaltung verbindet der Index grundlegende konzeptionelle Ausführungen mit detaillierten praxisbezogenen Anregungen zur Umsetzung in Kitas und Schulen. Inzwischen ist so im Praxisfeld heutiger Elementar- und Kindheitspädagogik auch eine Vielfalt einzelner »Blütenblätter« der inklusiven Arbeit entstanden.

Das vorliegende Buch hat seinen Ausgangspunkt in einer im Oktober 2010 gemeinsam mit der Hochschule Emden-Leer durchgeführten Tagung des nifbe unter dem Motto »Unterschied macht schlau – Gemeinsamkeit macht stark«. Im Dialog zwischen Forschung, Aus-, Fort- und Weiterbildung sowie

Praxis wurde hier eine Standortbestimmung vorgenommen und der Blick in die Zukunft gerichtet. Zweierlei wurde dabei deutlich: Der erste Schritt im Inklusionsprozess ist gemacht, aber der Weg zu einer tatsächlich inklusiven Gesellschaft ist noch lang. Alle Beteiligten – von der Politik und Administration über die Forschung, Aus- und Weiterbildung bis hin zur Praxis – müssen dabei an einem Strang ziehen und den notwendigen Professionalisierungsprozess Hand in Hand gestalten. Neben verbesserten strukturellen Rahmenbedingungen ist hier insbesondere auch ein grundsätzliches Umdenken aller Beteiligten notwendig: Es gilt, eine Haltung zu entwickeln und zu verinnerlichen, die Vielfalt tatsächlich als Chance und als Ressource im Prozess der kindlichen Entwicklung und Bildung versteht!

Mit unserem Buch knüpfen wir an die Erkenntnisse unserer Tagung an und beleuchten die verschiedenen Facetten und Ebenen der Inklusion im Wechselspiel von Theorie und Praxis. Durch die verschiedenen Blickwinkel und die Berücksichtigung unterschiedlicher Fachdisziplinen möchte es sowohl den theoretische Rahmen als auch die praktischen Implikationen und Umsetzungsszenarien der Inklusion für PraktikerInnen, Auszubildende und StudentInnen sowie MultiplikatorInnen aus dem Bereich der frühkindlichen Bildung und Entwicklung erschließen.

Unterschied macht schlau – Gemeinsamkeit macht stark

Nach einer grundlegenden Einführung in das Thema der Inklusion werden im ersten Teil dieses Buches zentrale Inhalte einer inklusiven Pädagogik und ihre Schnittstellen zu anderen aktuellen Diskursen wie »Diversity« dargestellt. Die inklusive Pädagogik wird dabei als eine zentrale Dimension der Elementarpädagogik kenntlich, die weit über die Integration von Kindern mit Behinderungen oder mit Migrationshintergrund hinausgeht.

Im zweiten Teil des Buches werden verschiedene pädagogische und strukturelle Aspekte der Inklusion vertiefend und praxisorientiert beleuchtet – von der Resilienz über die Frage der Qualität und die Sicht der Eltern bis hin zu bildungs- und berufspolitischen Voraussetzungen für eine gelingende Umsetzung. Am Beispiel der Ästhetischen Bildung werden in diesem Abschnitt darüber hinaus auch zentrale Ansätze für eine inklusive Didaktik sichtbar.

Im dritten Teil zeigen PraktikerInnen, wie die Inklusion in Krippen und Kitas tatsächlich umgesetzt und gelebt werden kann. Die Sieger-Kitas des landesweiten nifbe-Wettbewerbs zum Thema »Vielfalt als Chance« stellen so beispielsweise ihr Konzepte der gelebten Vielfalt und der »Inklusion durch Partizipation« vor. Zwei weitere Kita führen auf mitreißende Weise den Prozess der Inklusion eines Kindes bzw. einer Mitarbeiterin mit Behinderung vor Augen. An diesen und weiteren »Best Practice«-Beispielen wird deutlich, welche Chancen und Mehrwerte sich trotz aller Widerstände und Schwierigkeiten auf dem Weg zur Inklusion eröffnen – sowohl für das einzelne Kind, als auch für die Gruppe und die ganze Gemeinschaft.

Wir wünschen Ihnen mit diesem Buch viele neue Erkenntnisse und Anregungen zu unserem gemeinsamen Ziel einer inklusiven Bildung von Anfang an. Wir hoffen, dass es Ihnen Mut macht, Ihren eingeschlagenen Weg zur Inklusion weiterzugehen oder diesen auch ganz neu zu betreten – denn auch die längste Reise beginnt mit dem ersten Schritt!

Für den Herausgeber:
    Karsten Herrmann
    Maria Thünemann-Albers

Teil I
Zentrale Aspekte einer inklusiven Pädagogik

Inklusion in Kindertageseinrichtungen – eigentlich ganz normal...

Simone Seitz | Nina-Kathrin Finnern

INKLUSION IST EIGENTLICH ganz normal – das können wir am einfachsten von Kindern in Kindertagesstätten lernen. Denn für sie ist die Vielfalt, der sie dort begegnen, der Normalfall. In allen Krippen und Kitas haben Kinder Kontakte mit einer Vielzahl von Jungen und Mädchen verschiedenen Alters und aus soziokulturell unterschiedlichen Lebenszusammenhängen. Sie erfahren, dass Kinder unterschiedliche und veränderliche Befähigungen, Lebensbedingungen und Entwicklungswege haben können. Besuchen Kinder eine inklusive Einrichtung, so ist die dort erlebte Verschiedenheit unter den Kindern für sie selbstverständlich. Geht die Einrichtung reflektiert mit Vielfalt um, erhalten Kinder gutes Rüstzeug, um auch im Erwachsenenalter in einer vielfältigen demokratischen Gesellschaft bestehen und verantwortlich handeln zu können.

Wenn jungen Kindern ein anderes Kind auffällt, dann suchen sie aus ihrem Erfahrungshorizont heraus nach Erklärungen. So sagt Cem über seinen Freund Joel: »Der muss noch lernen.« Denn: »Der ist noch klein, der ist erst drei Jahre.« Daran erinnert, dass Joel vier Jahre alt ist, erklärt er: »Ach, das habe ich vergessen …, der muss trotzdem noch lernen.«[1] Für junge Kinder sind Unterschiede im Lernen und der Entwicklung ganz normal, wenn wir sie Erfahrungen hiermit machen lassen. Das Recht auf gemeinsames Spielen und Lernen mit anderen Kindern würden sie von sich aus wohl nicht infrage stellen. Und doch ist gerade dieses Recht in Deutschland erst seit kurzer Zeit als Menschenrecht für alle Kinder anerkannt worden.

---

[1] Dem Beobachtungsprotokoll einer laufenden Studie von Nina-Kathrin Finnern entnommen.

Inklusion als Menschenrecht

Das Recht auf Bildung ist bereits seit 1948 anerkanntes Menschenrecht (vgl. United Nations 1948). Doch wurde es aktuell in der UN-Behindertenrechtskonvention konkretisiert, um die Pflicht zur Umsetzung für alle Menschen verbindlich zu verankern (vgl. United Nations 2006). Das Recht auf Bildung ist in der Konvention direkt mit dem Recht auf Partizipation verbunden. Dies ist für die Gestaltung inklusiver (Früh-)Pädagogik zentral, denn es macht deutlich, dass Bildung auf soziale Eingebundenheit angewiesen ist und in Sonderinstitutionen nicht angemessen umgesetzt werden kann. Der Artikel 24 der Behindertenrechtskonvention schreibt daher die staatliche Verpflichtung zum Aufbau eines inklusiven Erziehungs- und Bildungssystems auf allen Ebenen fest und ist somit verbindlicher Handlungsrahmen auch für Kindertagesstätten geworden. Es ist nun staatliche Aufgabe, geeignete strukturelle Bedingungen zur Umsetzung des Rechts auf Erziehung und Bildung für alle Kinder in einem inklusiven frühpädagogischen Erziehungs- und Bildungsangebot zu schaffen.

Die Ablehnung eines Kindes durch eine Kindertagesstätte mit der Begründung einer »Behinderung« stellt eine Diskriminierung und damit einen direkten Verstoß gegen die Konvention dar (Artikel 24). In den Einrichtungen sind daher entsprechende Rahmenbedingungen notwendig, um die Konvention im Konkreten wirksam und umsetzbar zu machen. Wenn eine spezifische individuelle Unterstützung für einzelne Kinder notwendig ist (z. B. zusätzliches, spezifisch ausgebildetes Personal), so ist dies der Konvention gemäß in den Kindertagesstätten sicherzustellen und darf nicht an den Besuch eines Sonderkindergartens gebunden werden.

Die Idee inklusiver Erziehung und Bildung ist nicht neu. Die Entwicklungen integrativer bzw. inklusiver Strukturen begannen in Deutschland bereits vor mittlerweile vier Jahrzehnten. Eltern erstritten damals für ihre Kinder das Recht auf gemeinsame Erziehung im Kindergarten. Wissenschaftliche Begleitforschungen und Theoriebildungen integrativer bzw. inklusiver Pädagogik nahmen im Elementarbereich ihren Anfang und wurden späterhin auf die Schule übertragen (vgl. im Überblick Kron 2006; Seitz 2009). Kindertagesstätten können damit heute gleichermaßen auf umfassende Praxiserfahrungen sowie abgesicherte Forschungsergebnisse zurückgreifen, wenn sie sich zu einer inklusiven Einrichtung weiterentwickeln wollen. Die frühen Forschungsarbeiten in diesem Praxisfeld erarbeiteten grundlegende Erkenntnisse zur – in der damaligen Lesart ausgedrückt – gemeinsamen Erziehung von »behinderten« und »nichtbehinderten« Kindern. In diesen Arbeiten konnte zunächst gezeigt werden, dass integrative Erziehung erfolgreich funktioniert und vor allem wichtige Impulse zum sozialen Lernen der Kinder bieten kann (vgl. zusammenfassend Kaplan et al. 1993). Späterhin galt es übergreifender nach dem Umgang mit Heterogenität zu fragen. Denn gesellschaftliche und soziale Entwicklungen hatten den pädagogischen Umgang mit der Heterogenität von Lebensformen und Lebenslagen insgesamt in den Fokus rücken lassen. In Überwindung der binären Unterscheidung »behindert – nichtbehindert« nahm auch die inklusive (Früh-)Pädagogik die gesellschaftlichen Wandlungsprozesse auf, und die Forschung bearbeitete die hiermit verbundenen Fragen. Zuschreibungen von Kulturalität, Geschlechterzugehörigkeit, Befähigung und Beeinträchtigung sowie hieran anknüpfende Bewertungen wurden dabei als Ausdruck von zeitgebundenen und kulturell geprägten Diskursen und Meinungsbildungsprozessen deutlich gemacht und kritisch reflektiert. In der hier ansetzenden Grundlegung einer Pädagogik der Vielfalt wurde auch die enge Verknüpfung von inklusiver und demokratischer Erziehung und Bildung theoretisch und konzeptionell genauer ausgearbeitet (vgl. Prengel 1993).

Im Zuge des quantitativen Ausbaus integrativer Erziehung und Bildung im Elementarbereich zeigten sich neben der erfolgreichen Konzeptentwicklung (vgl. u. a. Fritzsche/Schastok 2002) auch problematische Auswirkungen der inkonsequenten Umsetzung integrativer Strukturen. Denn so lange integrative Kindertagesstätten lediglich ein »Alternativprogramm« zu Sonderkindergärten darstellten, führte dies dazu, dass entwicklungsgefährdete Kinder durchsetzungsfähiger und engagierter Eltern auffallend häufig integrative Einrichtungen besuchten, während vergleichbare Kinder aus Familien mit weniger Ressourcen tendenziell häufiger eine Sondereinrichtung besuchten und zudem erst in vergleichsweise höherem Alter aufgenommen wurden (vgl. Riedel 2008). Solche Effekte »institutioneller Diskriminierung« (vgl. Gomolla 2006) sind auch gegenwärtig noch wirksam. Dabei sind heute die Lebens- und Entwicklungsbedingungen einer steigenden Zahl von Kindern durch materielle Armut und/oder soziale Risikolagen geprägt, was erhebliche Auswirkungen auf ihre Entwicklung hat (Weiß 2007, S. 78ff.). Eine sozial schwache Ausgangslage korreliert dabei weiterhin mit Diagnosen von »Behinderung«. Entsprechend sind heute unter den Kindern, die den gesetzlichen Regelungen entsprechend die Komplexleistung Frühförderung erhalten, immer mehr Kinder in (psycho-)sozialer Risikolage ohne klare medizinische Diagnose im Sinne einer organischen Beeinträchtigung oder eines Syndroms (Weiß 2000).

Im Gesamtblick ist die Entwicklung in Richtung inklusiver Strukturen in Kindertagesstätten heute wesentlich weiter entwickelt als in Schulen. Aktuell besuchen circa 60 Prozent der Kinder im Vorschulalter, denen Unterstützungsbedarf im Sinne der Eingliederungshilfe attestiert wurde, eine integrative bzw. inklusive Kindertageseinrichtung (vgl. Klemm 2010, S. 32), während die entsprechende schulbezogene Quote derzeit lediglich bei rund 18 Prozent liegt (Kultusministerkonferenz 2010). Zu bedenken ist jedoch, dass Kinder mit attestiertem Unterstützungsbedarf im Sinne der Eingliederungshilfe weiterhin erst verhältnismäßig spät – oft erst im vierten oder fünften Lebensjahr – in Kindertageseinrichtungen aufgenommen werden (Riedel 2008). Bis dahin partizipieren diese Kinder entweder gar nicht an institutionalisierter Bildung und Erziehung oder sie erhalten – in der Regel wöchentlich – ein Frühförderangebot. Insbesondere Kinder mit Unterstützungsbedarf im Alter bis zu drei Jahren werden nur selten in Kindertagesstätten betreut, was auch für deren Eltern soziale Ausgrenzung bedeuten kann. Hier gibt es enormen Entwicklungs- und Ausbaubedarf (vgl. Seitz et al., im Druck).

Was meint der Begriff »Behinderung«?

Wenn wir ein Kind als behindert bezeichnen, so sagen wir damit vor allem etwas über die Bedingungen aus, unter denen es sich entwickelt. Behinderungen entstehen im komplexen Zusammenwirken von Risikofaktoren in der kindlichen Entwicklung und gesellschaftlichen Diskriminierungs- und Ausgrenzungsprozessen (vgl. u. a. World Health Organization 2001). Der Begriff »Behinderung« beschreibt folglich keine feststehende Eigenschaft einzelner Kinder oder bestimmter Gruppen von Kindern, sondern primär die unvollständige Umsetzung von sozialer Teilhabe und Bildungsteilhabe. Mit dem Begriff lässt sich sinnvoll hinweisen auf einen Mangel an Möglichkeiten zu gesellschaftlicher Beteiligung sowie dazu, das eigene Potenzial auszuschöpfen, nicht aber das Verhalten eines Kindes zu erklären.

So geht es in der inklusiven Pädagogik um die Analyse von Situationen, in denen Partizipation und/oder Lern- und Entwicklungsprozesse durch bestimmte Barrieren bzw. deren Zusammenwirken behindert werden. Inklusion bedeutet also einen bewussten und reflektierten Umgang mit der Heterogenität des Lernens sowie von Entwicklungs- bzw. Sozialisationsbedingungen insgesamt. Risiken für Ausgrenzung oder Marginalisierung können sich dabei in unterschiedlicher Ausprägung zeigen und gegenseitig überlagern. Daher ist ein wesentlicher Aspekt, der gegenwärtig mit der begrifflichen Weiterentwicklung von der Integration zur Inklusion verknüpft wird, die gedankliche Zusammenführung verschiedener Dimensionen von Heterogenität wie kulturelle Zugehörigkeit, Religion, Alter, Gender und Befähigung. Für die Weiterentwicklung inklusiver Konzepte ist das komplexe Zusammenwirken der vielschichtigen Heterogenitätsdimensionen, welche die Lebenslage eines Kindes kennzeichnen können, in ihrer Verschränkung und Dynamik im Hinblick auf Barrieren für gleichberechtigte gesellschaftliche Teilhabe in den Blick zu nehmen. Es geht insgesamt um eine besondere Aufmerksamkeit für Risiken und Gefährdungen von Kindern, die an den Rand gedrängt oder ausgegrenzt werden (Marginalisierung bzw. Exklusion) und/oder die eigenen Potenziale für Lernen und Entwicklung nicht entfalten können (vgl. UNESCO 2009).

Um dieser Komplexität Rechnung zu tragen, sollte für eine inklusive Praxis milieu-, kultur- und geschlechtersensible Pädagogik verknüpft gedacht werden. In der Umsetzung in der Kindertagesstätte geht es darum, Unterschiede zwischen Kindern anzuerkennen, ohne dies mit einer Bewertung zu verbinden, d.h. zu hierarchisieren (»egalitäre Differenz«, Prengel 1993). Vielmehr werden diese Unterschiede als Ausgangspunkt für soziale Lernprozesse gesehen. Menschliche Vielfalt wird hier als Quelle möglicher kultureller Bereicherung betrachtet (vgl. Bielefeldt 2009, S. 7) und als eigener Wert anerkannt. Jedoch ist diese Betrachtungsweise nicht mit einer undifferenzierten Befürwortung gleichzusetzen. Insbesondere mit Blick auf materielle Armut und soziale Ungleichheit ist ein reflektierter Umgang mit Heterogenität gefordert, eingebettet in gerechtigkeitstheoretische Fragestellungen (vgl. Prengel 2010). Dies stellt die pädagogischen Fachkräfte vor die Herausforderung, eine Balance zu schaffen zwischen Wertschätzung verschiedenster Lebenssituationen und der Schaffung einer entwicklungsförderlichen Umgebung, in der sie die Barrieren für Partizipation abbauen helfen, damit das Kind sein Potenzial entfalten kann.

Bildungs- und Entwicklungsbegleitung
In der aktuellen bildungs- und sozialpolitischen Debatte zur Frühpädagogik wird auch die Bildungsfähigkeit junger Kinder gezielter in den Blick genommen. Bildungsanforderungen werden verstärkt an Krippen und Kindergärten gestellt. Im Zuge dessen wurden zum Beispiel in allen Bundesländern Bildungspläne für die Kindertageseinrichtungen verfasst. Damit verbunden sind auch Diskussionen über Qualitätsentwicklung, höhere Qualifikationsanforderungen und Professionalisierung in der frühkindlichen Bildung. Dabei wird insbesondere die Bedeutung guter Startbedingungen in den ersten Jahren für die Bildung und Entwicklung von Kindern hervorgehoben. Herausforderungen und Chancen, die sich aus der UN-Konvention über die Rechte behinderter Menschen ergeben, werden in diesem Diskurs jedoch bislang kaum berücksichtigt. Hieraus erwächst die Frage, wie sich die frühen Bildungsanforderungen mit den Herausforderungen, die sich durch die Umstrukturierung auf inklusive Praxis ergeben, vereinbaren lassen. Zwar finden sich Aspekte von Inklusion in der allgemeinen Grundlegung vieler Bildungspläne, nicht aber in der Konkretion der Bildungsanforderungen. Hier besteht weiterer Entwicklungsbedarf. Die vielfältigen Lebenslagen, Entwicklungsbedingungen und Gefährdungen von Kindern sollten konzeptioneller Ansatzpunkt für die Gestaltung der konkreten Bildungsbegleitung werden (vgl. Seitz et al., im Druck).

Kindertagesstätten, die sich auf den Weg in Richtung Inklusion begeben, öffnen sich für die Idee, Barrieren für Partizipation und Lernen innerhalb der Strukturen, dem Konzept sowie der Arbeitsweisen in der Einrichtung zu erkennen und abzubauen sowie hierfür notwendige Ressourcen zu mobilisieren (vgl. Booth et al. 2006). Ein- und Ausgrenzungsprozesse innerhalb der Einrichtungen müssen kritisch betrachtet und reflektiert werden. Es gilt, die pädagogische Praxis so zu gestalten, dass allen Kindern individuelle Bildungs- und Lernprozesse ermöglicht werden. Eine inklusive Bildungs- und Entwicklungsbegleitung berücksichtigt zum einen die vielfältigen individuellen Bedürfnisse und unterstützt zum anderen die Partizipation aller Kinder.

Interaktionen zwischen Kindern unterschiedlicher Kompetenz- und Entwicklungsniveaus bieten ein hohes Anregungspotenzial. Kind-Kind-Interaktionen haben einen besonderen Motivationscharakter, denn auch junge Kinder interessieren sich in hohem Maße für andere Kinder. Soziale Interaktionen, zum Beispiel im freien Spiel, sind eine wichtige Ressource für Bildungsprozesse und Ko-Konstruktionen und sollten gezielt gefördert werden.

Aktivitäten in der Kindergruppe werden so gestaltet, dass die Kinder entsprechend ihrer individuellen Voraussetzungen sozial eingebunden herausgefordert werden (vgl. Seitz et al. 2010).

Jedes Kind kann individuelle Unterstützung brauchen, um seine Entwicklungspotenziale auszuschöpfen. Einige Kinder benötigen aber spezifische, fachlich fundierte Unterstützung in einem bestimmten Entwicklungsbereich, um sich entwickeln zu können und damit ihre Teilhabe abgesichert wird. Der in diesem Zusammenhang üblicherweise gebrauchte Begriff der Frühförderung ist hierbei zunächst irreführend, denn er legt nahe, das Kind würde von einer pädagogischen Fachkraft in seinem Entwicklungsweg »befördert« – obgleich wir wissen, dass Bildung und Entwicklung selbstgesteuerte Prozesse sind, die ein Kind letztlich selbst vollzieht. Das pädagogische Umfeld und gezielte Unterstützung können lediglich Impulse und Anreize setzen. Konzepte der Frühförderung setzen denn auch hier an und zielen primär auf die Stärkung und Begleitung des Kindes in seinem Umfeld. Denn Gefährdungen der individuellen Entwicklung sind nur im Gesamtblick auf die Entwicklungs- und Sozialisationsbedingungen eines Kindes zu verstehen (vgl. u. a. Sohns 2010). Spezifische Unterstützung im Format der Frühförderung sollte in der inklusiven Kindertagesstätte stets unter der Leitidee der sozialen Einbindung umgesetzt werden (vgl. Seitz, im Druck).

Zusammenarbeit – mit Eltern, im Team und mit externen Kooperationspartnern
Inklusion betrifft stets die gesamte Kindertagesstätte und ist ein Prozess, der von allen, die an der Erziehung und Bildung der Kinder beteiligt sind, gemeinsam gestaltet wird.

Um inklusive Prozesse zu ermöglichen, ist insbesondere eine gelingende Gestaltung von Erziehungspartnerschaften grundlegend, bei der sich pädagogische Fachkräfte und Eltern bzw. Bezugspersonen gleichberechtigt begegnen. Auch wenn Wert- und Erziehungsvorstellungen der Eltern von denen der pädagogischen Fachkräfte abweichen, wird stets ein professioneller respektvoller Umgang gepflegt. Besonders für Eltern, die bereits früh mit der medizinischen Diagnose einer Behinderung ihres Kindes konfrontiert wurden, sowie für Mütter und Väter, die sich Sorgen um die Entwicklung ihres Kindes machen, etwa weil es als »von Behinderung bedroht« gilt, ist ein sensibler Umgang wichtig.

Ein wesentlicher Aspekt der Zusammenarbeit mit den Eltern bzw. Bezugspersonen ist die Eingewöhnung. Diese Phase ist für die Gestaltung sicherer Bindungen in der Kindertagestätte entscheidend. Kinder, die sich sicher fühlen, sind eher bereit, sich auf die neue Situation in der Einrichtung einzulassen und für neue Erfahrungen und Lernprozesse zu öffnen. Daher geht es nicht einseitig um die Schaffung von Vertrauen, sondern stets um das Zusammenspiel von Vertrauen und Exploration. Je nach Kind ergeben sich bei der Eingewöhnung individuelle Bedarfe. Dies bedeutet auch, dass Bezugspersonen auf verschiedene Weise in den Eingewöhnungsprozess einbezogen werden. Die Eingewöhnung kann zudem unterschiedlich lange dauern. So kann ein Kind, das zum Beispiel durch einen Krankenhausaufenthalt frühe Erfahrungen mit Trennung gemacht hat, besondere Ängste zeigen, auf die sensibel reagiert werden muss. Einem anderen Kind genügt dagegen schon bald ein kurzer Augenkontakt als Sicherheit und Unterstützung bei der Erkundung der neuen Umgebung. Darüber hinaus finden die unterschiedlichen Möglichkeiten der Kinder zu kommunizieren und sich auszudrücken bei der konkreten Gestaltung der Eingewöhnung Beachtung. Das Eingewöhnungskonzept geht auf verschiedene Bindungstypen, spezifische Ausdrucksformen sowie familiäre und kulturelle Unterschiede ein und wird den jeweiligen Bedarfen entsprechend flexibel angepasst (vgl. Seitz et al., im Druck).

Inklusive Kindertageseinrichtungen betrachten deshalb nicht verengt die Kinder mir ihren spezifischen Bedürfnissen, sondern werden auch die Lebensformen und soziokulturellen Lebenslagen der Familien vorurteilsbewusst reflektieren. Die konzeptionelle Berücksichtigung des sozialen Umfeldes ist für Kinder in Risikolagen besonders relevant. Hier ist das Konzept der Familienzentren (vgl. Diller 2005) hervorzuheben. Durch die enge Vernetzung im Stadtteil und Kooperationen mit (Familien-)Bildungs- und Beratungsangeboten ermöglichen Familienzentren eine Bündelung und Koordination von Maßnahmen, sodass Kinder in schwierigen Lebenslagen im Verbund mit ihren Eltern und Bezugspersonen Unterstützung erfahren können – wichtige Anknüpfungspunkte für eine familienorientierte inklusive Praxis.

Mindestens ebenso bedeutsam wie die Zusammenarbeit mit Eltern und Bezugspersonen ist die Arbeit im Team. Inklusion in der Kindertagestätte lässt sich nicht als Zusatzprogramm neben einem unverändert bleibenden pädagogischen Alltag umsetzen, sondern ist eine Innovationsaufforderung an alle Ebenen der Einrichtung – sie kann daher eine Chance zur Organisationsentwicklung sein, aber auch ein Hinweis auf notwendige Reformprozesse.

Ein hilfreiches Instrument zur Entwicklung inklusiver Qualität ist der Index für Inklusion in Kindertageseinrichtungen (vgl. Booth et al. 2006). Mit diesem Instrument können Einrichtungen ihren Entwicklungsprozess in die eigene Hand nehmen, realistische Entwicklungsziele festlegen und überprüfen. Das Manual gibt Hilfe für alle Dimensionen von Qualitätsentwicklung – für inklusive Strukturen (Strukturqualität), inklusive Kulturen (Orientierungsqualität) und inklusive Praktiken (Prozessqualität). Es verbindet Anfragen an die Beteiligten zum vorhandenen Wissen, den gesammelten Erfahrungen, Ideen und bestehenden Ressourcen sowie zu möglichen Barrieren in der Einrichtung und folgt dabei stets einem übergreifenden Blick auf Heterogenität.

Entscheidend für das Gelingen inklusiver Praxis ist eine intensive Kommunikation innerhalb des Teams. Die pädagogischen Fachkräfte und multiprofessionalen Teams übernehmen jeweils die gemeinsame Verantwortung für alle Kinder der Gruppe und teilen ihre Zuständigkeiten aufgabenbezogen statt kindspezifisch auf. Dies betrifft insbesondere die Abstimmungsprozesse zwischen pädagogischen Fachkräften und Integrations- bzw. Frühförderkräften. Das regelhafte Herausnehmen einzelner Kinder aus der Gruppe, die unter der Maßgabe von Eingliederungshilfe Unterstützung erhalten, ist letztlich ein Relikt eines medizinischen Modells von Behinderung. Es kann zur Ausgrenzung dieser Kinder beitragen und die Abstimmung der pädagogischen Fachkräfte erschweren (vgl. Seitz/Korff 2008). In der inklusiven Praxis sollte individuelle Unterstützung einzelner Kinder nicht auf Kosten von sozialer Einbindung gehen und die Ressource des Lernens von Kind zu Kind aktiv nutzen. Bei so verstandener gelingender Zusammenarbeit können die jeweiligen Kompetenzen der verschiedenen pädagogischen Fachkräfte allen Kindern zugute kommen; auch Abstimmungen zu diagnostischen Einschätzungen und geeignetem pädagogischem Handeln können auf diese Weise besser gelingen (vgl. Seitz, im Druck).

Die Kooperation mit externen Partnern bietet ebenfalls vielfältige Chancen zur Erweiterung der eigenen fachlichen Perspektive. Durch die intensive Zusammenarbeit des Teams mit externen TherapeutInnen und Frühförderkräften können die unterschiedlichen Praxiskompetenzen und das fachspezifische Wissen zusammengeführt werden. Die gemeinsame Fallberatung ermöglicht es besonders im Hinblick auf Kinder in Risikolagen, frühzeitig gemeinsame Strategien zu entwickeln. Eine wichtige Grundlage dieser fachlichen Kooperation ist eine dialogische Haltung. Dazu gehört sowohl die Bereitschaft, eigene Kompetenzen zu teilen, als auch im Sinne kollegialer Beratung auf die Kompetenzen von anderen Fachkräften zurückzugreifen und sich dabei reflektiert mit anderen Meinungen auseinanderzusetzen.

Wie geht es weiter? – Ein Ausblick
Inklusive Kindergruppen bieten soziale Vielfalt, in der Kinder von Anfang an mit menschlicher Verschiedenheit und mit verschiedenen Erfahrungswelten vertraut werden können. Hier können wichtige Grundlagen für gesellschaftliche Partizipation und soziale Eingebundenheit aller Kinder gelegt werden.

Damit dies gelingt, ist es bedeutsam, die Heterogenität der Lebenslagen aller Kinder – unabhängig von spezifischen Diagnosen – zu erkennen und reflektiert damit zu arbeiten. Zukunftsbezogen ist es sinnvoll, spezifische Unterstützung und zusätzliche Ressourcen nicht länger an individuelle Diagnosen einzelner Kinder zu binden, sondern sie systemisch den Einrichtungen zuzusprechen, damit diese hiermit flexibel umgehen können. Individuelle Unterstützung ist dann kein Privileg einzelner Kinder, das mit dem Etikett »behindert« oder »von Behinderung bedroht« versehen werden muss.

Inklusion in Kindertagesstätten ist als ein übergreifendes Konzept für alle Kinder zu verstehen. Die Frage nach einem gelingenden Umgang mit Heterogenität sollte in alle Aufgaben der Einrichtung eingebunden werden. Erst dann kann das Innovationspotenzial, das sich aus der Weiterentwicklung in Richtung Inklusion für die Erziehung und Bildung in Kindertagesstätten insgesamt ergibt, zum Tragen kommen.

Auch beim derzeitigen Ausbau von Tagesbetreuungsplätzen für Kinder bis zu drei Jahren sollte an eine Verknüpfung mit dem Leitbild der Inklusion gedacht werden, damit von Anfang an strukturelle und konzeptionelle Voraussetzungen für eine Bildung, Betreuung und Erziehung aller Kinder geschaffen werden. In diesem neu erschlossenen Feld gilt es angesichts des hohen Drucks zum quantitativen Ausbau ganz besonders, Qualität zu sichern und differenzielle Effekte zu vermeiden. Es geht also auch darum, Unterschiede in Bildungsausgangslagen durch frühe Betreuung und spezifische Förderung nicht zu verstärken (vgl. Seitz et al., im Druck), sondern allen Kindern Teilhabe an früher – inklusiv strukturierter – institutioneller Bildung, Erziehung und Betreuung zu ermöglichen.

Wenn es gelingt, einen inklusiv gestalteten, gemeinsamen frühen Einstieg in die Betreuung für alle Kinder als selbstverständlich zu etablieren, so wäre dies eine gute Ausgangsbasis für die weitere Entwicklung inklusiver Strukturen, Werte und Handlungspraxen auf allen Ebenen des Erziehungs- und Bildungssystems als Normalfall – und für die Kinder ist das ohnehin ganz normal …

Literatur

Aichele, V. (2008): Die UN-Behindertenrechtskonvention und ihr Fakultativprotokoll. Ein Beitrag zur Ratifizierungsdebatte. Berlin: Deutsches Institut für Menschenrechte.

Bielefeldt, H. (2009): Zum Innovationspotenzial der UN-Behindertenrechtskonvention. Institut für Menschenrechte URL. http://www.institut-fuer-menschenrechte.de/de/publikationen/behindertenrechte/

Booth, T. / Ainscow, M. / Kingston, D. (Hrsg.) (2006): Index für Inklusion (Tageseinrichtungen für Kinder). Lernen, Partizipation und Spiel in der inklusiven Kindertageseinrichtung entwickeln. Frankfurt/M.: GEW.

Diller, A. (2005): Eltern-Kind-Zentren: Die neue Generation kinder- und familienfördernder Institutionen. München: Deutsches Jugendinstitut, S. 2-39.

Fritzsche, R. / Schastok, A. (2002): Ein Kindergarten für alle. Kinder mit und ohne Behinderung spielen und lernen gemeinsam. Neuwied: Luchterhand.

Gomolla, M. (2006): Institutionelle Diskriminierung im Bildungs- und Erziehungssystem. In: R. Leiprecht (Hrsg.): Schule in der Einwanderungsgesellschaft. Ein Handbuch. Schwalbach/Taunus: Wochenschau-Verlag, S. 97-109.

Kaplan, K. / Rückert, E. / Garde, D. et al. (1993): Gemeinsame Förderung behinderter und nichtbehinderter Kinder. Handbuch für den Kindergarten. Weinheim/Basel: Beltz.

Klemm, K. (2010): Gemeinsam lernen. Inklusion leben. Status Quo und Herausforderungen inklusiver Bildung in Deutschland. Gütersloh: Bertelsmann Stiftung.

Kron, M. (2006): 25 Jahre Integration im Elementarbereich – ein Blick zurück, ein Blick nach vorn. In: Zeitschrift für Inklusion (Online-Magazin) 1. http://www.inklusion-online.net

Kultusministerkonferenz (2010): Statistische Veröffentlichungen der Kultusministerkonferenz Dokumentation Nr. 189 – März 2010. http://www.kmk.org/fileadmin/pdf/Statistik/Dok_189_SoPaeFoe_2008.pdf

Prengel, A. (1993): Pädagogik der Vielfalt. Verschiedenheit und Gleichberechtigung in Interkultureller, Feministischer und Integrativer Pädagogik. Wiesbaden: Opladen.

Prengel, A. (2010): Inklusion in der Frühpädagogik. Bildungstheoretische, empirische und pädagogische Grundlagen. München: Deutsches Jugendinstitut.

Riedel, B. (2008): Kinder mit Behinderungen. In: Forschungsverbund Deutsches Jugendinstitut/ Universität Dortmund (Hrsg.): Zahlenspiegel 2007. Kindertagesbetreuung im Spiegel der Statistik. München: Deutsches Jugendinstitut, S. 141-158.

Seitz, S. (2009): Mittendrin verschieden sein – inklusive Pädagogik in Kindertageseinrichtungen. Studienbrief Modul 9: Integrative und inklusive Pädagogik in Kindertageseinrichtungen, Studiengang »Inklusive Frühkindliche Bildung« (BIB), Hochschule Fulda.

Seitz, S. (im Druck): Frühförderung inklusive? Inklusive Pädagogik in Kindertageseinrichtungen mit Kindern bis zu drei Jahren. In: B. Gebhard / B. Henning / Ch. Leyendecker (Hrsg.): Interdisziplinäre Frühförderung: Exklusiver Ansatz, kooperative Praxis und inklusive Orientierung. Stuttgart: Kohlhammer.

Seitz, S. / Korff, N. (2008): Förderung von Kindern mit Behinderung unter drei Jahren in Kindertageseinrichtungen. Abschlussbericht zur wissenschaftlichen Begleitung. Münster: Landschaftsverband Westfalen-Lippe.

Seitz, S. / Korff, N. / Thim, A. (2010): Inklusive Pädagogik in Kindertageseinrichtungen mit Kindern unter drei Jahren – Herausforderungen, Erkenntnisse, Perspektiven. In: U. Schildmann (Hrsg.): Umgang mit Verschiedenheit in der Lebensspanne. Bad Heilbrunn: Klinkhardt, S. 79-86.

Seitz, S. / Finnern, N.-K. / Korff, N. / Thim, A. (im Druck): Kinder mit besonderen Bedürfnissen bis zu drei Jahren in der Tagesbetreuung. München: Deutsches Jugendinstitut.

Sohns, A. (2010): Frühförderung. Ein Hilfssystem im Wandel. Stuttgart: Kohlhammer.

UNESCO (2009): Policy Guidelines on Inclusion in Education. Paris.

United Nations (1948): Allgemeine Erklärung der Menschenrechte. http://www.un.org/depts/german/grunddok/ar217A3.html (Stand: 20. 09. 2011).

United Nations (2006): Conventions on the rights of persons with disabilities. http://www.un.org/disabilities/convention/conventionfull.shtml (Stand: 20. 09. 2011).

Weiß, H. (2000): Frühförderung bei sozioökonomisch bedingten Entwicklungsgefährdungen. Stellenwert, fachliche Orientierungen und Aufgaben. In: H. Weiß (Hrsg.): Frühförderung mit Kindern und Familien in Armutslagen. München/Basel: Reinhardt, S. 176-197.

Weiß, H: (2007): Was brauchen kleine Kinder und ihre Familien? In: Frühförderung Interdisziplinär, 26. Jg., S. 78-86.

World Health Organization (2001): International Classification of Functioning, Disability and Health (ICF).

Inklusion als Beitrag zur Chancengerechtigkeit – Diversity und Verschiedenheit in der Elementarpädagogik

Wiebke Warnecke

»IT'S NOT FAIR« – mit diesem Satz beginnt eines der führenden englischsprachigen Praxisbücher zum Thema Inklusion und Diversity in der Arbeit mit Kindern (Griffin 2008, S. 6). Es ist inzwischen hinlänglich bekannt, wie sehr soziale und individuelle Dispositionen Bildungsteilhabe und -erfolg beeinflussen, aber »... *alle* Kinder ... haben das Recht, sich in einem Umfeld von Gleichwürdigkeit und Respekt für Vielfalt zu entwickeln und zu entfalten...« (DECET 2007, S. 1).

Dieses Recht und seine Umsetzung sind in unserem Bildungssystem gewollt, aber immer noch nicht gewährleistet. Und so sehr wir um benachteiligende Faktoren wissen und um Lösungswege ringen, so hartnäckig halten sich tradierte Überzeugungen, institutionelle Traditionen und Verunsicherung bei den AkteurInnen.

Verschiedenheit und Vielfalt in der Erziehungswissenschaft

Die Diskussion um Vielfalt und Verschiedenheit ist nicht neu in der Erziehungswissenschaft – von Adornos »Miteinander der Verschiedenen«, der »Verschiedenheit der Köpfe« von Herbart über neuere Perspektiven im Kontext von Pluralität, Vielfalt und Verschiedenheit (vgl. Hinz 1993; Gogolin et al. 1997; Prengel 2006; Lutz/Wenning 2001). Der Umgang mit Vielfalt war und ist eine Hauptherausforderung in pädagogischen Institutionen – und damit auch in unserer Gesellschaft.

Begriffe wie Verschiedenheit, Diversity, Chancengerechtigkeit und Heterogenität halten zunehmend Einzug in der Elementarpädagogik – zu Recht: Heterogenität ist ein sozialer Tatbestand, mit dem es umzugehen gilt, und das von Beginn an. International ist die Verbindung dieser Bereiche bereits mit größerem Selbstverständnis in wissenschaftlicher Forschung und pädagogischer Praxis etabliert (vgl. DECET 2004). Hier tut sich ein Feld auf, das in Deutschland noch breiter interdisziplinär hinterfragt und verankert werden muss.

In den vergangenen Jahrzehnten wurden diverse methodische, didaktische und institutionelle Herangehensweisen diskutiert, um einen besseren

Umgang mit Vielfalt – als Beitrag zur Chancengerechtigkeit – zu erreichen. Besonders die Schulpädagogik kennt diesen Diskurs. Aber wie gehen wir in elementarpädagogischen Kontexten mit Verschiedenheit um? Wie begegnen wir der Vielfältigkeit kindlicher Existenz?

Orientierung an Norm(wert)en
»Für viele Menschen definiert sich Heterogenität ... als Streuung um oder als Differenz zu einer unterstellten ›Norm‹. Viele betrachten zum Beispiel als normal, ... was häufig ist. Andere nehmen ... den Mittelwert der sogenannten Normalverteilung, auch wenn er vielleicht nur eine Minderheit darstellt. Für wieder andere ist normal, wer normgerecht ist, wer vorgegebenen Ansprüchen genügt. ... In allen ... Sichtweisen bedeutet:
- Heterogenität ›Abweichung‹ von einer Norm
- Integration Einbeziehung des ›Andersartigen‹
- Differenzierung ›Sonderbehandlung‹ gegenüber der Normalgruppe.

Verstehen wir aber unter ›Normalität‹, dass jeder Mensch einzigartig (und in diesem Sinne ›immer anders‹) ist, dann bedeutet:
- Heterogenität schlicht ›Unterschiedlichkeit‹
- Integration ›Gemeinsamkeit‹
- Differenzierung Raum für die ›Individualität‹ aller« (Brügelmann 2002, S. 31f.).

Wir stoßen hier auf diverse Begriffe, die die Debatte um Vielfalt und Verschiedenheit prägen: andersartig, Mittelwert, Unterschiedlichkeit und das ewig lebendige Paar »Norm« und »Abweichung«. Die Auseinandersetzung mit Kindheit war und ist oft geprägt von dem Wunsch nach klarer Identifizier- und Zuordbarkeit sowie Orientierung an einer festgelegten »Normalität« – ein Versuch der Standardisierung kindlicher Entwicklung, der unter anderem dazu führt, dass Kinder immer häufiger als zu fördernde oder gar gefährdete Menschen wahrgenommen werden (vgl. Kelle/Tervooren 2008). Aber wie individuell kann Förderung geschehen, wenn wir uns an einer Skala und einem (vermeintlich objektiven) Mittelwert orientieren? Wie individuell lassen wir Kinder sein, wenn wir sie nach Rastern beurteilen und aufgrund derer einer bestimmten Entwicklungs-, Lern- bzw. Leistungsgruppe zuordnen? Aus welcher Berechtigung heraus definieren wir Normen und deren Abweichung?

»… Aus empirisch feststellbaren Durchschnittswerten werden in der Aufmerksamkeit der Erzieherin Normen, an denen die Entwicklung von Kindern gemessen wird. Der Blick auf Kinder verschiebt sich: Nicht mehr das Interesse an der Individualität der Kinder steht im Vordergrund, sondern die Fixierung auf Abweichungen von Entwicklungsnormen. Die elementarpädagogische Arbeit verlagert sich von der schwerpunktmäßigen Förderung individueller Interessen und Kompetenzen, die über das Lernen am Modell auch auf andere Kinder ausstrahlen können, zu einer kompensatorischen Bearbeitung von Defiziten…« (Knauf 2009).

Die Fokussierung auf Normalität, Abweichungen und Defizite ist, neben Stereotypisierung und drohender Stigmatisierung, insofern auch problematisch, als Diagnostik in der Pädagogik anders verläuft als zum Beispiel im medizinischen Bereich – in der Pädagogik kann es kein Patentrezept geben, gerade mit Blick auf eine wirklich individuelle Unterstützung des jeweiligen Kindes. Und ausschlaggebend ist noch immer, dass PädagogInnen nicht »Defekte« diagnostizieren, sondern vor allem Stärken wahrnehmen sollten. Ressourcenorientierung ist das Schlüsselwort, auch wenn die Realität momentan leider noch davon abweichen mag.

Differenzkonstruktionen – die Herstellung vermeintlicher Unterschiedlichkeiten –, die, wie das Wort schon sagt, »konstruiert« sind, sind nicht »nur« Ordnungs- und Zuweisungskategorie, um gesellschaftliche Gefüge überschaubar und fassbar zu machen. Das damit einhergehende Prinzip der Grunddualismen (z. B. »männlich – weiblich«) stellt in seiner Polarisierung – dem Ansinnen, zwei gegensätzliche Positionen festzulegen – eine konstruierte Ungleichheit her. Hier geht es schnell um (Be-/Ab-)Wertungen. Diese Ungleichheit schlägt sich in dem Moment, in dem eine Abweichung vom Normalitätskonstrukt von außen festgemacht wird, nachgewiesenermaßen auf Bildungserfolg und die Möglichkeit der gleichberechtigten Teilhabe nieder: »… Komplementarität beruht nicht nur auf Ungleichartigkeit, sondern bedeutet auch Ungleichwertigkeit und Hierarchie …« (Klinger, zit. nach Lutz/Wenning 2001, S. 17).

Intersektionalität: Alles wirkt miteinander
Griffin plädiert im Kontext von Diversity in der frühkindlichen Bildung vornehmlich für eine Auseinandersetzung mit den Feldern Gender, Ethnizität, kultureller Hintergrund (inkl. Religionszugehörigkeit und Sprache), soziale

Herkunft (inkl. familiale Gefüge), »Behinderung« und Sexualität (Griffin 2008, S. 29). Wagner kommt mit Blick auf die deutsche Situation ebenfalls zu einer Fokussierung auf Geschlecht, körperliche Handikaps, Migrationshintergrund, Ethnizität und/oder Hautfarbe, soziale Herkunft, sexuelle Orientierung und Religionszugehörigkeit (vgl. Wagner 2008).

Allerdings wird der Intersektionalität von Verschiedenheitskategorien immer noch zu wenig Rechnung getragen: Jeder Mensch ist in sich vielfältig; es treffen also immer verschiedene Dimensionen von Verschiedenheit auf ein Individuum zu, die sich untereinander bedingen (Kunze/Solzbacher 2008, S. 16). Die Zuordnung eines Individuums zu einer der Differenzkategorien ist ein »... analytisches Hilfsmittel, aber auch immer eine grobe Vereinfachung...« (ebd.).

Vor diesem Hintergrund ist auch die Kita ein Ort institutionalisierter Diskriminierung – wobei Kindertageseinrichtungen von allen Bildungseinrichtungen wahrscheinlich das größte Potenzial bergen, hier in einer Art Pionierfunktion positiv voranzugehen.

»... Jedes Kind hat einen Anspruch darauf, als Individuum in seiner Eigenart und Einzigartigkeit gesehen und anerkannt zu werden. Es hat ein Recht auf Differenz. Gleichzeitig hat es einen Anspruch darauf, als eines unter Gleichen behandelt zu werden, gleichberechtigt zu sein...« (Bräu 2005, S. 138).

Bislang fehlt ein in der gesamten Kita-Landschaft selbstverständliches, breites Bewusstsein für die Wichtigkeit der Reflexion von Differenz und Diversität. Die Förderung und Unterstützung unserer Kinder beruht auf guter Diagnostik –, wenn diese jedoch von einem konstruktgeprägten diagnostischen Blick beeinflusst wird, werden wir der Einzigartigkeit und dem Potenzial eines jeden Kindes nicht gerecht. Griffin schlägt vor diesem Hintergrund für pädagogische Fachkräfte auch die besondere Auseinandersetzung mit Themen wie Diskriminierung, Vorurteilen, Stereotypen und Chancengerechtigkeit vor (Griffin 2008, S. 11).

Doing difference – institutionalisierte Benachteiligung
Die Einrichtung Kindertagesstätte ist, wie alle anderen Bildungseinrichtungen auch, nicht frei von »doing gender«, »doing ethnicity« oder anderen Manifestationsprozessen von Verschiedenheitskonstrukten. Da aber in der frühkindlichen Pädagogik, wie wohl in keiner anderen Bildungsinstitution

sonst, Beobachtung und Wahrnehmung durch die pädagogischen Fachkräfte in Förder- und Entwicklungsprozessen eine so wichtige Rolle einnehmen, gilt es hier besonders, sich die Macht von Zuweisungskategorien bewusst zu machen.

Wir wissen, dass Wahrnehmung bewusst und unbewusst an unsere bisherigen (Lebens-)Erfahrungen in unserer sozialen Umwelt gekoppelt ist. Wahrnehmung ist dabei keineswegs immer ein bewusster Prozess. Sie steuert aber unser Denken und Handeln und hängt direkt zusammen mit unserem Selbstkonzept, unserer Selbstwahrnehmung, unseren Erwartungseffekten und unseren Interaktionen und Einschätzungen, zum Beispiel in der Personenbeurteilung (vgl. Kanning 1999). Eigene, internalisierte Konstrukte und Stereotypien wirken auf unsere Wahrnehmungen und Entscheidungen. Dies ist gerade für eine Einrichtung wie den Kindergarten von Bedeutung, wo Beobachtung, Wahrnehmung und Dokumentation als Formen der pädagogischen Diagnose zum Alltagsgeschäft gehören und Förderprozesse initiieren und steuern. Aus der Praxis wird in diesem Kontext oft der Ruf nach Checklisten oder ähnlich pragmatischen Alltagslösungen laut. Angesichts der organisatorischen Rahmenbedingungen in Kitas – man denke an den Personalmangel und andere fehlende Ressourcen – ist das Verlangen danach absolut verständlich und nachvollziehbar. Die Verwendung solcher Raster oder Screenings ist jedoch generell mit Vorsicht zu genießen. Gerade im Kontext individualisierter Förder- und Unterstützungsprozesse dürfen wir nicht versuchen, Vielfältigkeit und Individualität durch das Aufzwingen einer Normalskala zu reglementieren und letztlich dadurch wieder zu homogenisieren. Diese Versuche stehen nicht auf einem wissenschaftlich gesicherten Sockel, sondern scheinen vielmehr Indikator für das Ausmaß an Unsicherheit im Umgang mit Differenz zu sein.

Wenn hier aber ein hohes Reflexions- und Handlungsniveau von der Praxis erwartet wird, bedarf es einer entsprechenden inhaltlichen »Grundbesohlung«, und zwar als durchgängiges Prinzip. Konstruktive Schritte zu einem flexibleren, souveränen Umgang mit Heterogenität könnten zum Beispiel durch neue, vertiefende Forschung, engeren Transfer zwischen Wissenschaft und Praxis und bessere Zusammenarbeit von Wissenschaft und Bildungsträgern entstehen. Hier steckt ein großes Potenzial für eine inhaltliche und praxisorientierte Professionalisierung.

Reflexion von Vielfalt – Der Blick über den Tellerrand

Gerade in den englischsprachigen Ländern werden die Dynamiken von Diversity und Verschiedenheit in der Elementarpädagogik von Wissenschaft und Praxis sehr vielfältig angegangen (vgl. Robinson/Diaz 2010) und verschiedene Projekte und Handlungsansätze erprobt. Der Intersektionalität von Verschiedenheitskategorien wird dabei versucht, zunehmend Rechnung zu tragen (vgl. Newman 2007; Cole 2006).

Als ein Beispiel im Umgang mit Verschiedenheit wird hier auf den Anti-Bias-Approach aus den USA hingewiesen (vgl. Gramelt 2010). ErzieherInnen sind auf die Mitarbeit und Unterstützung von Trägern und Eltern angewiesen. Der Anti-Bias-Ansatz ist unter anderem deswegen so wertvoll, weil er bewusst pädagogische Fachkräfte, Kinder und Eltern miteinander denkt. Ziele für Kinder umfassen zum Beispiel:

> *»... Jedes Kind muss Anerkennung und Wertschätzung finden, als Individuum und als Mitglied einer bestimmten sozialen Gruppe, dazu gehören Selbstvertrauen und ein Wissen um seinen eigenen Hintergrund (Ziel 1). Auf dieser Basis muss Kindern ermöglicht werden, Erfahrungen mit Menschen zu machen, die anders aussehen und sich anders verhalten, sodass sie sich mit ihnen wohl fühlen und Empathie entwickeln können (Ziel 2). Das kritische Denken von Kindern über Vorurteile, Einseitigkeiten und Diskriminierungen anzuregen heißt auch, mit ihnen eine Sprache zu entwickeln, um sich darüber verständigen zu können, was fair und was unfair ist (Ziel 3). Von da aus können Kinder ermutigt werden, sich aktiv und gemeinsam mit anderen gegen einseitige oder diskriminierende Verhaltensweisen zur Wehr zu setzen, die gegen sie selbst oder andere gerichtet sind (Ziel 4) ...«* (Gaine/van Keulen, zit. nach Preissing/Wagner 2003, S. 52).

Die ergänzenden Implikationen für PädagogInnen geben wertvolle Hinweise, welche Bewusstwerdungsprozesse und Interventionsmöglichkeiten seitens der Fachkräfte wichtig sind: » ... ErzieherInnen müssen sich ihrer eigenen Bezugsgruppenzugehörigkeit bewusst werden und erkennen, welchen Einfluss diese auf ihr Handeln hat ... ErzieherInnen müssen kritisch sein gegenüber den Diskriminierungen und Vorurteilen in ihrer Kindertageseinrichtung, im Elementarbereich und allgemein in der Bildungspolitik ... Und sie brauchen die Fähigkeit, Dialoge über Diskriminierung und Vorurteile zu initiieren und am Laufen zu halten, denn das ist ihre Form aktiver Einmischung ...« (ebd.).

Das Fremde und das Eigene – das Fremde in mir
Jedes Kind ist in sich vielfältig – so vielfältig die Existenz und Identität unserer Kinder, so vielfältig müssen auch unsere pädagogischen Ansätze sein, um ihnen gerecht werden zu können.

Kinder begegnen Neuem zunächst mit Neugier und sind sehr kreativ darin, den Umgang mit Unbekanntem für sich zu lösen. Dies sind wertvolle Ressourcen, gerade für kindliche Entwicklungsprozesse. Im Laufe der Sozialisation tritt diese Neugier bisweilen in den Hintergrund und weicht dem Bedürfnis, die soziale Umwelt durch eine Zuweisung zu Kategorien zu ordnen – klare Zuweisungen geben auch Sicherheit und entlasten im Umgang mit Fremdem jeglicher Art.

Kennt man aber sich selbst, das »Eigene«, ist »selbst-kompetent« und in sich sicher, führt »das Fremde« zu weniger Verunsicherung, und wir müssen nicht so sehr zu konstruierten Ordnungssystemen greifen, um Unbekanntes handhabbar zu machen.

Die Reflexion von Differenz-»Ordnungen« ist eine Einladung, sich selbst bewusst in aller Vielfalt kennenzulernen und sich die vielen verschiedenen Dimensionen, die uns innewohnen, und ihr Zusammenspiel, ihre Intersektionalität zu vergegenwärtigen. So kann es besser und zufriedenstellender gelingen, Kinder in ihrer Entwicklung zu begleiten, Menschen in ihrer Vielfalt wahrzunehmen und ihnen offen gegenüberzutreten.

Wenn wir dem Bildungsziel, die Persönlichkeit, Begabungen und Fähigkeiten wirklich ganzheitlich zu fördern, gerecht werden wollen, müssen wir diese Prozesse stärker in unserer Pädagogik verankern. So bleibt Begegnung mit Kindern, aber auch Menschen insgesamt, immer neu, vielfältig und spannend, weil nichts stagniert, sondern sich im Takt neuer (Lebens-/Bildungs-) Erfahrungen und Begegnungen permanent verändert. Wir sollten von den Kleinen und ihrer Neugier und Offenheit lernen und nicht zulassen, dass »Anderssein« und damit einhergehende Einschränkungen bereits im Kita-Alltag manifestiert werden.

Re-Manifestation und Markierungen – brauchen wir neue Begrifflichkeiten?
In der Soziologie wird oft von Manifestierungen gesprochen, wenn es darum geht, die Internalisierung von Konstrukten zu beschreiben. Aber reicht dieser Begriff aus, und beschreibt er tatsächlich stimmig den sozialisationsbedingten Verlauf von Internalisierungsprozessen? Manifestation klingt leicht nach einem einmaligen Ereignis – und prompt sind Stereotype unwiederbringlich einverleibt. Diese Sichtweise vernachlässigt das Prozesshafte von Internalisierungsvorgängen. Insofern scheint der Begriff der »Re-Manifestation« passender: Re-Manifestation suggeriert nicht, dass permanent vermeintlich neue Zuweisungen internalisiert werden, sondern bereits angeeignete Konstrukte von Verschiedenheit erneut bestätigt und erst dadurch kontinuierlich manifestiert werden. Sie werden durch einen sozialisationsgebundenen Wiederholungsprozess zur vermeintlichen Realität – und diese verfestigten Konstrukte können schnell zu Überzeugungen werden, die sich dann in Interaktion und Kommunikation zukünftig deutlich niederschlagen.

Mit jeder Interaktion in Bildungs- und Förderprozessen werden diese selbstkonstruierten Realitäten erneut berührt und gestärkt. Gerade in PädagogInnen-Kind-Beziehungen muss man sich deshalb der eigenen blinden Flecken und Diskriminierungsmomente bewusst sein. Unsere eigenen Erfahrungen und Überzeugungen steuern unsere Beziehungs- und Interaktionsangebote – ob wir wollen oder nicht.

Wir bewegen uns hier im Umfeld der »Etikettierung«, dem Einordnen in Schubladen. Ressourcenorientierte Förderung und diversitätssensible Wahrnehmung von Kindern ist ein wichtiger Baustein auf dem Weg, Begabungen und Fähigkeiten zur Entfaltung zu bringen. Mit einer unreflektierten Zuweisung zu einer Kategorie – zum Beispiel »Migrantenkind«, »typisch Mädchen/Junge«, »schwul«, »behindert« oder einfach »anders« – heften wir nicht nur ein Etikett an. Wir stecken die Kinder in eine Schublade, die sich eklatant auf ihre gesamte Bildungsbiografie auswirken wird. Das ist mehr als ein umgehängtes Etikett: Wir »markieren« die Kinder fürs Leben. Da dies nicht immer bewusst geschieht, wird hier für einen Begriff der »unbewussten Markierungen« plädiert. Ein Etikett scheint leichter abnehmbar als eine Markierung, die – im wahrsten Sinne des Wortes – durch »alle Poren dringt« und noch stärker ihre Spuren im Inneren hinterlässt. Ein Etikett wird außen angeheftet, eine Markierung trägt man direkt auf der Haut – sie ist näher und berührt tiefer.

Bereits Kinder äußern Vorurteile und werden Opfer von Benachteiligung (vgl. Preissing/Wagner 2003; Boldaz-Hahn 2008, S. 102ff.). Negieren wir diese Tatsachen oder treten wir ihnen nicht deutlich genug entgegen, werden wir dem Bildungsauftrag nicht gerecht. Dabei geht es um Akzeptanz und Wertschätzung – und weg von dem leidigen Begriff der Toleranz. Das lateinische »tolero« heißt wörtlich übersetzt »Ich ertrage« – und wer von uns möchte schon ertragen werden?

Literatur

Boldaz-Hahn, S. (2008): »Weil ich dunkle Haut habe« – Rassismuserfahrungen im Kindergarten. In: P. Wagner (Hrsg.): Handbuch Kinderwelten. Vielfalt als Chance – Grundlagen einer vorurteilsbewussten Bildung und Erziehung. Freiburg: Herder, S. 102-112.

Bräu, K. (2005): Individualisierung des Lernens – Zum Lehrerhandeln bei Bewältigung eines Balanceproblems. In: K. Bräu / U. Schwerdt (Hrsg.): Heterogenität als Chance. Münster: Lit-Verlag, S. 138.

Brügelmann, H. (2002): Heterogenität, Integration, Differenzierung. Empirische Befunde – pädagogische Perspektiven. In: F. Heinzel / A. Prengel (Hrsg.): Heterogenität, Integration und Differenzierung in der Primarstufe. Opladen: Leske + Budrich, S. 31-43.

Cole, M. (Hrsg.) (2006): Education, equality and human rights – issues of gender, race, sexuality, disability and social class. New York: Routledge.

DECET – Keulen, A. van / Malleval, D. / Mony, M. / Murray, C. / Vandenbroeck, M. (Hrsg.) (2004): Diversity and equity in early childhood training in Europe. Brüssel: DECET.

DECET (2007): Orientierungen für die pädagogische Praxis. Brüssel: DECET.

Gogolin, I. / Krüger-Potratz, M. / Meyer, Meinert A. (Hrsg.) (1997): Pluralität und Bildung. Opladen: Leske + Budrich.

Gramelt, K. (2010): Der Anti-Bias-Ansatz. Zu Konzept und Praxis einer Pädagogik für den Umgang mit (kultureller) Vielfalt. Wiesbaden: VS.

Griffin, S. (2008): Inclusion, equality and diversity in working with children. Harlow: Heinemann Library.

Hinz, A. (1993): Heterogenität in der Schule. Hamburg: Curio.

Kanning, U. (1999): Die Psychologie der Personenbeurteilung. Göttingen: Hogrefe.

Kelle, H. / Tervooren, A. (Hrsg.) (2008): Ganz normale Kinder – Heterogenität und Standardisierung kindlicher Entwicklung. Weinheim: Juventa.

Klinger, C. (2001): Differenzen über Differenz – Einführung in die Debatten. In: H. Lutz / N. Wenning (Hrsg.): Unterschiedlich verschieden. Differenz in der Erziehungswissenschaft. Opladen: Leske + Budrich, S. 11-24.

Knauf, T.: Beobachtung und Dokumentation: Stärken – statt Defizitorientierung. http://www.kindergartenpaedagogik.de/1319.html (Stand: 30.03.2009).

Kunze, I. / Solzbacher, C. (Hrsg.) (2008): Individuelle Förderung in der Sekundarstufe I und II. Baltmannsweiler: Schneider Hohengehren.

Lutz, H. / Wenning, N. (Hrsg.) (2001): Unterschiedlich verschieden – Differenz in der Erziehungswissenschaft. Opladen: Leske + Budrich.

Newman, D. M. (2007): Identities and inequalities – exploring the intersections of race, class, gender and sexuality. New York: McGraw.

Preissing, C. / Wagner, P. (Hrsg.) (2003): Kleine Kinder – keine Vorurteile? Interkulturelle und vorurteilsbewusste Arbeit in Kindertageseinrichtungen. Freiburg: Herder.

Prengel, A. (2006): Pädagogik der Vielfalt. Wiesbaden: VS.

Robinson, K. H. / Díaz, C. J. (2010): Diversity and difference in early childhood education – Issues for theory and practice. Maidenhead: Open University Press.

Wagner, P. (2003): Anti-Bias-Arbeit ist eine lange Reise – Grundlagen vorurteilsbewusster Praxis in Kindertageseinrichtungen. In: C. Preissing / P. Wagner (Hrsg.): Kleine Kinder – keine Vorurteile? Interkulturelle und vorurteilsbewusste Arbeit in Kindertageseinrichtungen. Freiburg: Herder, S. 34-62.

Wagner, P. (Hrsg.) (2008): Handbuch Kinderwelten: Vielfalt als Chance – Grundlagen einer vorurteilsbewussten Bildung und Erziehung. Freiburg: Herder.

Inklusion und ethnisch-kulturelle Vielfalt – Beobachtungen in der Kita-Praxis

Petra Wagner

NEHMEN JUNGE KINDER ethnisch-kulturelle Differenzen wahr? Spielt Ethnizität eine Rolle bei ihren Aushandlungen von Spielinteressen? Welche Bedeutung hat Ethnizität in den Bildungsprozessen junger Kinder? Was wir hierüber wissen, basiert auf Beobachtungen in der Kita-Praxis und auf wenigen Erkundungsstudien. Umfassende Untersuchungen werden bisher nicht finanziert, sodass die empirische Basis schmal ist. Dennoch gibt es aufschlussreiche Hinweise.

Zur Relevanz von Ethnizität im frühen Kindesalter

Eine in einer Frankfurter Kindertagesstätte durchgeführte Erkundungsstudie bestätigt Forschungsergebnisse aus anderen Ländern (Diehm/Kuhn 2005, S. 227): In den alltäglichen Spiel- und Handlungszusammenhängen können auf Ethnizität bezogene Interaktionen relativ häufig beobachtet werden. Kinder thematisieren Ethnizität über Merkmale des Aussehens, der Sprache und der Nationalität. Die Thematisierung geschieht im Freispiel, bei Tischgesprächen und ist manchmal spielerisch oder scherzhaft, manchmal dient sie der Ein- oder Ausschließung. Die Autorinnen der Studie vermuten, dass Kinder damit vorhandene Unterscheidungspraxen in ihre Handlungsroutinen übernehmen. Gleichzeitig experimentieren Kinder damit, welche soziale Bedeutung solche Unterscheidungen in bestimmten Situationen und Kontexten bekommen. Sie üben sich außerdem darin, Unterscheidungen selbst hervorzubringen (ebd., S. 223). Diese Vermutungen bedürfen weiterer empirischer Vertiefung, denn weiteres »Wissen zu den Aneignungsprozessen und zur Bedeutung von Ethnizität im frühen Kindesalter« sei auch erforderlich als Grundlage, von der aus man Konzepte interkultureller Pädagogik revidieren und ggf. verbessern könne (ebd., S. 229).

Wie man dafür vorgehen könnte, zeigen die Untersuchungen von Glenda MacNaughton (2001) und weiteren Wissenschaftlerinnen in Australien zu Identitätskonstruktionen von jungen Kindern in Bezug auf Gender, Hautfarbe bzw. ethnischen Hintergrund[2] und sozioökonomischen Status. In einem Interviewprojekt wurden vier- bis fünfjährigen Kindern »Persona Dolls« gezeigt, Puppen mit den Merkmalen der wichtigsten sozialen Gruppen in Australien (anglo-australisch, aboriginal-australisch, asiatisch-australisch). Sie wurden gefragt, welche Puppe ihnen selbst ähnle und mit welcher sie befreundet sein wollen. Alle Kinder zeigten Präferenzen für die hellhäutige Puppe, die aboriginal-australische Puppe wurde am stärksten abgelehnt, stärker noch als die asiatisch-australische Puppe (MacNaughton 2001). In den Interviews waren die Wissenschaftlerinnen mit auffallenden Momenten des Schweigens konfrontiert, wobei Kinder der weißen Mehrheit an anderen Stellen zu schweigen schienen als Kinder der Minderheiten.[3] Alle Kinder jedoch bezogen in ihre Klassifizierungen nach Hautfarbe und Herkunft ihr Wissen um die unterschiedliche Bewertung sozialer Gruppen in Australien ein. Mit ihren Äußerungen und ihrem Schweigen gaben die Kinder zu verstehen, dass der gesellschaftliche Diskurs in Australien, den MacNaughton als »Anti-Immigration«-Diskurs charakterisiert, Eingang in ihre Identitätskonstruktionen gefunden hat, insofern sie Vorstellungen von Zugehörigkeit und Nicht-Zugehörigkeit mit äußeren Merkmalen wie Hautfarbe, Haarstruktur oder Augenform verknüpften. Bereits in diesem jungen Alter seien »Migration« und »Nation« Bezugspunkte für das Selbstbild von Kindern und auch für ihr Bild von anderen: Kinder definierten sich selbst und andere als der Nation zugehörig oder nicht. MacNaughton betont, dass sie dies insbesondere gegenüber Erwachsenen tun, weil sie offenbar davon ausgehen, dass ihre Klassifizierungen für die Erwachsenen bedeutsam sind. MacNaughton schließt mit der Empfehlung, dass pädagogische Fachkräfte in Erfahrung bringen sollen, was Kinder mit und Kinder ohne Migrationshintergrund über sich selbst und andere denken und wie dabei ihr soziales Wissen, zum Beispiel über Migration und Nation, zum Ausdruck kommt (MacNaughton 2001).[4]

Das gesellschaftliche Wissen, das Kinder bereits vor ihrer Einschulung zeigen, ist ein Wissen um die in ihrer Lebenswirklichkeit vorherrschende »Dominanzkultur«, in die sie sich selbst und andere einordnen. Dominanzkultur bedeutet, »dass unsere ganze Lebensweise, unsere Selbstinterpreta-

---

2   Im Original »race«.
3   Aus aboriginal-australischen Familien oder Immigrantenfamilien
4   Übersetzung Petra Wagner

tionen sowie die Bilder, die wir von anderen entwerfen, in Kategorien der Über- und Unterordnung gefasst sind« (Rommelspacher 1995, S. 22). Über- und Unterordnung, Höherbewertung und Geringschätzung, viel oder wenig Einfluss, auch über die Differenzlinie Ethnizität, tangieren Kinder bereits in frühesten Jahren – und zwar Kinder der ethnischen Mehrheit auf eine andere Weise als Kinder der ethnischen Minderheiten. Welche Auswirkungen dies hat und wie heikel es sein kann, dieses als Angelegenheit von Bildungseinrichtungen zu betrachten und anzugehen, soll folgendes Beispiel zeigen:

Dominanzkultur im Kindergarten

Im Rahmen einer Fortbildung[5] beschäftigt sich eine Erzieherin mit Anspruch und Wirklichkeit der interkulturellen Praxis in ihrer Gruppe mit 23 Kindern, deren Familien sich stark unterscheiden im Hinblick auf ethnisch-kulturelle Hintergründe, auf Familienkonstellationen, Familiensprachen und Migrationsgeschichte. Ihre Kita hat diese »interkulturelle Mischung« schon seit vielen Jahren, sie ist alltäglich und in der Wahrnehmung der meisten KollegInnen im Team selbstverständliches Charakteristikum der Einrichtung. In der Konzeption finden sich Bekenntnisse zum multikulturellen Zusammenleben und Qualitätsansprüche, die ausführen, was Kindern hier ermöglicht werden soll: »*Das Kind entwickelt Freude am Entdecken von Gemeinsamkeiten und Unterschieden. Das Kind erlebt und erfährt ein selbstverständliches Miteinander verschiedener Kulturen und Sprachen. Das Kind lernt kulturelle und sprachliche Unterschiede wertzuschätzen und als Bereicherung und Lernchance wahrzunehmen.*«

Die Erzieherin hat den Eindruck, dass im Team schon lange nicht mehr überprüft wurde, wieweit diese Ansprüche realisiert werden. Sie ist skeptisch und fragt sich: Gibt es hier wirklich ein »selbstverständliches Miteinander verschiedener Kulturen und Sprachen«? Gibt es wirklich eine Wertschätzung der kulturellen und sprachlichen Unterschiede? Sind sie eine Bereicherung? Woran ist zu erkennen, dass sie als Lernchance wahrgenommen werden? Inwiefern entdecken Kinder hier Gemeinsamkeiten und Unterschiede? Und: Haben sie Freude daran?

Sie beschließt, Beobachtungen in ihrer Gruppe durchzuführen. Ihr erstes Augenmerk gilt der Dynamik von Spielgruppen. Dabei fällt ihr auf, dass es

---

5 Fortbildung der Fachstelle Kinderwelten für Vorurteilsbewusste Bildung und Erziehung; Durchführung Petra Wagner

vier Jungen gibt, die intensiv miteinander spielen, sich dafür häufig in ein Nebenzimmer zurückziehen und deutlich machen, dass sie dort niemand anderen dulden. Andere Jungen würden gerne mit ihnen spielen und beklagen, dass die vier Jungen es ihnen nicht erlauben. Die Erzieherin ist überrascht über die Zusammensetzung: Die vier Jungen haben alle deutschsprachige Eltern; die Jungen Halil und Joey, die gerne mit ihnen spielen wollen und sich darüber beschweren, dass die vier sie nicht mitspielen lassen, sind Jungen mit Migrationshintergrund.

Zufall? Ethnische Separation? Die Erzieherin möchte herausfinden, was dahintersteckt. Sie macht Interviews mit den Kindern. Als sie die vier Jungen fragt, ob die anderen auch mal mit ihnen spielen können, ist deren Antwort ein klares Nein. Die Erzieherin fragt nach den Gründen. Die Jungen können ihre Ablehnung ohne Weiteres begründen. Sie sagen: »Die verstehen unser Spiel nicht.« »Die sprechen so komisch.« Ein Junge meint: »Ich habe schon mal mit Halil gespielt, aber nach Hause lade ich ihn nicht ein.« Und ein anderer Junge meint: »Die sind nicht so schön.«

Das Interview mit den beiden Jungen Halil und Joey offenbart deren Sicht: »Die sagen immer ›raus‹.« »Die lassen uns nie mitspielen.« Sie sagen beide, dass sie darüber traurig sind. Auch wegen der Tasche: »Ich will auch mal mit der Tasche spielen.« Erst durch Nachfragen versteht die Erzieherin diese Äußerung – und erhält Kenntnis über einen Spielgegenstand in ihrer Gruppe, der offenbar statushohen Gruppenmitgliedern vorbehalten ist[6]: Es handelt sich um eine Aktentasche in der Rollenspielecke, auf die die vier Jungen ein Vorrecht reklamieren. Halil und Joey berichten, dass es ihnen schon gelungen sei, sie früh am Morgen zum Spielen zu nehmen. Doch wenn die vier Jungen kämen, müssten sie sie wieder hergeben, weil die das verlangten. Und Halil und Joey geben sie dann her. Für die beiden ist klar, dass sie den Kürzeren ziehen müssen. Sie gehen davon aus, dass sie keinerlei Anrecht auf die Tasche haben.

Die Erzieherin ist alarmiert: Sie sieht eine Hierarchie in der Gruppe, die ihr vorher nicht so bewusst war. Die Position in der Hierarchie scheint darüber zu bestimmen, inwieweit Kinder Zugang zu Spielmaterialien und Spielpartnern haben. Mehr Einfluss haben die Jungen aus deutschen Familien, die den Ausschluss der anderen Jungen mit Verweis auf deren Sprache und auf äußere Merkmale vornehmen. Dabei vollziehen sie jeweils einen Zweischritt:

---

6   Ein Vorgang, für den es möglicherweise Beispiele in der Mobbingforschung gibt (vgl. Alsaker 2004).

Der Unterschied wird festgestellt und er wird negativ bewertet. Die anderen Jungen unterscheiden sich nicht nur nach Sprache und Phänotypus, sondern sie sprechen »komisch« und sie sind »nicht so schön«. Die vier Jungen erleben die »kulturellen und sprachlichen Unterschiede« in der Gruppe keineswegs als Bereicherung oder Lernchance. Sie entdecken zwar Gemeinsamkeiten und Unterschiede, haben daran aber keine Freude. Gemeinsamkeiten und Unterschiede sind Gründe für Ein- und Ausschluss, der aus einer Position der Stärke und Überlegenheit heraus vorgenommen wird: »Die verstehen unser Spiel nicht« ist ein Grund, die anderen Jungen nicht mitspielen zu lassen. Damit bringen sie möglicherweise die Freude und Lust zum Ausdruck, die sie über eine schnelle und unkomplizierte Verständigung empfinden, bei der sie sich ihre Ideen wie Bälle zuwerfen, durch die ihr Spiel rasant, fantasievoll und spannend wird.

Gleichzeitig ist die Handlungsperspektive einseitig: Das Verstehen des Spiels ist Voraussetzung fürs Mitspielen, die Spielideen und die Spielregeln sind von den vier Jungen gesetzt. Vorschläge zur Modifizierung des Spiels oder gar ein Sich-Einlassen auf das Spiel der anderen Jungen ist nicht vorgesehen. Deren Position in der Hierarchie weist ihnen Unterlegenheit zu. Sie fügen sich den Anordnungen und Entscheidungen der vier Jungen in Bezug auf Spielsachen, Spielpartner und Spielideen, die einfach »die Bestimmer« sind. Die beiden Jungen Halil und Joey wirken dabei geknickt und mutlos. Auch hier die Einseitigkeit: Während es für sie bitter und immer wieder enttäuschend ist, nicht mitspielen zu dürfen, ist es für die vier Jungen »kein Problem«.

Die Erzieherin findet eine Gelegenheit, mit den Eltern der vier Jungen zu sprechen. Sie stellt ihnen ihre Beobachtungen vor. Die Eltern begründen die enge Bindung der vier Jungen untereinander, die auch die Familien umfasse: »Wir kennen uns schon aus der Krippenzeit und verstehen uns untereinander gut.« Eine Mutter sagt, dass ihr die anderen Jungen unbekannt seien: »Er erzählt nichts von anderen Jungen, deswegen haben wir die noch nicht eingeladen.« Und eine Mutter begründet, warum die Jungen eher »unter sich« bleiben: »Wir hatten mal den Mustafa zum Geburtstag eingeladen, der war total aufgedreht und hat dadurch sehr gestört.« Dass sie mit dieser Äußerung eine ethnisierende Unterscheidung vornimmt, indem sie mit Mustafas Verhalten begründet, keine Kinder mit Migrationshintergrund mehr einladen zu wollen, kann die Erzieherin mit den Eltern nicht besprechen, denn diese geraten mehr und mehr in eine verteidigende und rechtfertigende Position. Sie fühlen sich angegriffen und verwahren sich gegen den Vorwurf der »Ausländerfeindlichkeit«. Die Erzieherin bemerkt, dass es schwierig wird, das Thema weiter zu vertiefen. Sie verzichtet darauf, mit den Eltern von Halil und Joey zu sprechen.

Sie möchte den Austausch im Team. Sie stellt ihre Beobachtungsergebnisse und ihre Interpretationen bei einer Teambesprechung vor – und stößt dabei auf eine Abwehr, mit der sie nicht gerechnet hat: Die KollegInnen sehen zwar die Hierarchie zwischen den Kindern, wehren sich aber vehement dagegen, die Verteilung als ethnisch-kulturell begründet zu sehen. Die Gruppendynamik sei über Sympathie und Antipathie bestimmt, wie es sie in allen Gruppen gebe. Da die KollegInnen der Meinung sind, Kinder sollten sich ihre Spielpartner selbst auswählen und Erwachsene könnten keine Freundschaft »erzwingen«, sehen sie keine Veranlassung zur Intervention. Die interkulturellen Leitsätze sehen sie nach wie vor als realisiert, einfach wegen der »Mischung« in ihrer Einrichtung.

Ohne Unterstützung im Team sieht die Erzieherin keine Möglichkeit, ihren Fragen weiter nachzugehen. Sie beschließt, innerhalb ihrer Gruppe im Sinne Vorurteilsbewusster Bildung und Erziehung vorzugehen und ggfs. über positive Ergebnisse das Team zu erreichen.[7]

Die Mischung macht's – eben nicht!

Es ist ein verbreiteter Irrtum, bestimmte Mischungsverhältnisse könnten bei den einzelnen Gruppenmitgliedern automatisch Kompetenzen im Umgang mit Unterschieden hervorbringen. In einer Analyse englischsprachiger Forschungsergebnisse zu frühpädagogischen Ansätzen, die »Respect for Diversity« verfolgen, weist Glenda MacNaughton auf problematische Effekte von pädagogischen Strategien hin, die eine Nicht-Thematisierung vorhandener Unterschiede favorisieren (MacNaughton 2006, S. 12f.). Das Nicht-Thematisieren ethnisch-kultureller Unterschiede könne zum Beispiel dazu führen, dass sich Vorurteile und dominanzkulturelle Setzungen festigen. Außerdem blieben Kinder

---

7 Was ihr gelingt. Sie gewinnt ihre unmittelbaren KollegInnen für ein Projekt, indem es darum geht, Identitätsmerkmale der einzelnen Kinder wie Name, Augenform/Augenfarbe, Haarstruktur/ Haarfarbe, Hautfarbe, Geschlecht, Alter, Größe wahrzunehmen, respektvoll zu benennen und darzustellen. Die aktive Beteiligung der Kinder ist bemerkenswert und weckt zusammen mit der Dokumentation des Projekts das Interesse von KollegInnen, sich mit den vorhandenen Unterschieden zu beschäftigen.

alleine mit ihrer Wahrnehmung von Unterschieden und erhielten eben keine Unterstützung dabei, sich Unterschiede zu erklären und dadurch ggfs. auch Vorbehalte oder Irritationen abzubauen.

Wie kann eine Thematisierung von ethnisch-kulturellen Unterschieden aussehen? Sie gelingt gut im Rahmen Vorurteilsbewusster Bildung und Erziehung. Dieses inklusive Praxiskonzept entstand in den 1980er Jahren in den USA (Derman-Sparks 1989; Derman-Sparks/Olsen Edwards 2010) als Ansatz gegen Einseitigkeiten und Diskriminierung (»Anti Bias Approach«), in kritischer Absetzung zu Ansätzen multikultureller Erziehung jener Zeit. Der Anti-Bias Approach wurde seit dem Jahr 2000 vom Institut für den Situationsansatz (Träger: Internationale Akademie an der Freien Universität Berlin) im Rahmen von KINDERWELTEN für Deutschland als »Vorurteilsbewusste Bildung und Erziehung« adaptiert und in der Kitapraxis erprobt.[8]

Der Ansatz bezieht alle Vielfaltsaspekte ein, die im Leben von Kindern bedeutsam sind und verfolgt vier Ziele, die aufeinander aufbauen:

1. Jedes Kind muss Anerkennung und Wertschätzung finden, als Individuum und als Mitglied einer bestimmten sozialen Gruppe; dazu gehören Selbstvertrauen und ein Wissen um seinen eigenen Hintergrund.
2. Auf dieser Basis muss Kindern ermöglicht werden, Erfahrungen mit Menschen zu machen, die anders aussehen und sich anders verhalten als sie selbst, sodass sie sich mit ihnen wohl fühlen und Empathie entwickeln können.
3. Das kritische Denken von Kindern über Vorurteile, Einseitigkeiten und Diskriminierung anzuregen heißt auch, mit ihnen eine Sprache zu entwickeln, um sich darüber verständigen zu können, was fair und was unfair ist.
4. Von da aus können Kinder ermutigt werden, sich aktiv und gemeinsam mit anderen gegen einseitige oder diskriminierende Verhaltensweisen zur Wehr zu setzen, die gegen sie selbst oder gegen andere gerichtet sind.

Louise Derman-Sparks geht es darum, die Spannung fruchtbar zu machen zwischen dem »Respektieren von Unterschieden« und dem »Nicht-Akzeptieren von Vorstellungen und Handlungen, die unfair sind« (1989). Dies ist insbesondere eine Aufforderung an die Erwachsenen, ihren Umgang mit Unterschieden kritisch zu reflektieren und für Einseitigkeiten, Vorurteile,

---
[8] Mehr Informationen unter: www.kinderwelten.net

Diskriminierung und deren Folgen sensibler zu werden. Im Feld ethnisch-kultureller Unterschiede gehört hierzu eine Auseinandersetzung mit dem Zubilligen oder Verwehren von Zugehörigkeit, häufig erkennbar an der »Herkunftsfrage«: »Woher kommst du?« – diese Frage wird denen gestellt, die »als natio-ethno-kulturell auffällig« (Battaglia 2007, S. 182) eingestuft werden, und sie zielt auf mehr als eine Ortsangabe. In der Einwanderungsgesellschaft fordert sie die Gefragten auf, sich als Angehörige einer »bestimmten national, ethnisch und kulturell definierten Gruppe von Menschen« (ebd., S. 181) darzustellen, verbunden mit Zuschreibungen, Bewertungen und bestimmten Erwartungen. Sie gehört zu den Praxen des »Besonderns«, des Herstellens einer Unterscheidung in »Wir« und »Sie«, mit der Unterstellung einer jeweiligen Homogenität beider Seiten.

Dazugehören oder nicht, das ist hier die Frage!

Es ist zentral für die Beteiligung an Bildungsprozessen, für das aktive Übernehmen zivilgesellschaftlicher Verantwortung, für gesellschaftliche Partizipation in einem weiten Sinne, ob man sich als dazugehörig sieht oder nicht. Die Aberkennung von Zugehörigkeit in einem Gemeinwesen hat viele Facetten, die allerdings für diejenigen schwer zu erkennen sind, die als Angehörige der Mehrheitsgesellschaft ganz selbstverständlich dazugehören. Diese Selbstverständlichkeit ist selbst ein Aspekt von Dominanzkultur: Man denkt nicht darüber nach, dass man dazugehört. Und man kann sich kaum vorstellen, dass jemand anderes diese »Normalität« nicht kennt.

Es gibt äußere Merkmale, wie zum Beispiel Hautfarbe, Geschlecht, manche Behinderungen, die sich nicht verbergen lassen. Oder nicht vollständig: wenn etwa das religiöse Bekenntnis mit der Einhaltung von Bekleidungsvorschriften verbunden ist oder der Name »verrät«, dass man nicht deutscher Herkunft ist, wenn der Akzent oder die Aussprache einen als Nicht-Muttersprachler identifiziert, sobald man den Mund aufmacht. Man kann versuchen, die Zuschreibungen etwas hinauszuzögern: Oder man verzichtet bewusst auf bestimmte äußere Attribute, um keinen Vorwand für Ausgrenzung zu liefern.

Zugehörigkeiten zu religiösen Gruppen werden allerdings auch ohne sichtbare religiöse Symbole hergestellt – wenn beispielsweise ImmigrantInnen aus der Türkei allgemein unterstellt wird, ihr Denken und Tun sei im

Kern religiös-muslimisch motiviert. Über solche Kurzschlüsse beklagen sich Mütter türkischer Herkunft, die sich nicht verhüllen und deren Kinder den Kindergarten besuchen:

»*Als die Erzieherinnen den Kindern ein Buch über homosexuelle Paare und homosexuelle Eltern vorgelesen haben, waren wir dagegen. Die Erzieherinnen haben gleich vermutet, dass wir aus religiösen Gründen dagegen seien. Ich war so sauer! Immer wenn wir mit irgendetwas nicht einverstanden sind, denken sie, es hat mit unserer Religion zu tun. Ich habe es satt, mich zu erklären, es nützt sowieso nichts. Homosexualität ist zwar im Islam nicht erlaubt, aber das heißt doch nicht, dass die Kinder nichts davon wissen sollen. Sie sollen davon wissen. Aber nicht im Alter von drei Jahren, sie sind noch zu klein. Es wird sie durcheinander bringen. Sie wissen ja noch nichts von Sexualität, geschweige denn von Homosexualität. Wir dachten, das würde die Kinder durcheinander bringen und deswegen waren wir dagegen. Aber wie soll man es den Erzieherinnen erklären? Also haben wir gesagt: Jaja, wir sind Muslime, deswegen sind wir dagegen. Wenn nichts anderes verstanden wird, na gut, dann sagen wir eben das!*«[9]

Die Mütter wissen, dass ihre Strategie ambivalent ist. Zum einen ziehen sie – resigniert – Konsequenzen aus den Erfahrungen im Kindergarten, als Eltern türkischer Herkunft ständig auf den Islam festgelegt zu werden. Indem sie sich desselben Argumentationsschemas bedienen, qualifizieren sie jedoch Positionen, mit denen sie aus unterschiedlichen Gründen nicht einverstanden sind, als vorrangig nicht-muslimisch. Das heißt, sie verstärken das, worunter sie selbst leiden: Positionen werden über die Achse »Religion« polarisiert und damit vereinfacht und reduziert. Eine sachliche Verständigung kann immer weniger gelingen. Mütter und ErzieherInnen stehen sich gegenüber wie Fremde, die sich über jede Meinungsverschiedenheit noch fremder werden. »Kultur«, »Religion«, »Nationalität«, »Mentalität« werden zu Chiffren der Unvereinbarkeit von Positionen – und immer mehr zum Problem selbst, denn sie tragen dazu bei, dass die Gräben immer tiefer werden.

Ethnisierende Zuschreibungen hinterlassen wie alle Zuschreibungen den Eindruck, nicht ernst genommen zu werden. Geschieht dies in einem ungleichen Machtverhältnis, so kommt der Eindruck hinzu, Mitgestaltung und Mitsprache seien nicht erwünscht, es bestehe kein Interesse an

---

9 Beispiel aus einem Gesprächskreis mit Müttern in KINDERWELTEN.

den Beiträgen, die man beisteuern könnte – kurzum: Man habe hier nichts zu sagen. Die Mütter reagieren darauf, indem sie nichts mehr sagen. Sie sind überzeugt, dass sie und ihre Kinder »anders« bzw. schlechter behandelt werden als die anderen (z. B. deutsche Kinder und Eltern), aber sie hüten sich, dies offen anzusprechen. Sie sind überzeugt, dass ihnen niemand glaubt. Sie stellen sich vor, dass ihr Vorstoß über eine weitere Zuschreibung ins Leere läuft, etwa der Art: »Ausländische Eltern sind überempfindlich.« Und schließlich befürchten sie weitere Nachteile für ihre Kinder. Es fehlt ihnen die Zuversicht, im Kindergarten etwas bewirken zu können.

Diese Zuversicht hat man nicht einfach so. Man entwickelt sie in dem Maße, wie es eine positive Resonanz auf die eigenen Versuche der Mitsprache und Mitgestaltung gibt. Ist man ein angesehenes Mitglied einer sozialen Gruppe, so ist diese positive Resonanz die Regel, auch im Dissens. Gehört man einer sozialen Gruppe an, die nicht gut angesehen ist, eher am Rande des Geschehens steht und wenig Einfluss hat, so fehlt diese positive Resonanz von Seiten derer, die mehr zu bestimmen haben. Den Müttern im Kindergarten fehlt die Erfahrung, dass sie dazugehören, dass es auf sie ankommt, dass sie etwas Wichtiges zum Ganzen beitragen können, dass ihre Ideen und Vorstellungen etwas zählen. Diese Erfahrungen müssten ihnen die ErzieherInnen ermöglichen, denn sie bestimmen die Spielregeln und die täglichen Routinen im Kindergarten. Da dies den ErzieherInnen häufig nicht bewusst ist, besteht eine notwendige Kompetenzerweiterung darin, die eigene Machtposition zu erkennen und sich in die Perspektive von Eltern hineinzuversetzen, für die Dazugehörigkeit und Einflussnahme im Kindergarten ganz und gar nicht selbstverständlich ist.

Verunsicherung: Darf man denn gar nichts mehr sagen?

Die Sensibilisierung für den Schaden, den Etikettierungen, Zuschreibungen und Einordnungen anrichten können, führt häufig zu einer Phase der Verunsicherung, ob man denn nun überhaupt noch Unterscheidungen vornehmen »darf«. Diese Verunsicherung ist Ausdruck eines wichtigen Lernprozesses: Man erkennt, dass man Bezeichnungen misstrauen muss, weil sie keine »objektiven« Bezeichnungen für die Wirklichkeit sind, sondern soziale Konstrukte, die man in die Welt setzt und die das Denken von Menschen über die Welt beeinflussen.

Die Bezeichnung »Ausländer« ist ein solches Konstrukt: Sie verweist auf ein »Ausland«, das semantisch »Nicht-Inland« bedeutet. Sie unterscheidet

»Ausländer« von »Inländern«. Im Inland sind »wir«, sie sind die »anderen«, die »zu uns« kommen. Für Menschen, die seit 30 Jahren oder länger hier leben, ist »Ausländer« keine adäquate Bezeichnung. Sie dennoch zu verwenden, kann unterschiedlichen Motiven folgen. Aber unabhängig davon, ob es Rassismus oder Gedankenlosigkeit oder die etwas verbittert-zynische Selbstbezeichnung von Menschen mit Migrationsgeschichte ist, so schafft und manifestiert das Reden von »Ausländern« eine Realität des Unterscheidens von Ungleichwertigen – immer und immer wieder. Öffentliche Diskurse enthalten die gesellschaftlichen Hierarchien und Machtverhältnisse und bringen sie gleichzeitig hervor, indem sie über die diskursiven Filter eingehen ins Denken über bestimmte Phänomene. Die Bezeichnung »Ausländer« steht einerseits für die Tatsache einer Geschichte von Ausgrenzung und Diskriminierung. Indem sie die implizite Unterscheidung in Aus- und Inländer aufgreift, führt sie die Ungleichbewertung fort und wirkt selbst ausgrenzend und stigmatisierend. Diejenigen, die unmittelbar von Diskriminierung bzw. von der Vorenthaltung gleicher Rechte betroffen sind, reagieren zu Recht empfindlich: Die Verwendung der Bezeichnung »Ausländer« ignoriert nicht nur vergangene Diskriminierungs-Erfahrungen, sondern setzt eine Praxis der Ungleichbehandlung fort. Sprechen »Inländer« an dieser Stelle von »Überempfindlichkeit« der »Ausländer«, so wird daran deutlich, wie unterschiedlich ihre Perspektiven sind – und dass es »Inländern« wirkungsvoll möglich ist, die Perspektive der »Ausländer« zu ignorieren oder abzutun.

Also auf die Unterscheidung verzichten? Soll man Bezeichnungen finden, die Unterschiede nicht benennen, sondern irgendwie »neutral« sind? Solange es gesellschaftliche Verhältnisse gibt, in denen Menschen mit bestimmten Identitätsmerkmalen Nachteile und Diskriminierung erleben, bedeutet eine »neutrale« oder »farbenblinde« Sprache einfach nur, dass die realen Verhältnisse nicht benannt werden. Andererseits stimmt es, dass die Verwendung der unterscheidenden Bezeichnung die Unterscheidung weiter und weiter festigt. Was tun? Empfohlen werden zwei Differenzierungsschritte, um »Differenzlinien« zu thematisieren:

Schritt 1: Differenzierung zum Beispiel entlang der Merkmale Gender, Herkunft/Staatsangehörigkeit, sexuelle Orientierung, sozialer Status, zwischen Männern und Frauen, Inländern und Ausländern, Heteros und Schwulen/Lesben, Reichen und Armen. Um beschreiben zu können, wo zum Beispiel statistisch strukturelle Vorteile oder Nachteile liegen, wird eine Dichotomisierung vorgenommen, werden Gegensätze hergestellt. Es wird damit gearbeitet, dass die Untergruppen jeweils ein bestimmtes Merkmal teilen und dieses Merkmal ein relevantes Unterscheidungsmerkmal darstellt, worüber sich der Zugang zu bestimmten Ressourcen (Arbeit, Wohnung, Anerkennung, Mitsprache etc.) regelt.

Ein Beispiel: Als Inländerin mit deutschem Pass und einer Familie, die schon seit Generationen hier lebt, teile ich nicht die Erfahrungen von jemand, der Migration erlebt hat, den Status als »Ausländer« und keine deutsche Staatsangehörigkeit hat. Dieser Teil der sozialen Realität in Deutschland ist mir zunächst verschlossen. Um ihn mir zu erschließen, muss ich Anstrengungen unternehmen: mich für die Erfahrungen interessieren, mit Auskunftsfreudigen sprechen, Recherchen anstellen. Sage ich »Wir sind alle Menschen«, so leugne ich diese Unterschiede und die Begrenztheit meiner eigenen Perspektive. Ich mache »Farbenblindheit« zum Programm und kann meine eigenen blinden Flecken nicht erkennen.

Schritt 2: Differenzierung innerhalb der Untergruppen und die Feststellung, dass sich zum Beispiel Männer in bestimmten Merkmalen voneinander unterscheiden, also keine homogene Gruppe bilden, sofern weitere Merkmale in Betracht gezogen werden als ihr biologisches Geschlecht. Und man stellt fest, dass sie Gemeinsamkeiten und Ähnlichkeiten haben mit manchen Frauen, die auch keine homogene Gruppe darstellen. Genauso bei »Ausländern«, auch sie sind keine homogene Gruppe. Bei diesem Schritt wird deutlich, dass dichotomisierende Zuschreibungen mit Teil des Problems sind: Sie beschreiben nicht wirklich, was die Menschen ausmacht, sondern vereinfachen und verallgemeinern und legen die Personen auch auf etwas fest.

Das Dilemma: Kategorisierungen vornehmen heißt immer auch, eine Praxis der Vereinfachung, Verallgemeinerung und damit der Verzerrung von tatsächlicher Vielschichtigkeit fortzusetzen. Sie nicht zu verwenden heißt aber nicht, dass die Zuschreibungen und Diskriminierungen entlang bestimmter Merkmale aus der Welt sind, sie werden dadurch nur unsichtbar. Es geht nicht anders: Wir müssen Kategorien verwenden, als Begriffe, um die Welt zu begreifen, und gleichzeitig müssen wir uns hüten, sie selbst schon für die Wirklichkeit zu halten, denn das hieße, ihre Wirkmächtigkeit selbst zu verharmlosen.

Was tun? Vielleicht mehr »in Gänsefüßchen sprechen«, um deutlich zu machen, dass man mit bestimmten Begriffen Bezug nimmt auf eine Realität des Aussonderns und sich gleichzeitig von der Kategorie distanziert bzw. ihr misstraut als adäquate Beschreibung der Vielfältigkeit von Menschen.

Der Umgang mit ethnisch-kultureller Vielfalt – weder differenzblind noch differenzfixiert [10]

Berufliches Handeln in einem Kontext, der von ethnisch-kultureller Vielfalt und sozialer Ungleichheit gekennzeichnet ist, erfordert Diversitäts- und Hierarchiekompetenzen auf Seiten der Fachkräfte. Dazu gehört es, die Absolutsetzung dominanzkultureller Sicht- und Deutungsweisen als »normal« und »richtig« kritisch zu hinterfragen und zu überwinden. Dazu gehört auch, Familienkulturen analysieren zu lernen in ihrer Bedeutung für die Entwicklungs- und Bildungsprozesse der Kinder.

Differenzblindheit ist dabei eine der häufigen Fallen: Es ist die Weigerung, die Unterschiedlichkeiten zur Kenntnis zu nehmen, auch weil man befürchtet, dass ein Betonen der Unterschiede erst recht Abgrenzung und Abwertung erzeugen würde. Differenzblindheit ist allerdings auch ein Privileg aus dominanter Perspektive: Man kann es sich »leisten«, andere Sichtweisen zu ignorieren, weil diese nicht genug Einfluss haben, um sich bemerkbar zu machen.

Differenzblindheit in der Einwanderungsgesellschaft kann überwunden werden, wenn antizipiert wird, dass in den Familienkulturen von Kindern mit Migrationshintergrund folgende Erfahrungen wahrscheinlich relevant sind:
- Erfahrungen mit – auch unfreiwilligem – Ortswechsel
- Erfahrungen mit Rassismus und Diskriminierung
- Erfahrungen mit Mehrsprachigkeit und Zwang zur Einsprachigkeit im Deutschen
- Erfahrungen, als statusschwache Minderheit in der Aufnahmegesellschaft zu leben.

Die Falle der Differenzfixierung, die darin besteht, die Einzelnen auf Differenzen festzulegen, die teilweise eher »touristischen« Vorstellungen entsprechen als den konkreten Lebensverhältnissen der Familien, kann umgangen werden,

---

[10] Vgl. Mecheril 2002.

indem erfragt wird, ob und wie diese Erfahrungen bei den einzelnen Familien wirksam sind. Dabei ist einzuräumen, dass pädagogische Fachkräfte als Angehörige der dominanten Bevölkerungsmehrheit eher selten oder nicht über diese Erfahrungen verfügen und daher bewusste Anstrengungen notwendig sind, um sich ein umfassendes Bild davon zu machen. Dadurch erst ist die Gewinnung eines diversifizierten Blicks auf die unterschiedlichen Denk- und Handlungsmuster von Familien – mit und ohne Migrationsgeschichte – möglich.

Literatur

Alsaker, F. (2004): Quälgeister und ihre Opfer. Mobbing unter Kindern – und wie man damit umgeht. Bern: Hans Huber.

Battaglia, S. (2007): Die Repräsentation des Anderen im Alltagsgespräch: Akte der natio-ethno-kulturellen Belangung in Kontexten prekärer Zugehörigkeiten. In: A. Broden / P. Mecheril (Hrsg.): Re-Präsentationen. Dynamiken der Migrationsgesellschaft. Düsseldorf.

Derman-Sparks, L. & Anti-Bias Task Force (1989): Anti- Bias Curriculum. Tools for empowering young children. Washington: NAEYC.

Derman-Sparks, L. / Olsen Edwards, J. (2010): Anti-Bias Education for Young Children and Ourselves. Washington: NAEYC.

Diehm, I. / Kuhn, M. (2005): Ethnische Unterscheidungen in der frühen Kindheit. In: F. Hamburger / T. Badawia / M. Hummrich (Hrsg.): Migration und Bildung. Über das Verhältnis von Anerkennung und Zumutung in der Einwanderungsgesellschaft. Wiesbaden: Verlag für Sozialwissenschaften, S. 221-231.

Krause, A. (2008): »Woher kommst du?« Wie junge Kinder Herkunftsfragen begreifen. In: P. Wagner (Hrsg.): Handbuch Kinderwelten. Grundlagen einer vorurteilsbewussten Bildung und Erziehung. Freiburg: Herder.

MacNaughton, G. (2001): Silences and subtexts of immigrant and nonimmigrant children. In: Childhood Education. http://www.cdrcp.com/pdf/AntiBias-Silences_and_subtexts_of_immigrant_and_nonimmigrant_children.pdf (Stand: 31.5.2011).

Mac Naughton, G. (2006): Respect for diversity. An international overview. Den Haag: Bernard van Leer Foundation.

Mecheril, P. (2002): Weder differenzblind noch differenzfixiert. Für einen reflexiven und kontextspezifischen Gebrauch von Begriffen. In: IDA-NRW. Überblick 4, Jg. 8, S. 10-16 (http://www.ida-nrw.de/html/Ueberblick_4_02.pdf ; Stand: 01.10.2010).

Rommelspacher, B. (1995): Dominanzkultur: Texte zu Fremdheit und Macht. Berlin: Orlanda.

Sulzer, A. / Wagner, P. (2011): Inklusion in der Frühpädagogik: Qualifikationsanforderungen an die Fachkräfte. Expertise für die WIFF im DJI, München (www.weiterbildungsinitiative.de).

Kinder mit Behinderungen in Krippe und Kita – von der Integration zur Inklusion

Timm Albers

MIT DEM INKRAFTTRETEN der UN-Konvention zum Schutz der Rechte von Menschen mit Behinderung in der Bundesrepublik Deutschland am 26. März 2009 stehen Krippen und Kindergärten vor der Aufgabe, die Forderung nach einem inklusiven Bildungssystem in die pädagogische Praxis umzusetzen. Nicht mehr die Frage, ob ein Kind mit einer Behinderung aufgenommen werden kann, sondern vielmehr die Frage danach, wie sich eine Einrichtung verändern muss, um ein Kind mit seinen individuellen Bedürfnissen aufnehmen zu können, bestimmt das frühpädagogische Handeln. Mit dem Begriff der Inklusion verbindet sich in der Frühpädagogik somit der Gedanke, allen Kindern das gemeinsame Aufwachsen in einer Kindertageseinrichtung zu ermöglichen (vgl. Albers 2011).

Von keinem anderen Begriff geht innerhalb der frühpädagogischen Praxis derzeit so viel Dynamik aus wie von Inklusion. Die Ursprünge der aktuellen Diskussion gehen dabei auf die Integrationsbestrebungen der 1970er Jahre zurück, die sich zum Ziel gesetzt hatten, die gemeinsame Bildung von Kindern mit und ohne Behinderung in Kindergarten und Schule voranzutreiben. Im Unterschied zu der damals üblichen Praxis, Kinder mit Behinderung in dafür spezialisierten Sondereinrichtungen unterzubringen, waren es insbesondere Eltern, die auf die Umsetzung einer wohnortnahen, gemeinsamen Erziehung von Kindern mit und ohne Behinderung im pädagogischen Alltag von Regeleinrichtungen drängten.

Ein Meilenstein der theoretischen Auseinandersetzung mit der Integration von Kindern mit Behinderung kann in den Ergebnissen der Forschergruppe um Helmut Reiser gesehen werden, die in der Begleitung des Modellversuchs zur Integration von Kindern mit Behinderung in Frankfurt (vgl. Klein et al. 1987) Voraussetzungen für das Gelingen des gemeinsamen Aufwachsens auf verschiedenen Ebenen formuliert hat, die auch in jüngeren Positionen (Prengel 2010; Kron 2011) aufgegriffen werden und in der Diskussion um Inklusion von hoher Aktualität sind. Die soziale Integration eines Kindes wird im Verständnis von Reiser nicht allein dadurch gewährleistet, dass für das Kind ein Integrationsplatz in einer Regeleinrichtung bereitgestellt wird.

Integration stellt vielmehr einen Prozess dar, der sich auf mehreren Ebenen vollzieht:

> *»Als integrativ im allgemeinsten Sinn bezeichnen wir diejenigen Prozesse, bei denen ›Einigungen‹ zwischen widersprüchlichen innerpsychischen Anteilen, gegensätzlichen Sichtweisen, interagierenden Personen und Personengruppen zustande kommen. Einigungen erfordern nicht einheitliche Interpretationen, Ziele und Vorgehensweisen, sondern vielmehr die Bereitschaft, die Positionen der jeweils anderen gelten zu lassen, ohne diese oder die eigene Person als Abweichung zu verstehen«* (Klein et al. 1987, S. 38).

Nach dieser Definition von integrativen Prozessen reicht der Kontakt eines Kindes mit Behinderung zu Kindern ohne Behinderung allein nicht aus. Vielmehr müssen integrative Prozesse auf verschiedenen Ebenen ineinandergreifen, um gemeinsame Bildung, Betreuung und Erziehung ohne Aussonderung ermöglichen zu können (vgl. Kron 2006):

- Auf der *subjektiven, der innerpsychischen* Ebene: Reflexion der eigenen Einstellung und Haltung gegenüber Andersartigkeit
- Auf der *interaktionellen* Ebene: Herstellung von gemeinsamen Spielsituationen und Handlungen innerhalb der Peergruppe, aber auch die Zusammenarbeit im (multiprofessionellen) pädagogischen Team
- Auf der *institutionellen* Ebene: Bereitstellung einer angemessenen Lernumgebung in der Kindertageseinrichtung, Öffnung gegenüber Familien, Fachdiensten und Stadtteil bzw. Kommune – Barrierefreiheit
- Auf der *gesamtgesellschaftlichen* Ebene: Positionierung gegenüber Diskriminierung, Öffentlichkeitsarbeit als bedeutsame Aufgaben einer inklusiven Kindertageseinrichtung.

Während Klemm (2011, S. 13) den Kindergärten mit einer »Inklusionsquote« (alle Kinder mit Behinderung, die in unterschiedlichen Organisationsformen zusammen mit Kindern ohne Behinderung einen Kindergarten besuchen) von 61,5 Prozent eine grundsätzlich inklusive Ausrichtung attestiert, besteht im Zuge des Ausbaus der Kindertagesbetreuung von Kindern im Altersbereich bis drei Jahre ebenfalls hoher Handlungsbedarf: Das Angebot an Plätzen für Kinder mit Behinderung reicht hier bei Weitem nicht aus, um den von Eltern formulierten Bedarf zu decken. Das Recht auf Bildung, wie es in den Bildungsplänen der Länder formuliert wird, darf jedoch keinem Kind verwehrt werden!

Organisationsformen der gemeinsamen Bildung, Betreuung und Erziehung
Um die pädagogischen Zielsetzungen im integrativen Kontext erfüllen zu können, haben sich in der frühpädagogischen Praxis verschiedene Formen der gemeinsamen Bildung, Betreuung und Erziehung von Kindern mit und ohne Behinderung etabliert. So existieren Einrichtungen mit einer grundsätzlich integrativen Ausrichtung in allen Gruppen. Neben Integrationsgruppen in Regeleinrichtungen erhält die Einzelintegration zunehmenden Stellenwert, wenn keine Kindertageseinrichtung mit integrativer Ausrichtung vor Ort ist. Die gewünschte Regeleinrichtung erklärt sich auf Antrag der Eltern dazu bereit, ein Kind mit einer Behinderung aufzunehmen. Diese Form der Integration unterstützt die soziale Einbindung des Kindes und stellt eine Möglichkeit dar, Freundschaften aus der alltäglichen Umgebung aufrechtzuerhalten. Auf der anderen Seite besteht darin aber die Gefahr, dass sich das pädagogische Team nicht genügend auf die Bedürfnisse von Familien mit einem behinderten Kind vorbereitet fühlt oder aus Angst vor Überforderung keine schwerer beeinträchtigten Kinder aufgenommen werden (vgl. Riedel 2005).

Unabhängig von den Organisationsformen werden dabei die hohen Ansprüche einer inklusiven Bildung, die an die fachliche Qualität in Kindertageseinrichtungen zu stellen sind, betont: Inklusion braucht Professionalität, die mit einem veränderten Verständnis individueller Förderung und Unterstützung einhergeht. Eine inklusive Frühpädagogik setzt Veränderungsprozesse auf individueller, interaktioneller, institutioneller und gesamtgesellschaftlicher Ebene voraus: Sie fasst die Unterschiedlichkeit und Vielfalt aller Kinder ins Auge, fordert ihre individuelle pädagogische Unterstützung ein und arbeitet auf ein Umfeld hin, in dem der Heterogenität in jeder Gruppe Rechnung getragen werden kann.

Das Potenzial der Peergruppe
Um die soziale Integration eines Kindes mit Behinderung in der Kindertageseinrichtung zu unterstützen, ist es notwendig, den Blick auf die Interaktionsprozesse innerhalb der Peergruppe zu richten. Das Spielgeschehen ist nämlich oftmals dadurch gekennzeichnet, dass bestimmte Kinder bewusst von der Interaktion ausgeschlossen werden.

Schwierigkeiten in einer Spielsituation treten jedoch unabhängig von der Diagnose einer Behinderung auf und können ebenso für Kinder mit Deutsch als Zweitsprache, Kinder aus Familien in Problemlagen, Kinder mit ungesteuertem Verhalten und entwicklungsgefährdete Kinder gelten. Pädagogische Unterstützung wird dann nötig, wenn Kinder nicht in der Lage sind, aufgrund ihrer Kompetenzen befriedigende Interaktionsprozesse zu etablieren oder aufrechtzuerhalten (Kron 2011).

Die Aussage einer Heilpädagogin (Albers et al. 2011, S. 20) verweist dabei auf das Potenzial, das in einer vorurteilsfreien Interaktion von Krippenkindern mit einem Kind mit Behinderung liegt:

»Das war der erste Besuch eines zukünftigen Kindes in unserer Kita. Wir haben so bedruckte, beklebte Dosen. Die einen sind mit Wasserfolie beklebt, die anderen mit Steinen, und dann sind welche mit Blättern beklebt. Und die Kinder waren gerade dabei, diese Dosen einzuräumen, und zwar sortiert, jede Art in ein Fach. Und das Kind saß da – das kannte ja keiner von den Kindern –, es saß da auf den Knien. Das Mädchen kann kein Wort reden, nur lautieren. Und es hat irgendwie verstanden, dass die anderen Kinder diese Dosen da immer hintragen. Und dann hat es eine Dose genommen und mitten in den Lauf der Kinder gehalten. Dann hat ein Kind angehalten, diese Dose mitgenommen und eingeräumt. Und das hat das Mädchen dann immer wieder gemacht. Dann haben die Kinder plötzlich umgeschaltet und haben die Dosen, die noch überall im Raum rum lagen, zu ihm geschleppt. Dann wurden sie wiederum von dem Mädchen zu denen gegeben und danach ins Regal geräumt. Und da habe ich gedacht: Das gibt's doch gar nicht, das ist so genial. Das Kind hat sich selber eingebunden, und die Kinder haben es verstanden. Ja, so funktioniert das da, und dann haben sie es eingebunden. Ich war völlig baff. Und die Mutter war auch baff, weil sie das noch nie erlebt hatte mit ihrem Kind, dass es so eine Spielsituation überhaupt überblickt. Und das ist das, was Integration erreichen soll: Sich einfach auf jemanden, so wie er ist, einstellen zu können.«

Bei der Unterstützung der sozialen Integration von Kindern mit Behinderung in der Gruppe kommt der pädagogischen Fachkraft insbesondere bei Kindern, die aufgrund mangelnder sprachlicher Kompetenzen Schwierigkeiten haben, sich Zugang zu einer Spielsituation zu verschaffen, eine sehr anspruchsvolle Aufgabe zu: Das Eingreifen eines Erwachsenen in das Spiel der Kinder kann sich zwar kurzfristig als eine erfolgreiche Strategie erweisen, wenn aufgrund neuer Rollenzuweisungen neue Spielpartner in die Spielgruppe einbezogen werden können. Beobachtungen in Freispielphasen zeigen jedoch, dass in vielen Fällen eine von außen forcierte Aufnahme eines neuen Gruppenmitglieds zum Zusammenbruch des Spielmotivs und zur Auflösung der ursprünglichen Gruppe führt. Entsprechend wird in diesem Zusammenhang ein zurückhaltendes ErzieherInnen-Verhalten als hilfreich im Umgang mit der Problematik des Zugangs zu Spielprozessen herausgestellt. Erst wenn deutlich wird, dass Kinder nicht in der Lage sind, untereinander einen Lösungsweg zu finden, greifen Fachkräfte unterstützend ein. Diese pädagogische Unterstützung wird dann nötig, wenn Kinder aufgrund ihrer Kompetenzen keine befriedigenden Interaktionsprozesse etablieren oder aufrechterhalten können.

Casey (2011) verweist in diesem Kontext auf die Rolle der Erwachsenen als empathische Spielgefährten und Mittler, wenn diese bemerken, dass sich ein Spiel aufzulösen droht oder Prozesse der Exklusion offensichtlich werden. Die Autorin nennt dabei »subtile und effektive Strategien«, um die Kommunikation zwischen den Kindern zu ermöglichen oder zu erleichtern. Durch gezieltes Eingreifen oder durch die Einführung neuer Rollen und Spielobjekte kann die pädagogische Fachkraft zum Beispiel die Weiterentwicklung eines Spiels so beeinflussen, dass Kindern, die ansonsten vom Spielprozess ausgeschlossen werden würden, die Teilhabe am Spiel ermöglicht wird. Ytterhus (2011, S. 127) bezeichnet in diesem Zusammenhang »die Membran zwischen inkludierendem und exkludierendem Umgang« in der Peergroup als sehr dünn; die Instabilität der Struktur im sozialen Umgang der Kinder kann von kompetenten pädagogischen Fachkräften jedoch durchaus »in die gewünschte Richtung justiert werden«.

Modell der integrativen Prozesse – ein Analyserahmen für die eigene pädagogische Arbeit

Auch wenn die Anforderungen an eine inklusive Frühpädagogik zunächst hoch erscheinen, kann man davon ausgehen, dass nur eine qualitativ hochwertige Kindertageseinrichtung eine gute Einrichtung für alle Kinder ist. Eine solche Einrichtung zeichnet sich dadurch aus, dass Formen der Beobachtung und Dokumentation der Fähigkeiten und Bedürfnisse der Kinder als ein Ausgangspunkt für die Formulierung individueller Bildungsziele gesehen werden. In engem Austausch mit der Familie und in Abstimmung mit begleitenden Maßnahmen wie Therapien und Frühförderung kann dies zu mehr Sicherheit im Umgang mit dem behinderten Kind führen und zur Grundlage eines vertrauensvollen Betreuungsverhältnisses werden.

Integration im Sinne Reisers bedeutet also nicht eine unrealistische Forderung nach der Gleichheit aller, sondern akzeptiert die Andersartigkeit von Interaktionspartnern, ohne diese als Abweichung zu verstehen und als Anlass zur Ausgrenzung zu nehmen. Das Modell der integrativen Prozesse bietet vielmehr einen Analyserahmen für die Reflexion der eigenen pädagogischen Arbeit in der Kindertageseinrichtung (Albers 2011, S. 12):
- Wie ist meine eigene Einstellung gegenüber Heterogenität?
- Wie gestalte ich die Interaktion mit Kindern und Erwachsenen, und welche Bedeutung spielen dabei Hierarchien in der Zusammenarbeit mit Eltern?
- Kann in diesem Zusammenhang von einer echten Erziehungs- und Bildungspartnerschaft gesprochen werden?
- Welche Vorurteile werden in der Arbeit offensichtlich?
- Wie kann ein pädagogisches Setting geschaffen werden, das sich an den Bedürfnissen aller Kinder orientiert und entwicklungsangemessene Impulse zur Förderung gibt?

Werden auf den dargestellten Ebenen integrative Prozesse in Gang gesetzt, kann davon ausgegangen werden, dass damit positive Effekte auf die Entwicklung aller Kinder erzielt werden können, nicht nur auf die der Kinder mit Behinderung. In diesem Zusammenhang kann das Modell der integrativen Prozesse auch zu einer Formulierung von Qualifikationsanforderungen an frühpädagogische Fachkräfte genutzt werden:
- Auf der *subjektiven Ebene*: Reflexive Haltung bezüglich der eigenen Einstellung gegenüber Heterogenität und der damit einhergehenden Erziehungs- und Bildungsvorstellung, forschender Habitus, kritische Reflexion und begründeter Einsatz von (normierter/prozessorientierter) Diagnostik und (standardisierten/alltagsintegrierten) Förderprogrammen
- Auf der *interaktionalen Ebene*: Ermöglichung von Interaktion, Kommunikation in der Peergroup, Individualisierung von Bildungsprozessen auf der Grundlage theoriegeleiteter Beobachtung und sozialdidaktischer Analyse der kindlichen Lebenswelt, Kooperation mit den Eltern, Beratung, interdisziplinäre Zusammenarbeit mit Fachpersonal
- Auf der *institutionellen Ebene*: Abbau von Barrieren, Partizipation von Kindern und Familien ermöglichen, Bereitstellung entwicklungsadäquater Bil-

dungsanlässe und Lernumgebung, Öffnung der Institution im Hinblick auf die Kooperation mit informellen Bildungs- und Lernorten im Stadtteil, die Einbindung von Familien, Organisationsentwicklung, Vernetzung mit Frühen Hilfen, Sozialpädiatrie und Frühförderung
- Auf der *gesellschaftlichen Ebene*: Positionierung gegenüber ethischen und gesellschaftlichen Fragestellungen, Vermeidung von Stereotypisierungen und Ausgrenzung, Öffentlichkeitsarbeit, Gemeinwesenorientierung.

Literatur

Albers, T. (2011): Mittendrin statt nur dabei. Inklusion in Krippe und Kindergarten. München/Basel: Ernst Reinhardt.

Albers, T. / Bruck, S. / Lüpke, S. / Thomas, S. / Tremel, H. (2011): Kitas als Türöffner. Integrative Tageseinrichtungen für Kinder als Schlüssel zur gleichberechtigten Teilhabe. http://www.elterninitiativen-nds-hb.de/fileadmin/user_upload/pdf/Kitas_als_Tueroeffner_Broschuere.pdf (Stand: 04.09.2011).

Casey, T. (2011): Die Rolle des Erwachsenen bei der Förderung des integrativen Spiels. In: M. Kreuzer / B. Ytterhus (Hrsg.): Dabeisein ist nicht alles. Inklusion und Zusammenleben im Kindergarten. 2. Aufl. München/Basel: Ernst Reinhardt, S. 219-238.

Klein, G. / Kreie, G. / Kron, M. / Reiser, H. (1987): Integrative Prozesse in Kindergartengruppen. Über die gemeinsame Erziehung von behinderten und nichtbehinderten Kindern. Reihe Integration behinderter Kinder. Weinheim/München: DJI-Materialien.

Klemm, K. (2011): Gemeinsam lernen. Inklusion leben. Status Quo und Herausforderungen inklusiver Bildung in Deutschland. Studie im Auftrag der Bertelsmann-Stiftung. http://www.bertelsmann-stiftung.de/bst/de/media/xcms_bst_dms_32811_32812_2.pdf (Stand: 04.09.2011).

Kron, M. (2006): 25 Jahre Integration im Elementarbereich – Ein Blick zurück, ein Blick nach vorn. In: Inklusion-Online 1. http://bidok.uibk.ac.at/library/inkl-01-06-kron-elementar.html (Stand: 15.08.2011).

Kron, M. (2011): Integration als Einigung – Integrative Prozesse und ihre Gefährdungen auf Gruppenebene. In: M. Kreuzer / B. Ytterhus (Hrsg.): Dabeisein ist nicht alles. Inklusion und Zusammenleben im Kindergarten. 2. Aufl. München/Basel: Ernst Reinhardt, S. 190-200.

Prengel, A. (2010): Inklusion in der Frühpädagogik – Bildungstheoretische, empirische und pädagogische Grundlagen. München: Deutsches Jugendinstitut.

Riedel, B. (2005): Integration von Kindern mit Behinderung in Tageseinrichtungen. In: DJI (Hrsg.): Zahlenspiegel 2005. Kindertagesbetreuung im Spiegel der Statistik. München: Deutsches Jugendinstitut, S. 169-182.

Ytterhus, B. (2011): »Das Kinderkollektiv« – Eine Analyse der sozialen Position und Teilnahme von behinderten Kindern in der Gleichaltrigengruppe. In: M. Kreuzer / B. Ytterhus (Hrsg.): Dabeisein ist nicht alles. Inklusion und Zusammenleben im Kindergarten. 2. Aufl. München/Basel: Ernst Reinhardt, S. 112-131.

»Man muss satt sein, bevor man lernen kann« – Überlegungen zum Umgang mit sozialen Benachteiligungen

Birgit Behrensen

SOZIALE BENACHTEILIGUNG ist eng mit dem Begriff der relativen Armut verwoben. Relativ arm ist, wer weniger als 60 Prozent des durchschnittlichen Einkommens bzw. nicht mehr oder sogar weniger als den Sozialhilfesatz zum Leben hat.

Soziale Benachteiligung aus der Perspektive von Kindern braucht neben der Berücksichtigung der relativen Armut aber auch eine Antwort auf die Frage: Was kommt beim Kind tatsächlich an? (Holz 2003) Hilfreich erweist sich die Analyse der Lebenslage »in biologischer, psychischer und sozialer Hinsicht« (Holz 2006, S. 4). Wesentlich ist die Familiensituation, die sich sowohl abmildernd als auch verschärfend gerade auf das Erleben von Kindern unter sechs Jahren auswirken kann: »Ein möglichst konfliktfreies Familienklima, ein konzentrierter Alltag und viele gemeinsame Aktivitäten von Eltern und Kindern sind in diesem Alter entscheidende ›Schutzfaktoren‹« (ebd., S. 7).

In der AWO-ISS-Studie, bei der die Entwicklung von 893 Kindern über einen längeren Zeitraum hinweg beobachtet wurde, ist festgestellt worden, dass es etwa einem Viertel der relativ armen Kinder unter sechs Jahren nach dieser Analyse gut geht (ebd.). Und Mängel erleiden nicht nur relativ arme Kinder. Doch diese Mängel sind besonders prekär, weil im elementarpädagogischen Alter kaum eigenständige Bewältigungsmöglichkeiten entwickelt sind und die Hilfe Erwachsener von entscheidender Bedeutung ist (vgl. ebd., S. 5f.).

Eine besondere Rolle nehmen Kinder mit Migrationshintergrund ein. Sie sind statistisch gesehen doppelt so häufig arm wie Kinder ohne Migrationshintergrund. Kinder mit unsicherem Aufenthaltsstatus sind ganz besonders stark betroffen (Hock et al. 2000; Holz/Hock 1999; Holz/Skoluda 2003). Hinzu kommen für einen Teil dieser Kinder migrationsspezifische Problemlagen, wie zum Beispiel eine geringere berufliche Integration sowie geringere Deutsch- und Systemkenntnisse der Eltern, geringeres soziales und kulturelles Kapital der Familie (Bourdieu 1983), Diskriminierungserfahrungen oder Belastungen im Falle familiärer Fluchterfahrungen (vgl. Behrensen/Westphal 2009). Gleichwohl ist »Migrationshintergrund« kein Synonym für »soziale Benachteiligung«, da hier eine Vielzahl sehr unterschiedlicher Lebenslagen zu finden ist. Und nicht alle Belastungen lassen sich im Einzelfall mit dem Migrationshintergrund erklären. Migrationserfahrungen können zudem spezifische Ressourcen mobilisieren, etwa Flexibilität, Anpassungsfähigkeit oder die Fähigkeit der sozialen Vernetzung, die den Kindern auf ihrem Bildungsweg zugute kommen können (vgl. ebd.).

> **Armut und soziale Benachteiligung in Zahlen**
> Definition relativer monetärer Armut in der Europäischen Union: Ein Einkommen »von weniger als 60% des Medianwerts des Äquivalenzeinkommens in einem Land« (Europäische Kommission 2000, S. 33).
> Richtwert in Deutschland: Ein (erwirtschaftetes oder alimentiertes) Einkommen in oder unter der Höhe der Sozialhilfe (vgl. hierzu Statist. Bundesamt 2008 sowie Seus-Seberin 2006, S. 21-1).
> Verbreitung relativer Armut unter Kindern: 37% der Kinder aus Ein-Eltern-Familien, 56% der Kinder aus sehr großen Familien, 50% der Kinder von Familien mit Migrationshintergrund (Holz et al. 2005, S. 3).
> Verbreitung von Mängeln auf Basis der Analyse der Lebenslage (AWO-ISS-Studie; vgl. Holz 2006, S. 7): 30,7% der relativ armen Kinder, 19,7% der nicht-armen Kinder.

Soziale Benachteiligung und der elementarpädagogische Bildungsauftrag

Soziale Benachteiligung hat direkte und indirekte Auswirkungen auf Bildung. Neben Einschränkungen in der materiellen Grundversorgung in Bezug auf Wohnraum, Nahrung, Kleidung und Partizipationsmöglichkeiten (vgl. z.B. Weiß 2000; Hock/Holz 2000; Holz/Skoluda 2003; Laucht et al. 2000) sowie in der Gesundheitsversorgung (vgl. Robert Koch-Institut 2004; BMFSFJ 2002) erleben sozial benachteiligte Kinder statistisch gesehen häufiger Mängel bei ihrer kognitiven Entwicklung – in Bezug auf das Maß sozialer Kontakte sowie allgemein beim Ausbau ihrer sprachlichen, kulturellen oder sozialen Kompetenzen (Holz 2003, S. 4).

Im Rahmen einer Studie, die wir in der nifbe-Forschungsstelle Begabungsförderung zur Frage der Gestaltung individueller Förderung in Kindertagesstätten durchgeführt haben (Solzbacher et al. 2011), erzählten uns ErzieherInnen nebenbei auch von ihren Erfahrungen mit kindlicher Armut. Als eine Armutsfolge beobachten sie spezifische Verhaltensweisen, die sich auf die Bildungsmöglichkeiten der Kinder niederschlagen.

So berichten PädagogInnen, dass es Kindern aus sozial benachteiligten Familien tendenziell häufiger an einem umsichtigen Umgang mit Spielzeug und Büchern mangele. Ferner erzählen sie von Eltern, die um die Bildung ihrer Kinder zwar besorgt sind, die aber tendenziell weniger Anreize im Sinne gezielter Lernstimuli, etwa durch Ausflüge oder gemeinsames Spiel, böten. Hinzu kommt die aus den Berichten der Kinder gefolgerte Einschätzung, dass in vielen Fällen geschlossene Familiensysteme (Satir 1990) vorherrschten, bei denen die Familien auch am Wochenende »in ihren Wohnungen, in ihren kleinen familiären Einheiten« blieben. Die Freizeit findet nach Einschätzung der ErzieherInnen in vielen Fällen vor dem Fernseher statt. Andere beobachten bei sozial benachteiligten Eltern verstärkt Erschöpfung, die unter anderem dazu führt, dass die Erzähl- und Erlebnisbedürfnisse der Kinder nicht befriedigt werden.

Eine bildungspolitische Antwort auf die Feststellung, dass soziale Herkunft sich in Deutschland auf den Schulerfolg so stark niederschlägt (PISA-Konsortium Deutschland 2004), ist der Ausbau des elementarpädagogischen Auftrags (Niedersächsisches Kultusministerium 2005). Steuerungspolitisch sind in den letzten Jahren eine ganze Reihe von Maßnahmen etabliert worden, wie die Kostenübernahme der Gebühren für das letzte Kindergartenjahr (§ 21 Gesetz über Tageseinrichtungen für Kinder) oder das sogenannte Bildungspaket (§ 28 SGB II). Ausgehend von dem in Deutschland vorherrschenden elementarpädagogischen Bildungsverständnis, in dem die Ausbildung einer positiven Lernhaltung im Vordergrund steht, dem mittlerweile aber auch schulvorbereitende Wissens- und Kompetenzbereiche zugeordnet werden, stellt sich die Frage nach den grundlegenden Handlungsmaximen, die für die Arbeit mit sozial benachteiligten Kindern in elementarpädagogischen Einrichtungen vielversprechend sind.

Respekt als Voraussetzung pädagogischen Handelns
Im Umgang mit sozial benachteiligten Kindern und Eltern brauchen ErzieherInnen eine ganz spezifische Haltung. Sie müssen den eigenen – eher westlich-mittelschichtsorientierten – Bildungsansatz relativieren und eigene Maßstäbe

auch als solche erkennen. Dieser Prozess ist nie widerspruchsfrei, muss doch neben einer Anerkennung anderer Maßstäbe auch das Wohl des Kindes im Blick behalten werden, für das es Maßstäbe gibt, die auf dem eigenen Wissen um pädagogische Zusammenhänge beruhen. Eine Erzieherin berichtet:

> »Oder ein anderes Kind, wo man auch sagt, die Eltern sind so ›schlicht‹. [...] Ja, aber im Moment ist es glücklich in diesem Umfeld. So wie es auch lebt. [...] Wenn das Jugendamt nur die Eltern gesehen hätte, ... finanziell, [...] Hygiene und was weiß ich nicht alles, dann wäre [das Kind aus der Familie herausgenommen worden]. Und es geht aber trotzdem. [...] Das ist vielleicht eine gesellschaftliche Haltung. Wie gehen wir mit Menschen um, die anders sind?«

In seiner Analyse des gesellschaftlichen Umgangs mit sozial Benachteiligten arbeitet Sennett (2007) unter anderem die historischen und kulturellen Prägungen heraus, die einen respektvollen Umgang wie im oben zitierten Beispiel so schwierig machen. Geprägt durch eine Kultur, in der soziale Abhängigkeit mit Unreife gleichgesetzt wird, wird soziale Sorge schnell zu Bevormundung.

Einen Ausweg sieht er in der Akzeptanz der Autonomie des Gegenübers: »Statt auf eine Gleichheit des Verstehens zu drängen, bedeutet Autonomie, dass man an anderen Menschen akzeptiert, was man nicht versteht. (...) Wer Schwachen oder Außenseitern Autonomie zubilligt, der belässt ihnen ihre Würde« (Sennett 2007, S. 316f.).

ErzieherInnen-Handeln bedeutet aber, nicht nur den Erwachsenen Autonomie zuzugestehen und somit ihre Würde zu achten, sondern auch und vor allem, die Kinder im Blick zu haben. Ein mit dem Anspruch der Autonomie der Erwachsenen gut zu vereinbarender Ansatz ist ein Verständnis des familienergänzenden Auftrags der Kita.

Erweiterung der Erfahrungsräume
Stamm und Viehhauser (2009) stellen in einer Meta-Analyse frühkindlicher Bildungsangebote fest, dass Kinder aus sozial benachteiligten Familien stärker als andere Kinder auf kognitive »Zumutungen« (Wygotski 1987) angewiesen sind, weil sie im familiären Umfeld »nicht oder nur in geringem Maße schulrelevante Bildungsgelegenheiten zur Verfügung« haben (Stamm/Viehhauser 2009, S. 9).

Einige der von uns interviewten ErzieherInnen setzen hier bewusst an, indem sie den Kindern Bildungsangebote machen, die aus ihren lebensweltlichen Bezügen hinausweisen. Zwei Erzieherinnen einer – wie sie es selbst nennen – »Brennpunkt-Kita« begründen vor diesem Hintergrund die Exkursionen, die sie mit den Kindern vornehmen.

Eine der beiden Kolleginnen sagt: »Uns ist ja deswegen auch ganz wichtig, dass [die Kinder] aus dem [Stadtteil] herauskommen, dass wir immer wieder Ausflüge machen, dass man einfach die Dinge zeigt, die es hier in [der Stadt] gibt. […] Ich glaube, das ist eine ganz wichtige Voraussetzung [für ihre schulische Entwicklung], dass sie einfach auch sehen, was es außerhalb des [Stadtteils] noch […] gibt.«
Ihre Kollegin ergänzt: »Manchmal wirkt es auch in die Familien hinein. Wir gehen zum Beispiel regelmäßig in die Bücherei mit den Kindern, leihen Bücher aus. Einige Kinder haben daraufhin auch mit den Eltern Büchereien besucht. […] Neulich erzählte doch dieses eine Mädchen, sie waren mit der ganzen Familie im Zoo. Das ist schon schön. Manchmal strahlt es dann auch aus.«

Mit ihren Exkursionen eröffnen diese Erzieherinnen den Kindern ihrer Einrichtung bewusst unbekannte Lebenswelten. Im Sinne Bourdieus (1983) könnte gesagt werden, dass es den Erzieherinnen gelingt, das kulturelle Kapitel des einen oder anderen Kindes, ja sogar der einen oder anderen Familie zu vergrößern.

Vor dem Hintergrund inklusiver Bildungsbemühungen in der Elementarpädagogik ist die Schlussfolgerung aus der Analyse von Stamm und Viehhauser (2009) interessant: »In der Konsequenz ergibt sich daraus, dass frühkindliche Bildungsangebote als wichtige Bestandteile des Bildungssystems anzuerkennen wären. Auf die Thematik der sozialen Ungleichheit bezogen bedeutet dies für die Bildungspolitik, dass sie hierfür eine Rahmung zu erarbeiten hätte, welche individuelle Lebenschancen durch die Garantie von Startchancengleichheit für *alle* Kinder ermöglicht. Die Bildungsangebote wären dabei flexibel zu gestalten, damit sie den unterschiedlichen Bedürfnissen diverser Adressatengruppen gerechter würden. Konkret bedeutet dies, dass in gewissen Fällen eher Angebote mit schulvorbereitendem, in anderen hingegen eher mit sozial-konstruktivem oder ganzheitlichem Charakter ausgearbeitet werden müssten« (Stamm/Viehhauser 2009, S. 9).

Eine wichtige Dimension für sozial benachteiligte Kinder, die in ihren Lebenslagen Mängel erleben, ist dabei die Herstellung von Verlässlichkeit, Kontinuität und Geborgenheit als Resilienzförderung.

Verlässlichkeit, Kontinuität und Geborgenheit
Eine kontinuierliche und verlässliche Beziehung zu einer Erzieherin kann stärkend wirken. Manchmal gehört dazu auch, einen familienähnlichen Rahmen im Kita-Alltag zu schaffen, wie es eine Erzieherin am Beispiel des gemeinsamen Mittagessens beschreibt:

> »Um zwölf ist das Essen auch wirklich immer da, immer ein warmes, gutes Essen. Im Moment bezahlt uns die Stadt das noch mit unserer Köchin. Das ist eine sehr gute Fachkraft. Und die [Kinder] laufen ab zehn, elf Uhr herum. Das riecht. Sie laufen durch die Küche. Man muss erst einmal gut gegessen haben und satt sein, um zu lernen. […] Wir haben einen sehr kritischen Jungen, der legt so viel Wert darauf, dass da eine Blume steht, dass das Essen da ist […]. Dieser Rahmen ist ganz wichtig, und da braucht man einfach auch starke und vernünftige Erzieher. […] Dass das so ganz verlässlich ist, nicht nur die Erwachsenen, sondern auch diese Rahmenbedingungen. Da muss [das Kind] nicht gucken, ob etwas im Kühlschrank ist, sondern es ist etwas da. Ein Kind von zwei bis sechs Jahren muss nicht wissen, dass es mittags Hunger hat oder nachmittags noch ein Brot braucht. Dafür sind Erwachsene da. Von den Eltern würden wir uns wünschen, dass die da so zuverlässig sind. Das sind sie halt nicht.«

Interessant ist der »kritische Junge« in dieser Beschreibung. Er fordert mehr ein als Verlässlichkeit und Kontinuität. Der Rahmen, an dem er selbst aktiv mitwirkt, ist die Herstellung von Geborgenheit. Dabei erscheint er nicht als passiver Empfänger erzieherischen Handelns, sondern als Akteur. Damit sind wir bei einem weiteren wichtigen Punkt angelangt: der frühen und gezielten Verantwortungsübergabe an das Kind.

Begleitung zur Eigenverantwortlichkeit
Im Umgang mit Kindern aus sozial benachteiligten Familien haben viele der von uns interviewten ErzieherInnen die Strategie entwickelt, die Kinder in ihrer Verantwortung zu stärken. Hierzu die Aussage einer Erzieherin:

>»Viele sind von zu Hause sozial vernachlässigt und müssen eben vieles selbst organisieren und regeln in ihrem Alltag, gerade auch wenn sie in die Schule kommen [...]. Und somit ist Selbstständigkeit auch ein ganz großes Förderziel. [...] Also das ist ja auch so ein Nebeneffekt des sozialen Brennpunkts, dass Eltern oft nicht die Fähigkeit mitbringen, sich tatsächlich um Erziehung, um Bildung, um Fürsorge zu kümmern. [...] Also angefangen bei der Körperhygiene, über Nahrung, über Tagesablauf, über die einfachsten Dinge der Erziehung [...]. Wir versuchen natürlich auch ganz stark, die Eltern mit einzubinden. [...] [Wir] müssen aber immer wieder feststellen, dass unsere Wünsche und die Realität ganz weit auseinanderklaffen und dass eigentlich der beste Weg ist, eben von den Eltern beständig zu fordern, aber trotzdem die Kinder selbst stark zu machen.«*

Die Begleitung des Kindes hin zur Eigenverantwortung für sein persönliches Wohlergehen und seine Entwicklung bleibt ambivalent. Die Forderung der Versorgung richtet sich an die Eltern. Der Weg über die Stärkung des Kindes scheint an vielen Stellen aber erfolgversprechender. Wenn es gelingt, das Kind auf seinem Weg so zu begleiten, dass es eigenverantwortlich für sein Wohlergehen sorgt, dann kann dem Kind daraus eine Ressource erwachsen, die es auch für seinen weiteren Bildungsweg nutzen kann (vgl. hierzu Behrensen/Westphal 2009, S. 72). Die Ambivalenz, die sich in der Aussage der Erzieherin findet, entsteht dadurch, dass eine solch frühe Eigenständigkeit immer auch begleitet ist vom Fehlen elterlicher Sorge, die doch so wichtig ist für die emotionale Entwicklung und letztendlich auch für die Resilienz des Kindes. Mit diesem Dilemma müssen ErzieherInnen leben und im Einzelfall die Akzentuierung für ihr Handeln setzen.

> »Die hartnäckige Tatsache der sozialen Teilung bleibt«, wie Sennett es formuliert, »ein Problem der Gesellschaft« (2007, S. 318). ErzieherInnen haben aber Möglichkeiten, daran mitzuarbeiten, dass der Automatismus von sozialer Benachteiligung und Bildungsbenachteiligung abgeschwächt wird. Wesentliche Elemente sind ein respektierender Umgang mit den Eltern, das Bieten von Gelegenheiten zur Erweiterung der kindlichen Erfahrungsräume, das Angebot von Kontinuität, Verlässlichkeit und Geborgenheit sowohl in der Person der pädagogischen Fachkraft als auch im institutionellen Rahmen sowie schließlich die Arbeit an einer frühen Eigenverantwortung des Kindes.

Literatur

Behrensen, B. / Westphal, M. (2009): Beruflich erfolgreiche Migrantinnen. Rekonstruktion ihrer Wege und Handlungsstrategien. Osnabrück: IMIS-Eigenverlag.

BMFSFJ – Bundesministerium für Familie, Senioren, Frauen und Jugend (2002): Elfter Kinder- und Jugendbericht. Berlin: Eigenverlag.

Bourdieu, P. (1983): Ökonomisches Kapital – kulturelles Kapital – soziales Kapital. In: R. Kreckel (Hrsg.): Soziale Ungleichheiten. Frankfurt/M.: Campus, S. 183-198.

Europäische Kommission (Hrsg.) (2000): Beschreibung der sozialen Lage in Europa 2000. http://ec.europa.eu/employment_social/social_situation/docs/SSR2000_de.pdf (Stand: 15.06.2011].

Gesetz über Tageseinrichtungen für Kinder. Fassung vom 7.02.2002, Jugendhilfe in Niedersachsen (JiN) 24/2002.

Hock, B. / Holz, G. / Wüstendörfer, W. (2000): Frühe Folgen – langfristige Konsequenzen? Armut und Benachteiligung im Vorschulalter. Vierter Zwischenbericht zu einer Studie im Auftrag des Bundesverbandes der Arbeiterwohlfahrt. ISS-Pontifex 2/200. Frankfurt/M.: ISS.

Holz, G. (2006): Lebenslagen und Chancen von Kindern in Deutschland. In: Aus Politik und Zeitgeschichte, 2006, Nr. 26, S. 3-11.

Holz, G. / Hock, B. (1999): Armutslagen von Kindern und Jugendlichen in Deutschland am Ende des 20. Jahrhunderts. In: SOS-Dialog – Fachmagazin des SOS-Kinderdorf e.V., 1999, S. 10-15.

Holz, G. / Richter, A. / Wüstendörfer, W. / Giering, D. (2005): Zukunftschancen für Kinder!? – Wirkung von Armut bis zum Ende der Grundschulzeit. Zusammenfassung des Endberichts der 3. Phase der AWO-ISS-Studie. Bonn: Eigenverlag der Arbeiterwohlfahrt.

Holz, G. / Skoluda, S. (2003): Armut im frühen Grundschulalter. Frankfurt/M.: Eigenverlag der Arbeiterwohlfahrt.

Laucht, M. / Esser, G. / Schmidt, M. H. (2000): Längsschnittforschung zur Entwicklungsepidemiologie psychischer Störungen: Zielsetzung, Konzeption und zentrale Befunde der Mannheimer Risikokinderstudie. In: Zeitschrift für Klinische Psychologie und Psychotherapie, 2000, Nr. 29, S. 246-262.

Lösel, F. / Bender, D. (1999): Von generellen Schutzfaktoren zu differentiellen protektiven Prozessen: Ergebnisse und Probleme der Resilienzforschung. In: G. Opp / M. Fingerle / A. Freytag (Hrsg.): Was Kinder stärkt. Erziehung zwischen Risiko und Resilienz. München: Ernst Reinhardt, S. 37-58.

PISA-Konsortium (2004): PISA 2003 – Der Bildungsstand der Jugendlichen in Deutschland. Ergebnisse des zweiten internationalen Vergleichs. Münster/New York/München/Berlin: Waxmann.

Niedersächsisches Kultusministerium (2005): Orientierungsplan für Bildung und Erziehung im Elementarbereich niedersächsischer Tageseinrichtungen für Kinder. Hannover: Eigenverlag.

Robert Koch-Institut (2004): Gesundheit von Kindern und Jugendlichen. Berlin: Eigenverlag.

Satir, V. (1990): Kommunikation, Selbstwert und Kongruenz. Paderborn: Junfermann.

Sennett, R. (2007): Respekt im Zeitalter der Ungleichheit. 2. Aufl. Berlin: Berlin Verlag.

Seus-Seberin, E. (2006): Welche Rolle spielt soziale Benachteiligung in Bezug auf Kindeswohlgefährdung? In: H. Kindler / S. Lillig / H. Blüml / Th. Meysen / A. Werner (Hrsg.): Handbuch Kindeswohlgefährdung nach § 1666 und Allgemeiner Sozialer Dienst (ASD). 21-1. München: Deutsches Jugendinstitut.

Solzbacher, C. / Behrensen, B. / Sauerhering, M. / Warnecke, W. (2011): Das einzelne Kind im Blick: Individuelle Förderung in der Kita. Freiburg: Herder.

Sozialgesetzbuch. Zweites Buch (II). Grundsicherung für Arbeitsuchende, Fassung vom 24.03.2011.

Stamm, M. / Viehauser, M. (2009): Frühkindliche Bildung und soziale Ungleichheit. Analysen und Perspektiven zum chancenausgleichenden Charakter frühkindlicher Bildungsangebote. In: Zeitschrift für Soziologie der Erziehung und Sozialisation, Nr. 4, S. 403-418.

Statistisches Bundesamt (Hrsg.) (2008): Lebenslagen in Deutschland: Der 3. Armuts- und Reichtumsbericht der Bundesregierung. http://www.bmas.de/portal/26742/property=pdf/dritter__armuts__und__reichtumsbericht.pdf (Stand: 15.06.2011].

Weiß, H. (2000): Kindliche Entwicklungsgefährdungen im Kontext von Armut und Benachteiligung. Erkenntnisse aus psychologischer und pädagogischer Sicht. In: H. Weiß (Hrsg.): Frühförderung von Kindern und Familien in Armutslagen. München: Ernst Reinhardt, S. 50-70.

Wygotski, L. S. (1987): Ausgewählte Schriften II. Arbeiten zur psychischen Entwicklung der Persönlichkeit. Berlin: Volk und Wissen.

Mädchen und Jungen in Krippe und Kita – Inklusive Denk- und Handlungsmodelle

Maria Eleonora Karsten

BEIM THEMA INKLUSIVER Denk- und Handlungsmodelle geht es darum, Sequenzen zum Erleben und Erfahren von Vielfalt, Heterogenität, Integration und Inklusion zu gestalten. Es geht um das Verstehen und die Beschreibung von Gleichheit, Verschiedenheit, Integration und Inklusion als sozial- und elementarpädagogische Haltung, als Denken, Wissen, Können, Handeln und Tun. Diese Haltung gilt es auszuführen und für das Leben in Krippe und Kita zu konkretisieren sowie dafür zentrale Punkte herauszuarbeiten.

Von entscheidender Bedeutung ist hierbei der Umgang mit Begriffen: »Für eine fundierte Auseinandersetzung mit dem Thema Inklusive Pädagogik ist die Klärung ihrer grundlegenden Kategorien ›Egalität‹ oder ›Gleichheit‹ sowie ›Verschiedenheit‹ oder ›Heterogenität‹ wichtig. Was diese Kategorien bedeuten, zeigt sich nicht voraussetzungslos auf einfache Weise, denn erst unsere Wahrnehmungsperspektiven und unsere Begriffe lassen die Gleichheiten und die Unterschiede zwischen Kindern hervortreten« (Prengel 2010). Für eine inklusive Pädagogik sind deswegen ganz bestimmte Einsichten der »Gleichheit« grundlegend:

- Inklusive Pädagogik sieht Kinder als Gleiche an hinsichtlich ihrer Grundbedürfnisse nach ausreichender Nahrung, nach feinfühliger Bindung an eine verlässliche erwachsene Bezugsperson, nach gleichberechtigten Beziehungen in den Gleichaltrigen-Gruppen, nach freier Bewegung und reicher geistiger Anregung.
- Inklusive Pädagogik sieht Kinder als Gleiche an hinsichtlich ihres Rechts auf Bildung sowie weiterer grundlegender Rechte.

Inklusion wird verstanden als die Gestaltung eines Umfeldes, in dem Vielfalt in dem Sinne wahrgenommen wird, dass alle Kinder – Mädchen und Jungen –, Jugendliche sowie erwachsene Frauen und Männer gleichermaßen wertgeschätzt werden. Dabei geht es um die Anerkennung von Unterschieden in Hinblick auf Kultur, Identität, Leistungsstandards, Interessen, Erfahrungen, Geschlecht, sexuelle Orientierung und körperliche Fähigkeiten.

Programmatisch handelt es sich bei Inklusion also um einen »differenzierten Verwirklichungsprozess«.

Inklusion am Beispiel »Gender-Mainstreaming«

Inklusion bezieht sich auch auf die Geschlechterdifferenzierungen. Gender-Mainstreaming ist eine Strategie mit dem Ziel, Chancengleichheit für die Geschlechter in allen politischen, administrativen und gesellschaftlichen Prozessen zu realisieren.

Diese Strategie gilt für alle politisch handelnden Institutionen, also auch für Schulen sowie öffentliche und freie Träger der Wohlfahrtspflege. Ziel ist es, für Kindertagesstätten und Krippen interne und nach außen gerichtete Prozesse daraufhin zu analysieren, wie Mädchen und Jungen bzw. Männer und Frauen daran beteiligt und davon betroffen sind. Gender-Mainstreaming besteht in der Reorganisation, Verbesserung, Entwicklung und Evaluation von Entscheidungsprozessen in allen Politikbereichen und Arbeitsbereichen einer Organisation. Ziel ist es, in alle Entscheidungsprozesse die Perspektive des Geschlechterverhältnisses einzubeziehen und alle Entscheidungsprozesse für die Gleichstellung der Geschlechter nutzbar zu machen (vgl. Stiegler 2001).

Die Fragen nach dem Geschlecht und den Rahmenbedingungen, die die Geschlechterverhältnisse konstruieren und aufrechterhalten, werden damit zum integralen Bestandteil aller politischen Prozesse. Es geht dabei nicht um Mädchen- oder Frauenförderung im neuen Gewande, sondern um einen geschlechtsspezifischen Blick auf Prozesse. Gender-Mainstreaming ersetzt auch nicht gezielte Mädchen- oder Frauenförderung bzw. Jungen- oder Männerförderung. Es geht vielmehr um die Bereitstellung und eine gerechte Verteilung von Chancen (vgl. Karsten 2002).

»Weiblichkeit« und »Männlichkeit« sind keine angeborenen Attribute
Aus der Geschlechterforschung ist schon seit langem bekannt, dass »Weiblichkeit« und »Männlichkeit« keine angeborenen Attribute sind, sondern bestimmte Verhaltensweisen, die durch Bildung, Erziehung und Sozialisation erworben werden. Vereinfachte Beispiele für den Erwerb von Geschlechtsidentität und die damit verbundenen Rollenzuschreibungen sind bekannt: Jungen, die von klein auf signalisiert bekommen, dass für sie bestimmte, mit »männlichen« Interessen (z.B. Fußball) und Fertigkeiten (z.B. Handwerk, Chef-Position) verbundene Spiele und Verhaltensweisen attraktiv sind, sind

in der Regel schon als Kinder darauf angewiesen, sich diese Denkschemata und Verhaltensweisen anzueignen, um »dazuzugehören«. Genauso warten auf Mädchen typische Spiel-, Verhaltens- und Denkweisen (z.B. die Puppenecke oder das feine Kleidchen, das nicht schmutzig werden darf), durch die ihnen Geschlechterrollen vermittelt werden.

Aneignung von Geschlechtsidentität und die Folgen für das gesellschaftliche Leben
Die Aneignung von Geschlechtsidentität und die daraus resultierenden Folgen für das gesellschaftliche Leben und dessen Organisation sind komplex und nicht in jedem Fall leicht zugänglich. Die Prozesse lassen sich im Spiel, in der Kommunikation, in den Medien, in der Politik – kurz: in allen Facetten des gesellschaftlichen Lebens finden. Für den Prozess der sozialen Konstruktion von Geschlechtlichkeit hat die Geschlechterforschung den Begriff »doing gender« formuliert. Gender bezeichnet den Anteil der sozialen Konstruktion am Geschlecht. In Abgrenzung dazu meint der Ausdruck »sex« die biologische Komponente des Geschlechts. Der Begriff »doing gender« bringt die Prozesshaftigkeit des Vorganges zum Ausdruck: Die soziale Konstruktion von Geschlecht wird nicht nur einmal vollzogen, sondern wiederholt sich tagtäglich neu.

So werden in allen Bereichen des gesellschaftlichen Lebens, wie zum Beispiel in den Medien, im Erziehungssystem, in der Politik oder der Wirtschaft, Bilder von Männlichkeit und Weiblichkeit gelebt, die Bedeutungen von Geschlechtsidentität symbolisieren und an Kinder und Jugendliche herangetragen werden. Um Geschlechtsidentität zu entwickeln, sind Kinder und Jugendliche darauf angewiesen zu lernen, wie sie diese Bedeutungen gestalten und welche Rollen sie dadurch einnehmen können. Finden solche Aneignungsprozesse verkürzt, unreflektiert und vor allem ohne Bildungsinhalte statt, entstehen daraus Konstrukte, die aussagen, dass sich Frauen und Männer für bestimmte Rollen und Denkweisen »eignen« würden: Das Geschlecht wird den Menschen attribuiert.

Dabei werden aber nicht nur die attraktiven Attribute des eigenen Geschlechtes übernommen, sondern es wird – weil immer beide oder mehrere Geschlechterrollen repräsentiert werden – gleichfalls ein problematisches Bild des anderen Geschlechtes produziert.

»Doing gender« – ein doppelter Prozess

Für Mädchen und Jungen, Frauen und Männer bedeutet »doing gender« einen doppelten Prozess: Zum einen wird Geschlechtsidentität durch Wahrnehmung der Rollenzuweisungen konstruiert, zum anderen wird die erworbene Geschlechtsidentität durch ständiges Reproduzieren der damit verbundenen Attribute aufrechterhalten, bekräftigt, verfestigt und nach außen hin dargestellt. Bildung hat in diesem Zusammenhang die wichtige Bedeutung, sich dieser Prozesse bewusst zu sein und einen (selbst-)reflexiven und kritischen Umgang mit der Konstruktion von Geschlechtermerkmalen zu entwickeln.

Darüber hinaus gilt es, eine reflexive und kritische Auseinandersetzung mit den Doing-gender-Prozessen, die von der eigenen Person ausgehen, gestalten zu können. Gerade für Personen, die direkt mit Kindern und Jugendlichen arbeiten, wie zum Beispiel ErzieherInnen, PädagogInnen, KinderpflegerInnen, SozialpädagogInnen oder LehrerInnen, ist ein Bewusstsein für diese Prozesse hilfreich, um die eigene Praxis reflektieren zu können. So werden Kinder und Jugendliche nicht durch einschränkende Doing-gender-Prozesse an der freien Entfaltung ihrer Persönlichkeit gehindert, sondern diese Entwicklungen werden positiv ausgestaltet. Bildung wird somit zu einer auf Fachwissen basierenden Bewusstseinsbildung.

Diese ist durchaus neu zu entwickeln, da die Koedukation nachweislich zur Bestärkung von Differenzen zwischen Mädchen und Jungen führt. Zukunftsfähige Bildung bedeutet in diesem Zusammenhang, dass Bildung und Gender-Aspekte nicht losgelöst voneinander oder nebeneinander betrachtet werden, sondern die gegenseitige Beziehung zueinander erkannt, gedacht und thematisiert wird.

Die eigene Person ist zu einem erheblichen Teil sozial konstruiert

Das Bild einer pluralisierten Gesellschaft mit Slogans wie »Just-do-it« oder »Frech kommt weiter« vermittelt den Eindruck, dass jedem Menschen alle Wege offen stehen und es an der eigenen Person läge, wenn Chancen nicht wahrgenommen werden. Dass die eigene Person aber zu einem erheblichen Teil sozial konstruiert ist – durch Prozesse, die auf geschlechtsstereotypischem Denken basieren –, bedarf es geeigneter Methoden, um diese Prozesse sichtbar zu machen.

Auch wenn die klaren Geschlechtertrennungen und Rollenzuweisungen, wie sie in Vorgängergenerationen noch einfacher zu erkennen waren, begonnen haben, sich aufzulösen, ist es trügerisch zu glauben, dass sich dieser Prozess der Veränderung schon verselbstständigt hat und ohne weiteres aktives Hinzutun fortsetzen wird. Obwohl Mädchen mittlerweile die gleichen Chancen auf Bildung in der Schule haben und tendenziell sogar bessere Schulleistungen erbringen, können sie ihr »Bildungskapitel« auf dem Arbeitsmarkt noch nicht in dem Ausmaß ausschöpfen, wie dies Jungen möglich ist (vgl. BMFSFJ 2002). Grund dafür ist ein Arbeitsmarkt, der hauptsächlich auf den Bedürfnissen von Männern aufbaut und sich (noch) nicht an den Bedürfnissen von Frauen nach flexiblerer Zeitorganisation, Ein- und Ausstiegsmöglichkeiten sowie sozialer und materieller Anerkennung von Frauenberufen orientiert. Ähnliches gilt für die Bildungskarrieren in Studium und Wissenschaft (vgl. EU-Kommission 2002).

Aber auch die einseitige Sozialisation von Jungen in »typische Männerrollen« bringt für die Betroffenen und auch den Arbeitsmarkt Probleme mit sich. Eine Studie der Wirtschaftswoche hat gezeigt, dass es männlichen deutschen Managern deutlich an sozialen und emotionalen Qualitäten mangelt, um ein Wirtschaftsunternehmen erfolgreich zu führen (vgl. Böhmer 2002). Bildung, Erziehung und Sozialisation, die für Jungen soziale und emotionale Inhalte ausblendet, weil diese nicht »männlich«, sondern »weiblich« assoziiert sind, konstruiert Männerrollen, die ebenfalls einer freien Entfaltung zuwiderlaufen.

Gerade die nicht so offensichtlichen Mechanismen der gesellschaftlichen Konstruktion von Geschlechtlichkeit und deren Folgen gilt es weiter zu erforschen und kenntlich zu machen. Die Einschränkungen, die daraus für beide Geschlechter entstehen, sind deutlich zu machen und zu bearbeiten. Hier setzt Gender-Mainstreaming grundlegend an und wird derzeit in einem besonderen Bundesprojekt zu »Mehr Männer in Kitas« differenzierend bearbeitet (BMFSFJ 2011).

Anerkennung und Aufwertung der sozialen Berufe
Bildung für Kinder und Jugendliche findet zum Großteil in Institutionen mit einem hohen Frauenanteil statt (z. B. Kindertagesstätten, Kinderkrippen und Grundschulen). Ein Blick in andere Länder, in denen Bildung bereits ganzheitlich verstanden wird, zeigt, dass dort ErzieherInnenberufe als Bildungsberufe anerkannt und entsprechend gleichwertig bezahlt werden (vgl. Hebenstreit-Müller/Müller 2001; Karsten u. a. 1999). Damit wird deutlich,

dass traditionelle Frauenberufe in anderen Ländern bereits als Garanten für Lebensqualität erkannt und ins Zentrum zukunftsfähiger und nachhaltiger Gesellschaftsentwürfe gerückt sind. Ziel von Frauen- und Gleichstellungspolitik ist es, diese Anerkennung auf allen Ebenen auch in Deutschland zu realisieren.

Das Bildungssystem neu denken und politisch innovativ gestalten
Anerkennung und Aufwertung der sozialen Berufe erfordert, das Bildungssystem neu zu denken und politisch innovativ zu gestalten. Eine Neuordnung gilt für Männer und Frauen gleichermaßen, da diese nicht mehr das sozial konstruierte Geschlecht zum Ausgangspunkt für Bewertungen nimmt, sondern gesellschaftliche Relevanz neu definiert. Um bereits in der Kinder- und Jugendhilfe und in der Schule mit diesen Prozessen zu beginnen, ist Gender-Mainstreaming als grundlegende Strategie für diese Bereiche explizit festzuschreiben (Karsten 2002). Gender-Mainstreaming ist ein Prozess, den es von der obersten Ebene aus bis ins kleinste Detail zu realisieren und zu verantworten gilt. Für die Praxis von Kinder- und Jugendhilfeeinrichtungen bedeutet dies, dass zum einen Bildungsprozesse in Form von Aus-, Fort- und Weiterbildung für die professionell Handelnden gewährleistet werden müssen, damit das eigene Handeln auf geschlechtergerechte Erziehung hin reflektiert werden kann. Andererseits müssen mit Kindern und Jugendlichen Bildungsprozesse initiiert werden, die Bildung über emanzipierte Geschlechtsidentitäten vermitteln. Damit wird eine konsequentere Durchsetzung der in § 9 Abs. 3 KJHG formulierten geschlechtergerechten Erziehung möglich.

Eine geschlechtergerechte Erziehung in Kindertagesstätten, Krippe, Hort und Schule verabschiedet sich von einem zielorientierten Denken, wonach formuliert und symbolisiert wird, wie Mädchen und Jungen zu sein haben. Sie orientiert sich an einem prozessorientierten Denken, das danach fragt, welche Bedingungen Mädchen und Jungen brauchen, um zu einer freien Entfaltung ihrer Persönlichkeit zu kommen. Mädchen- und Jungenarbeit wird somit zu einer Verknüpfungsdienstleistung im sozialem Raum, die von den individuellen Lebenslagen ausgeht und nicht nur Prozesse innerhalb einer Organisation auf diese Bedürfnisse ausrichtet, sondern die Möglichkeiten und Chancen der Vernetzung von Institutionen nutzt.

Orientierung an Lebenslagen
Um dieses Ziel der Orientierung zu verfolgen, sind die Lebenslagen von Mädchen und Jungen regelmäßig methodisch zu erheben und den fachlichen Diskussionen und Konzepten zur Verfügung zu stellen. Dies ermöglicht eine Sichtweise, die auch danach fragt, wie Jungen und Mädchen als Zielgruppen besonders gut erreicht werden können, um die Betrachtungsweise von Kindern und Jugendlichen als scheinbar homogene Gruppe zu überwinden. Mädchen- und Jungenförderung ebenso wie die Verwirklichung von Geschlechtergerechtigkeit bedeuten ein explizites Arbeitsprogramm, Aufmerksamkeit und die Bereitschaft, diesen Frauenberufsbereich aus der und für die Perspektive von Frauen neu zu durchdenken. Dafür stellt das Inklusionsprogramm eine neuerliche Chance dar.

Denk- und Arbeitsprogramm des Gender-Mainstreaming – beispielgebend für die Verwirklichung der Inklusionsleitlinien
Folgende zentrale Aspekte nach Kriterien des Gender-Mainstreamings und der Inklusion stehen dabei im Mittelpunkt: Zum einen geht es um Kindertageseinrichtungen als Institutionen mit allen ihren Strukturen, Normen und Werten, zum zweiten um das in den Institutionen vorherrschende professionelle Milieu und den entsprechenden professionellen Habitus sowie, drittens, um die sich daraus begründeten Handlungsmöglichkeiten aller beteiligten Akteure – respektive für Mädchen und Jungen, ErzieherInnen, Mütter und Väter.

Das Denk- und Arbeitsprogramm des Gender-Mainstreaming ist somit als beispielgebend für die Verwirklichung der Inklusionsleitlinien zu bezeichnen (Deutsche Unesco-Kommission 2009). Die Realisierung im Bildungssystem erfolgt nach genau beschriebenen Schritten (ebd., S. 15), die eine direkte Aufforderung enthalten, wie sie schon »große Personen« der Geschichte formuliert haben:

>*»Tu erst das Notwendige, dann das Mögliche, und plötzlich schaffst du das Unmögliche.« (Franz v. Assisi)*

>*»Wir müssen selbst die Veränderung sein, die wir in der Welt sehen wollen.« (Mahatma Gandhi)*

Genau diese Haltung gehört zum Programm jeder Bildung und Professionalisierung in der Elementar- und Sozialpädagogik – konkretisiert im wissenschaftlichen Denken und Handeln in Kinderkrippen, Kindertageseinrichtungen und allen öffentlichen Bildungsorganisationen.

Literatur

Böhmer, R. (2002): Manager – Sand in der Seele. In: Wirtschaftswoche Nr. 022 vom 23.05.2002, S. 12ff.
BMFSFJ (2002): Zukunftsfähigkeit sichern. Streitschrift Bundesjugendkuratorium. Berlin.
BMFSFJ (2011): Mehr Männer in Kitas, ein ESF-Modellprogramm. Berlin.
Deutsche UNESCO-Kommission e.V. (Hrsg.) (2009): Inklusion: Leitlinien für die Bildungspolitik. Bonn.
EU-Kommission (2002): Memorandum Lebenslanges Lernen.
Fritischi, T. / Oesch, T. (2008): Volkswirtschaftlicher Nutzen von frühkindlicher Bildung in Deutschland. Eine ökonomische Bewertung langfristiger Bildungseffekte bei Krippenkindern. Bern: BASS – Büro für Arbeits- und Sozialpolitische Studien BASS AG, S. 5.
Hebenstreit-Müller, S. / Müller, B. (2001): Elementarbildung in der Jugendhilfe – Eine Liebesehe und eine Bildungskatastrophe. In: neue praxis 6/2001, S. 533ff.
Karsten, M. E. (1999): 10 Jahre Integrationsarbeit in Kitas – Qualität für die Zukunft. In: Tagungsdokumentation, Landesjugendamt Niedersachsen. Hannover.
Karsten, M. E. (2002): Bildung in der Jugendhilfe: Anforderungen an einen neuen Geschlechtervertrag zur Realisierung von Chancen- und Geschlechtergerechtigkeit. In: R. Münchmeier / H.-U. Otto / U. Rabe-Kleberg (Hrsg.): Bildung und Lebenskompetenz. Opladen: Leske + Budrich, S. 73ff.
Karsten, M. E. (2004): Erziehung, Bildung und Betreuung in Kindertagesstätten. Weiterhin ein mehrdimensionales Projekt der Professionalisierung und Investition in die Zukunft. Essen: IAT.
Memorandum Lebenslanges Lernen. http://forumbildung.de
Prengel, A. (2010): Pädagogik der Vielfalt. Wiesbaden: Verlag für Sozialwissenschaften.
Statistische Ämter des Bundes und der Länder (2011): Kindertagesbetreuung regional 2010. Ein Vergleich aller 412 Kreise in Deutschland. Wiesbaden. http://www.statistikportal.de/statistik-portal/Kita_regional.pdf (Stand: 23.08.2011).
Stiegler, B. (2001): Mehr Geschlecht als Recht – Konzept und Bedeutung des Gender-Mainstreaming-Prinzip. In: Politische Ökologie 70.
Viernickel, S. / Schwarz, S. (2009): Schlüssel zu guter Bildung, Erziehung und Betreuung. Berlin: Eigenverlag GEW.

Teil II
Pädagogische, strukturelle und bildungspolitische Perspektiven der Inklusion

Inklusion und Resilienz – Konzeptionelle Gemeinsamkeiten und Konsequenzen für professionelles Handeln [11]
Klaus Fröhlich-Gildhoff

DIE VERBINDUNG DER THEMEN Resilienz und Inklusion ist nicht ganz neu – schon 1999 haben Fingerle, Freitag und Julius Resilienz- und (damals noch) Integrationsperspektive in einen Zusammenhang gebracht. Im Fachdiskurs der Frühförderung werden beide Perspektiven seit langem systematisch aufeinander bezogen (z. B. Weiß 2007), und in vielen neueren Positionierungen finden sich immer wieder Querverweise (z. B. Prengel 2010).

In diesem Beitrag werden beide Konzepte unter drei Fragestellungen betrachtet:
• Welche grundlegenden konzeptionellen Gemeinsamkeiten gibt es?
• Welche Bedeutung hat in beiden Konzepten die Umwelt/Mitwelt?
• Welche Konsequenzen ergeben sich daraus für professionelles Handeln?
Abschließend werden Ausblicke zur Resilienzförderung unter der Inklusionsperspektive angeboten.

Das Resilienzkonzept[12]
Eingebunden in den Perspektivenwechsel in den Sozial- und Gesundheitswissenschaften – von der Pathogenese zur Salutogenese, von der Defizit- zur

---

[11] Ein besonderer Dank geht an Maike Rönnau-Böse für die kritischen Rückmeldungen und die Unterstützung bei der Endbearbeitung.
[12] Teile dieses Abschnitts beruhen auf früheren Publikationen des Autors, v.a. Fröhlich-Gildhoff/Rönnau-Böse 2009a.

Ressourcenorientierung und von den Risikofaktoren zu den Schutzfaktoren – hat die Auseinandersetzung mit den Erkenntnissen der Resilienzforschung in den letzten zehn Jahren auch in Deutschland einen deutlichen Aufschwung erlebt (vgl. die Überblicke bei Opp/Fingerle 2007; Fröhlich-Gildhoff/Rönnau-Böse 2009a).

Resilienz wird dabei als »Fähigkeit von Menschen verstanden, Krisen im Lebenszyklus unter Rückgriff auf persönliche und sozial vermittelte Ressourcen zu meistern und als Anlass für Entwicklung zu nutzen« (Welter-Enderlin 2006, S. 13).

Diese Fähigkeit wird im Lebenslauf erworben und zeigt sich insbesondere in (spezifischen) Belastungssituationen. Die Definition macht darüber hinaus deutlich, dass die Ressourcen nicht nur auf der individuellen Ebene Bedeutung erlangen, sondern dass vor allem auch soziale Schutzfaktoren einen bedeutenden Stellenwert haben; der bedeutendste Schutzfaktor ist dabei mindestens eine stabile emotionale Beziehung zu einer primären Bezugsperson.

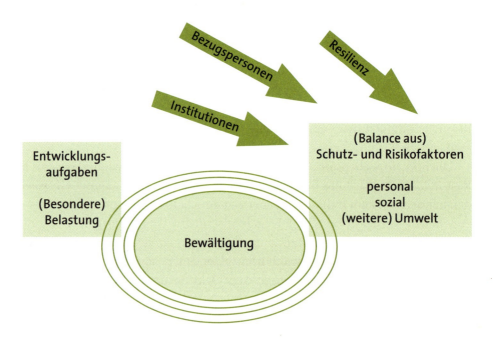

Nachdem eine Zeitlang eine polare Betrachtungsweise der Risiko- oder der Schutzfaktoren beschrieben wurde, wird in der heutigen Resilienzforschung der »relative Charakter von Resilienz« (Opp/Fingerle 2007, S. 14) betont, d. h. Resilienz ist nicht gleichbedeutend mit völliger Unverwundbarkeit, sondern die Ausprägung wird durch das Zusammenspiel von Risiko- und Schutzfaktoren beeinflusst. Außerdem spielt die Kumulation von Faktoren eine nicht unerhebliche Rolle. Je mehr Belastungen und Risiken vorliegen, desto mehr protektive Faktoren zur Bewältigung sind erforderlich (vgl. Lösel/Bender 2007). Dies macht deutlich, dass Resilienz immer kontextuell betrachtet werden muss und nicht ein universeller, auf alle Individuen gleich übertragbarer Begriff ist (vgl. Boss 2006).

Resilienz ist auch keine Persönlichkeitseigenschaft oder ein besonderer Charakterzug, sondern eher ein Entwicklungsprozess, der sich im Laufe des Lebens eines Menschen verändert. Verwendet man den Begriff der Resilienz als Persönlichkeitseigenschaft, läuft man schnell Gefahr, Kinder, die in schwierigen Situationen kein resilientes Verhalten zeigen, selbst dafür verantwortlich zu machen (vgl. dazu Masten/Powell 2003).

Für die Entwicklung der Resilienz ist es offensichtlich wichtig, dass Kinder immer wieder die Erfahrung machen, Aufgaben und Anforderungen erfolgreich bewältigen zu müssen und zu können. Das Ausmaß der Belastungen bzw. Stressoren muss dabei angemessen sein, damit entsprechende Bewältigungsfähigkeiten und -strategien entwickelt werden können – zu geringer Stress bzw. fehlende Anforderungen führen dagegen dazu, dass die Resilienzfähigkeit nicht ausreichend entwickelt wird (vgl. Fröhlich-Gildhoff et al. 2007).

Wichtig für Lebensalltag, Pädagogik und Therapie ist auch, dass durch Resilienz die Risiken und Belastungen nicht verändert oder abgeschafft werden können, »es dem Individuum aber ermöglichen, wirkungsvoll damit umzugehen« (Werner 2007, S. 29). Es geht also nicht zwangsläufig darum, entwicklungs-einschränkende Rahmenbedingungen zu verändern (was häufig zu Gefühlen der Frustration und Hilflosigkeit führt), sondern es geht um das Ermöglichen von Handlungsweisen und Orientierungen, die den Umgang mit diesen erleichtern.

Sechs Resilienzfaktoren
Die Resilienzforschung befasste sich lange Zeit mit der Identifikation resilienzförderlicher Faktoren, die jedoch selten klar so beschrieben wurden, dass sie in ein Handlungs- bzw. Förderkonzept zu übertragen sind. Eine differenzierte Analyse der vorliegenden Studienergebnisse zeigte, dass sich diese Faktoren zu sechs übergeordneten Variablen zusammenfassen lassen und die sich damit als grundlegend wirksam zur Entwicklung von Resilienz und damit zur adäquaten Bewältigung von Entwicklungsaufgaben, Anforderungen und Krisen gezeigt haben (Fröhlich-Gildhoff et al. 2007):

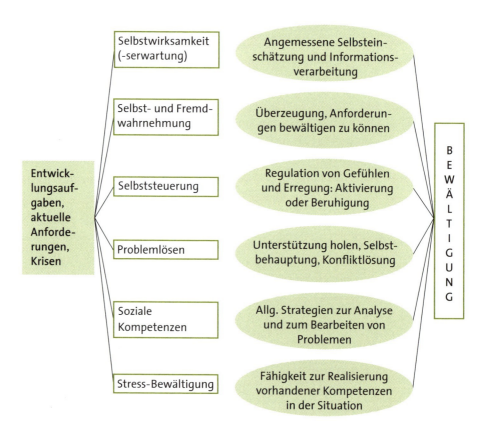

Diese Resilienzfaktoren sind nicht unabhängig voneinander, sondern bedingen sich gegenseitig und stehen in einem Zusammenhang (vgl. Fröhlich-Gildhoff et al. 2007).

Die genannten sechs Faktoren weisen eine große Nähe zu den zehn »life skills« auf, die von der Weltgesundheitsorganisation (WHO) 1994 als Lebenskompetenzen definiert wurden: Selbstwahrnehmung, Empathie, Kreatives Denken, Kritisches Denken, Fähigkeit, Entscheidung treffen zu können, Problemlösefähigkeiten, effektive Kommunikationsfähigkeit, interpersonale Beziehungsfertigkeiten, Gefühlsbewältigung und Stressbewältigung (WHO 1994, übersetzt von Bühler/Heppekausen 2005). Die WHO empfiehlt, diese Lebenskompetenzen als Grundlage für Präventions- und Interventionsprogramme zu nehmen.

Das Resilienzkonzept weist gleichfalls eine Reihe von Parallelen zu anderen Ansätzen auf, so zur Schutzfaktorenperspektive in den Gesundheitswissenschaften (z. B. Bengel et al. 2009), zum Konzept der Salutogenese (Antonovsky 1997) oder zum personzentrierten Ansatz nach C. Rogers (Vergleich bei Fröhlich-Gildhoff/Rönnau-Böse 2009b).

Gemeinsame Perspektiven von Resilienz- und Inklusionskonzept

Das Grundkonzept
Im Resilienzkonzept stehen die Bewältigungskapazitäten und -kompetenzen im Vordergrund. Es wird gefragt, über welche Fähigkeiten ein Kind (bzw. allgemein ein Mensch) verfügt, um Krisen und Belastungen zu meistern, und in der Forschung wurde und wird sehr gezielt versucht, entsprechende Schutzfaktoren zu identifizieren (ausführliche Darstellung bei Bengel et al. 2009). Damit wird konsequent eine Ressourcenperspektive eingenommen; es geht darum, vorhandene Stärken weiter zu stärken[13] und Menschen in ihrer aktiven Auseinandersetzung mit ihrer – z.T. hoch risikobelasteten – Umwelt Weiterentwicklung zu ermöglichen. Dabei werden zwar teilweise einzelne Fähigkeiten oder personale Schutzfaktoren fokussiert, grundsätzlich wird aber von Aspekten einer ganzheitlichen Persönlichkeitsförderung ausgegangen: »Personale Faktoren wie positive Lebenseinstellung und positive Selbst-

---

[13] Das Prinzip der Ressourcenaktivierung hat auf empirischer Basis auch in anderen Kontexten wie z.B. in der Psychotherapie große Bedeutung erlangt (vgl. z.B. Grawe/Grawe-Gerber 1999).

wahrnehmung, realistische Selbsteinschätzung und Selbstwirksamkeitserwartung, Zielorientierung, flexibel einsetzbare Bewältigungsstrategien und Erfahrungen im Umgang mit herausfordernden Situationen sind wichtige Zielgrößen für Maßnahmen« (Bengel et al. 2009, S. 162).

»Inklusion geht aus von der Aufmerksamkeit für die Einzigartigkeit jedes Kindes sowie vom Ideal des gemeinsamen Lebens und Lernens aller Kinder mit der ganzen Bandbreite möglicher körperlicher, psychischer, sozialer und kognitiver Beschaffenheiten, einschließlich aller vorkommenden Stärken und Schwächen« (Prengel 2010, S. 7). Auf dieser Grundlage werden ebenfalls gezielt die Ressourcen von Menschen mit spezifischen Bedürfnissen bzw. in verschiedenen Lebenslagen besonders hervorgehoben. Die Sicht ist nicht: »Was fehlt?«, sondern: »Was ist anders?« – und: »Was brauchen unterschiedliche Menschen?« Unterschiedlichkeit wird vor diesem Hintergrund als Entwicklungschance gesehen (z. B. Prengel 2010; Treber 2011; Schumann 2011; Kron 2010, 2011).

Die Bedeutung der Umwelt/Mitmenschen
Übereinstimmend zeigen die Befunde der Resilienzforschung, dass eine stabile, verlässliche Beziehung zu einer erwachsenen Bezugsperson einen wesentlichen Schutzfaktor für eine seelisch gesunde Entwicklung darstellt (Werner 2007; Bengel et al. 2009). Diese bedeutende Bezugspersonen sind im optimalen Falle die Eltern; es können aber auch andere Personen aus dem sozialen Umfeld und professionelle Fachkräfte diese wichtige entwicklungsfördernde Funktion erfüllen (Pianta et al. 2007). Für die Entwicklung der seelischen Widerstandskraft sind jedoch noch weitere Faktoren bedeutsam, wie eine gute Einbettung der Familie oder stützende Gleichaltrige (Zusammenstellungen bei Bengel et al. 2009).

Auch in den einschlägigen Konzepten zur Inklusion wird gleichfalls auf die Bedeutung der Beziehungspersonen hingewiesen; so konstatiert zum Beispiel Weiß (2009): »Besonders für sozial-emotional belastete und unsichere Kinder ist es wichtig, (mindestens) eine verlässliche und über einen längeren Zeitraum konstante Beziehung zu einer Erzieherin aufzubauen (und umgekehrt braucht diese die Möglichkeit, sich als vertraute Bezugsperson, Lernmedium und Lernmodell zur Verfügung zu stellen). Nicht strukturierte Lernprogramme sind dafür primär entscheidend (ohne ihren Wert gering achten zu wollen), sondern Beziehungsdichte und Beziehungskonstanz in anregungsreichen Situationen – als Voraussetzung, dass diese Kinder eine sichere Basis, Selbst-Wertschätzung und Selbst-Wirksamkeit entwickeln können« (ebd., S. 15).

Auf die unterstützenden Möglichkeiten von Peer-Interaktionen zwischen Kindern mit und ohne Handicaps verweisen zum Beispiel die Forschungsbefunde von Ytterhus (2008) und Kreuzer (2008). Andersherum können allerdings auch Gruppenprozesse zu Ausgrenzung und Ettikettierung führen (zusammenfassend z. B. Prengel 2010).

Im Zusammenhang mit der Betrachtung entwicklungsunterstützender oder -behindernder Umwelten soll kurz ein Aspekt angedeutet werden, auf den Bengel et al. (2009) hinweisen: Oftmals wird konstatiert, dass Kinder und Jugendliche mit Migrationshintergrund – und besonders solche in sozial belasteten Situationen – einer besonderen Kumulation von Risikofaktoren ausgesetzt seien. Allerdings ist auch festzustellen, dass sie »über ihre eigene Kultur auch eigene Schutzfaktoren mit(bringen). Zum Beispiel starke familiäre Kohäsion in Familien aus traditionellen Gesellschaften ... Bei Castro (2005) wird die Entwicklung einer bikulturellen Identität als Schutzfaktor diskutiert« (Bengel et al. 2009, S. 115; auf die Chancen des Aufwachsens von Kindern aus zugewanderten Familien weist ebenfalls Leyendecker 2011 hin).

Konsequenzen für professionelles Handeln
Resilienz- und Inklusionsperspektive sind beide grundsätzlich mit einer präventiven Orientierung verbunden: Es geht darum, Stärken und individuelle wie systemische Schutzfaktoren zu stärken. Dies bedeutet zum einen, dass professionelles Handeln die Bedeutung von Verschiedenheit reflektiert und Differenzierung als (pädagogischen) Ausgangspunkt begreift. Zum anderen geht es um eine Haltung, die von Offenheit und Selbstreflexivität, besonders hinsichtlich eigener Vorurteile, geprägt ist. So ist die geforderte Ressourcenorientierung oft leichter gesagt, als umgesetzt: Denn in vielen Fällen konstituiert sich der professionelle Kontakt erst über die Probleme des/der anderen – ohne die Existenz von Problemen könnte die Identität einzelner Berufsgruppen infrage gestellt sein.

Eine wichtige Orientierung kann der Grundsatz der schwedischen Kollegin Ann-Christine Wennergren (Universität Halmstad) geben: »Inclusive education is *everybody's* responsibility« – ein Satz, der ebenso für eine konsequente resilienzförderliche Haltung Gültigkeit hat.

Resilienzförderung unter der Inklusionsperspektive

Es gibt viele Ähnlichkeiten zwischen Resilienz- und Inklusionsperspektive. Konzepte und Programme der Resilienzförderung können grundsätzlich auf Kinder mit besonderen Bedürfnissen übertragen werden. Dabei sind zwei wichtige Fragen zu berücksichtigen:

1. Sollen alle Kinder in gleicher Weise unterstützt, »gestärkt« werden?

Grundsätzlich ist festzustellen, dass »im Verständnis der Inklusion Fördermaßnahmen demnach so zu planen und zu gestalten [sind], dass Kinder nicht von ihrem sozialen Umfeld getrennt und ... gemeinsam betreut werden« (Jungmann/Albers o.J.). Dabei muss allerdings auch berücksichtigt werden, dass »Anerkennung der Verschiedenheit und Vielfalt einerseits und ausgleichende Gerechtigkeit andererseits in einem Spannungsverhältnis zueinander [stehen]. Dieses darf nicht einseitig zu einem der beiden Pole hin aufgelöst werden, sondern es ist in der pädagogischen Reflexion und im erzieherischen und unterrichtlichen Handeln immer wieder neu zu bedenken und auszuhalten« (Weiß 2009).

Inklusives Handeln wie Resilienzförderung muss also für Kinder (und ihre Familien) in unterschiedlichen Lebenssituationen und mit unterschiedlichen Bedürfnissen in unterschiedlicher Weise (und z.T. »Intensität«) agieren:

Kinder mit besonderen Belastungen und Risikofaktoren sind auf Unterstützungs- und Bildungsangebote angewiesen, »die sie in ihrer belasteten Lebenswelt stärken, die ihnen Kenntnisse und Fertigkeiten zur Bewältigung ihres komplexen Alltags und zur nachweisbar effektiven Bearbeitung ihrer praktischen Probleme« (Hiller 2007, S. 6) vermitteln. Es kommt also darauf an, ... »die individuellen lebensweltlichen Bedingungen dieser Kinder zum Bezugspunkt didaktischer Reflexion und unterrichtlichen Handelns zu machen« (Weiß 2009, S. 12).

Schule und Kita müssen sich unter der Inklusions- wie der Resilienzperspektive als »schützende Einrichtung« (Speck-Hamdan 2011, S. 21) organisieren. Dabei gilt es, Individualität *in* Gemeinschaft zu fördern. Es bedarf der »individuellen Angebote für jedes Kind, zugeschnitten auf seine Möglichkeiten und Bedürfnisse und gekoppelt mit der Zumutung der eigenen Verantwortung, sodass Kinder an ihren Aufgaben wachsen können« (ebd.; siehe auch Kron 2011).

2. Welche Unterstützungsformen sind die wirkungsvollsten?
Aus der Präventionsforschung ist bekannt, dass Programme frühzeitig und in einem umfassenderen Setting-Ansatz realisiert werden sollten. Zudem gilt: »Unabhängig davon, welche Schutzfaktoren adressiert werden, setzen erfolgreiche Präventionsstrategien frühzeitig ein, fördern Kinder langfristig, systematisch sowie entwicklungsorientiert und berücksichtigen alterstypische Entwicklungsaufgaben sowie kritische Phasen. [...] Inhalte und Struktur eines Präventionsprogramms sollten auf die spezifischen Bedürfnisse der Zielgruppe abgestimmt sein« (Bengel et al. 2009, S. 162). So benötigen zum Beispiel Kinder aus benachteiligten Familien eher Programme mit einem hohen Strukturierungsgrad, Kinder aus der sozialen Mittelschicht profitieren eher von Curricula, die offener gestaltet sind und mehr individuelle Spielräume lassen (vgl. ebd.).

Mit einem Mehrebenen-Ansatz zur Resilienzförderung konnte in verschiedenen Projekten erfolgreich nicht nur der Selbstwert von Kindern in Kitas gefördert werden, sondern es waren auch deutliche Fortschritte der kognitiven Entwicklung zu verzeichnen (Fröhlich-Gildhoff 2011; Fröhlich-Gildhoff et al. 2008; Rönnau-Böse et al. 2008; Rönnau-Böse/Fröhlich-Gildhoff 2010). Dabei wurden die pädagogischen Fachkräfte in den Kitas in das Konzept der

Stärkenorientierung und Resilienz eingeführt und für die Durchführung von entsprechenden Kursen mit Kindern und Eltern qualifiziert; diese Fortbildungen und ressourcenorientierten Teambesprechungen führten zu einer deutlich stärkenorientierteren Haltung der PädagogInnen. Eltern und Kinder erhielten entsprechend dem differenzierten Modell Unterstützung in Form systematischer Kurse, aber auch durch besondere Einzelberatung (Elternebene). Indem die pädagogischen Fachkräfte von Beginn an in alle Aktivitäten einbezogen waren und im Verlauf des Projekts alle methodischen Bausteine eigenständig umsetzten, konnte Nachhaltigkeit gesichert werden.

Ebenfalls konnte gezeigt werden, dass es mit solchen Programmen gelingen kann, auch Kinder und Familien mit deutlichen sozialen Benachteiligungen zu erreichen und zu fördern (Fröhlich-Gildhoff et al. 2011) – dabei müssen allerdings Inhalte und Methoden sehr spezifisch auf die Zielgruppe adaptiert werden.

Entwicklungsbedarfe

Trotz aller Erkenntnisse der Resilienzforschung und positiven Ergebnisse von Projekten der Resilienzförderung zeigt sich bei der gemeinsamen Betrachtung von Inklusions- und Resilienzperspektive eine Reihe von Entwicklungsbedarfen:

- Das Inklusions- und Resilienzkonzept sollte über die schon öfters diskutierten Gemeinsamkeiten hinaus auf reflektierter praktischer Ebene noch stärker miteinander verzahnt und systematisch evaluiert werden.
- Vielerorts müssen verbesserte Rahmenbedingungen – vor allem in Form personeller Ressourcen (Betreuungsrelationen, Vor- und Nachbereitungszeiten) – geschaffen werden, um Kindern (und Familien) mit besonderen Bedürfnissen im Sinne der Inklusionsperspektive wirklich gerecht zu werden und dann auch systematisch resilienzfördernd professionell handeln zu können.
- In den Ausbildungen von Fachkräften im Feld der frühkindlichen Bildung, Betreuung und Erziehung haben sich sowohl die Inklusions- als auch die Resilienzgedanken noch nicht ausreichend etabliert; hier müssen die meisten (Aus-)Bildungsinstitutionen nachbessern.
- Vielfach fehlen auf empirischer Ebene Erkenntnisse zur differenzierten Umsetzung/Adaptation der Resilienzperspektive: So werden zum Beispiel die Dimensionen Geschlecht oder Kulturalität nicht ausreichend berücksichtigt und konzipiert.

> Das konsequente Umsetzen einer Resilienzperspektive in Einrichtungen der (frühkindlichen) Bildung, Betreuung und Erziehung – gerade in Verbindung mit dem Konzept der Inklusion – erfordert eine Veränderung der Haltung der Fachkräfte, ein differenzierteres methodisch-didaktisches pädagogisches Handeln und auch Veränderungen in der Organisation Kita bzw. Schule. Das bringt Routinen »aus dem Lot« und führt nicht selten zu realer Mehrarbeit – andererseits »lohnt« sich dieser Einsatz: Er führt nicht nur zu besseren Entwicklungsmöglichkeiten für die Kinder und ihre Familien; übereinstimmend berichten die PädagogInnen von einer befriedigenderen Arbeit und verbesserten Team-Atmosphäre!

Literatur

Antonovsky, A. (1997): Salutogenese. Tübingen: DGVT.

Bengel, J. / Meinders-Lücking, F. / Rottmann, N. (2009): Schutzfaktoren bei Kindern und Jugendlichen. Stand der Forschung zu psychosozialen Schutzfaktoren für Gesundheit. Forschung und Praxis der Gesundheitsförderung 35. Köln: BzgA.

Boss, P. (2006): Loss, trauma and resilience: Therapeutic work with ambiguous loss. New York: Norton.

Bühler, A. / Heppekausen, K. (2005): Gesundheitsförderung durch Lebenskompetenzprogramme in Deutschland. Grundlagen und kommentierte Übersicht. Köln: BZgA.

Castro, F. G. (2005): A cultural approach for promoting resilience among adjudicated mexican-american youth. In: K. H. Barrett / W. H. Georg (Eds.): Race, Cultur, Psychology and Law (pp. 327-341). Thousand Oaks: Sage.

Fingerle, M. / Freytag, A. / Julius, F. (1999): Ergebnisse der Resilienzforschung und ihre Implikationen für die (heil)pädagogische Gestaltung von schulischen Lern- und Lebenswelten. In: Zeitschrift für Heilpädagogik 50, S. 302-309.

Fröhlich-Gildhoff, K. (2011): Förderung der seelischen Gesundheit in Kitas in Quartieren mit besonderen Problemlagen. In: Prävention 2/2011, S. 59-64.

Fröhlich-Gildhoff, K. / Dörner, T. / Rönnau, M. (2007): PRiK – Prävention und Resilienzförderung in Kindertagesstätten. Ein Trainingsprogramm. München: Ernst Reinhardt.

Fröhlich-Gildhoff, K. / Rönnau, M. / Dörner, T. / Kraus-Gruner, G. / Engel, E. (2008): Kinder stärken! – Resilienzförderung in der Kindertageseinrichtung. In: Praxis der Kinderpsychologie und Kinderpsychiatrie, 57, 2, S. 98-116.

Fröhlich-Gildhoff, K. / Rönnau-Böse, M. (2009a): Resilienz. München: Reinhardt/UTB.

Fröhlich-Gildhoff, K. / Rönnau-Böse, M. (2009b): Resilienz. Resilienzförderung und der Personzentrierte Ansatz. In: Gesprächspsychotherapie und Personzentrierte Beratung 40, 4, S. 217-221.

Fröhlich-Gildhoff, K. / Beuter, S. / Fischer, S. / Lindenberg, J. / Rönnau-Böse, M. (Hrsg.) (2011): Förderung der seelischen Gesundheit in Kitas bei Kindern und Familien mit sozialen Benachteiligungen. Freiburg: FEL.

Grawe, K. / Grawe-Gerber, M. (1999): Ressourcenaktivierung – ein primäres Wirkprinzip der Psychotherapie. In: Psychotherapeut, 44 (2), S. 63-73.

Hiller, G. G. (2007): Bildung für Kellerkinder. In: Vierteljahresschrift für Heilpädagogik und ihre Nachbargebiete 76, S. 4-9.

Jungmann, T / Albers, T. (o. J.): Integrative Erziehung in Kindertageseinrichtungen. http://www.kindergartenpaedagogik.de

Kreuzer, M. (2008): Zur Beteiligung von Kindern im Gruppenalltag von Kindergärten – Ein Überblick zu Ergebnissen deutscher Integrationsprojekte. In: M. Kreuzer / B. Ytterhus (Hrsg.): Dabeisein ist nicht alles. Inklusion und Zusammenleben im Kindergarten. München: Ernst Reinhardt, S. 22-33.

Kron, M. (2010): Ausgangspunkt: Heterogenität. Weg und Ziel: Inklusion? Reflexionen zur Situation im Elementarbereich. In: Zeitschrift für Inklusion, 3.

Kron, M. (2011): Der pädagogische Umgang mit Heterogenität – Routine und Herausforderung. In: E. Hammes-Di Bernardo / S. A. Schreiner (Hrsg.): Diversität. Ressource und Herausforderung für die Pädagogik der frühen Kindheit. Berlin/Weimar: verlag das netz, S. 86-93.

Leyendecker, B. (2011): Frühe Kindheit in zugewanderten Familien – Diversität von Lebenslagen, Sozialisationszielen und Erziehungsstilen. In: E. Hammes-Di Bernardo / S. A. Schreiner (Hrsg.): Diversität. Ressource und Herausforderung für die Pädagogik der frühen Kindheit. Berlin/Weimar: verlag das netz, S. 52-60.

Lösel, F. / Bender, D. (2007): Von generellen Schutzfaktoren zu spezifischen protektiven Prozessen: Konzeptuelle Grundlagen und Ergebnisse der Resilienzforschung. In: G. Opp / M. Fingerle (Hrsg.): Was Kinder stärkt: Erziehung zwischen Risiko und Resilienz. 2.Aufl. München: Ernst Reinhardt, S. 57-78.

Masten, A. S. / Powell, J. L. (2003): A Resiliency Framework for Research, Policy and Practice. In: S. Luthar (Ed.): Resiliency and Vulnerability: Adaptation in the Context of Childhood Adversity. Cambridge: University Press, pp. 1-29.

Opp, G. / Fingerle, M. (Hrsg.) (2007): Was Kinder stärkt. Erziehung zwischen Risiko und Resilienz. 2. Aufl. München: Ernst Reinhardt.

Pianta, R. C. / Stuhlman, M. W. / Hamre, B. K. (2007): Der Einfluss von Erwachsenen-Kind-Beziehungen auf Resilienzprozesse im Vorschulalter und in der Grundschule. In: G. Opp / M. Fingerle (Hrsg.): Was Kinder stärkt. Erziehung zwischen Risiko und Resilienz. 2. Aufl. München: Ernst Reinhardt, S. 192-211.

Prengel, A. (2010): Inklusion in der Frühpädagogik. Bildungstheoretische, empirische und pädagogische Grundlagen. München: DJI/WiFF.

Rönnau, M. / Kraus-Gruner, G. / Engel, E.-M. (2008): Resilienzförderung in der Kindertagesstätte. In: K. Fröhlich-Gildhoff / I. Nentwig-Gesemann / R. Haderlein (Hrsg.): Forschung in der Frühpädagogik. Freiburg: FEL, S. 117-147.

Rönnau-Böse, M. / Fröhlich-Gildhoff, K. (2010): Resilienzförderung im Kita-Alltag. Was Kinder stark und widerstandsfähig macht. Freiburg: Herder.

Schumann, M. (2011): Heterogenität und Dimensionen von Behinderung – Auf dem Weg zur integrativen und inklusiven Bildung und Erziehung. In: S. Jungk / M. Treber / M. Willenbring (Hrsg.): Bildung in Vielfalt. Inklusive Pädagogik der Kindheit. Freiburg: FEL, S. 55-72.

Speck-Hamdan, A. (2011): Diversität – Herausforderungen und Chancen für die Pädagogik der frühen Kindheit. Ein Überblick. In: E. Hammes-Di Bernardo / S. A. Schreiner (Hrsg.): Diversität. Ressource und Herausforderung für die Pädagogik der frühen Kindheit. Berlin/Weimar: verlag das netz, S. 14-23.

Treber, M. (2011): Vielfalt und Inklusion als Herausforderung einer Pädagogik der Kindheit. In: S. Jungk / M. Treber / M. Willenbring (Hrsg.): Bildung in Vielfalt. Inklusive Pädagogik der Kindheit. Freiburg: FEL, S. 13-26.

Weiß, H. (2007): Frühförderung als protektive Maßnahme – Resilienz im Kleinkindalter. In: G. Opp / M. Fingerle (Hrsg.): Was Kinder stärkt. Erziehung zwischen Risiko und Resilienz. 2. Aufl. München: Ernst Reinhardt, S. 158-174.

Weiß, H. (2009): Kinderarmut und inklusive Bildung (Vortrag bei der Tagung »Gleich – Verschieden – Inklusiv« am 18.09.2009 an der Universität Siegen). http://www2.uni-siegen.de/~zpe/eceis/documents/Kinderarmut%20und%20inklusive%20Bildung.%20Prof.%20Dr.%20Hans%20Wei%DF.pdf [Stand: 20.09.2011].

Welter-Enderlin, R. / Hildenbrand, B. (Hrsg.) (2006): Resilienz – Gedeihen trotz widriger Umstände. Heidelberg: Carl-Auer.

Werner, E. E. (2007): Entwicklung zwischen Risiko und Resilienz. In: G. Opp / M. Fingerle (Hrsg.): Was Kinder stärkt: Erziehung zwischen Risiko und Resilienz. 2. Aufl. München: Ernst Reinhardt, S. 20-31.

Ytterhus, B. (2008): »Das Kinderkollektiv« – Eine Analyse der sozialen Position und Teilnahme behinderter Kinder in der Gleichaltrigengruppe. In: M. Kreuzer / B. Ytterhus (Hrsg.): Dabeisein ist nicht alles. Inklusion und Zusammenleben im Kindergarten. München: Ernst Reinhardt, S. 112-131.

Inklusion als kreativer Dialog mit Menschen und Dingen – auf dem Weg zu einer inklusiven Didaktik

Stephan Bree

DIE VERWIRKLICHUNG VON INKLUSION in der Frühpädagogik hat eine ganze Reihe von Facetten und verändert bestehende pädagogische Strukturen. Wenn von frühkindlicher Bildung die Rede ist, bezieht sich Inklusion allgemein auf eine uneingeschränkte Teilhabe und Gemeinsamkeit aller Kinder in einer frühpädagogischen Institution. Das klingt im pädagogischen Alltagsverständnis noch einfach: Klar, bei uns sind alle willkommen; wir grenzen keinen aus. Inklusion bedeutet aber mehr als das Vermeiden von Exklusion. Es geht vor allem um die Kompetenz, andere Sicht- und Lebensweisen vorbehaltlos anzuerkennen und wertschätzend mit allen AkteurInnen umzugehen. Es lebe der Unterschied – das ist leichter gesagt als getan.

Im Kern meint Inklusion die elementare Fähigkeit zur wechselseitigen Anerkennung des Verschiedenen als eine reflexive Bewegung zwischen Annäherung und Abgrenzung (vgl. Prengel 2010, S. 19ff.). Diese abstrakte Beschreibung deutet auf die Komplexität des Phänomens. Blickt man nämlich auf die aktuelle Vielfalt des frühpädagogischen Feldes, zeigt sich eine komplexe Heterogenität. Bedeutsam sind etwa Unterscheidungen nach Alter, der individuellen Entwicklung, der sozialen Lage, des Geschlechts, der sexuellen Orientierung, der Kultur, der Sprache, der Religion usw. Komplexe Heterogenität ist für ErzieherInnen längst Alltag, das inklusive Gelingen bleibt schwierig.

Inklusive Pädagogik zielt darauf ab, mit Verschiedenheit reflexiv und ressourcenorientiert umzugehen. Dabei werden eine ganze Reihe didaktischer Traditionen infrage gestellt, wie etwa die Diskussion in der Sonderpädagogik schon lange zeigt (vgl. Werning/Lütje-Klose 2003, S. 126ff.). Gefordert ist eine professionelle Haltung, die Fachkräfte befähigt mit Andersartigkeit, Vielfalt und Unabgeschlossenheit im Alltag durchgängig umzugehen. Das meint etwa neugierig auf Ungewohntes zuzugehen und kreative didaktische Differenzierungen in heterogenen Gruppen zu gestalten. Der *Index für Inklusion* spricht diesbezüglich von einer Veränderung der Einrichtungskultur, von Leitbildern und pädagogischen Haltungen. Angestrebt wird eine frühpädagogische Praxis, in denen alle Barrieren für das Spiel und das gemeinsame Lernen abgebaut werden (Booth et al. 2010, S. 14ff.).

Dieses Verständnis von Professionalität ist eine bildungspolitische Herausforderung, denn öffentliche Bildung und Erziehung wird zunehmend von technokratischen und ökonomischen Perspektiven bestimmt. Das steht oftmals im Widerspruch zu grundlegenden Werten wie Partizipation und selbstbestimmtes Lernen. Die Einführung von Qualitätsstandards führt nicht zwingend zu einer Verbesserung der pädagogischen Arbeit. Und die Einführung von Bildungs- und Orientierungsplänen korrespondiert mit gravierenden strukturellen Defiziten, Ungleichheiten und Hindernissen (Wehrmann 2006; Viernickel/Schwarze 2009; Schneewind 2011). Pädagogische Fachkräfte erleben die Umsetzung des Bildungsauftrages als programmatischen Dauerstress. Gewachsene Erwartungen an die Förderung individuellen Lernens überfordern strukturell schwach unterstützte Institutionen. Die Modernisierung der frühkindlichen Bildung bleibt defizitär, weil sie bislang nicht als ein gesamtgesellschaftlich koordiniertes Projekt umgesetzt wird.

Moss und Urban fordern neben den notwendigen politischen und strukturellen Maßnahmen vor allem eine radikale Umkehr in der Haltung und im Bildungsverständnis, in der Orientierungen und Praktiken demokratisch, dialogorientiert und experimentell angelegt sind. In diesem konsequent konstruktivistischen Bildungsverständnis meint »Experimentierung« eine Pädagogik, die Kinder und Erwachsene in erster Linie dazu anregen soll, gemeinsam Wirklichkeiten zu erfinden. Wissen soll nicht einfach reproduziert bzw. nur individuell konstruiert werden (Moss 2009; Moss/Urban 2010, S. 4). Didaktisch ergibt sich damit eine deutliche Orientierung an kreativen Verfahren in dialogischer Lerngemeinschaft. Ein Beispiel, das in diesem Zusammenhang vielfach Erwähnung findet, ist die Reggiopädagogik. Ihr didaktisches Theorem der »Hundert Sprachen« zeigt das Potenzial von Kindern, ihre Welt vielfältig und gemeinsam zu konstruieren (Prengel 2010; Schäfer 2009; Göhlich 1997; Gandini 1997). Dieser Ansatz weist eine hohe Affinität zu den Theoremen der Heterogenität und Inklusion auf (Prengel 2010, S. 34). In diesem didaktischen Verständnis werden Kindern multimediale, forschende und projektförmige Lernformen ermöglicht, in denen sich das individuelle und das soziale Lernen wechselseitig ergänzen. Damit wird eine einseitige Ausrichtung auf individuelles Lernen vermieden (vgl. Brandes 2009). Die Akteure lernen in Gruppen, sind dialogorientiert und bewegen sich offen in anregungsreichen Lernumwelten. Pädagogische Prozesse werden auf der

Grundlage von Beobachtung und wertschätzenden Interaktionen begleitet und gefördert (vgl. König 2009; Viernickel 2008).

Hier geht es vor allem um die Frage, wie eine Didaktik aussehen kann, die Formen kindlicher Weltaneignung aufgreifen und für die Frühpädagogik inklusiv nutzen kann. Es sollen Möglichkeiten dargestellt werden, wie sich ein experimentelles Inklusions- und Heterogenitätsverständnis als elementare Fähigkeit zur wechselseitigen Anerkennung des Verschiedenen und reflexive Bewegung zwischen Annäherung und Abgrenzung (Prengel 2010) im Dialog mit Kindern und der sachlichen Umwelt herausbilden kann. Dazu werfen wir zunächst einen Blick auf die Dimensionen kindlicher Weltaneignung und fragen phänomenologisch danach, was Kinder tun.

Basale Inklusionen

An einem alltäglichen Beispiel soll verdeutlicht werden, dass Bildungsprozesse von Kindern schon von ihrer Anlage her vielfältig, kreativ und ästhetisch und damit besonders anschlussfähig für inklusive Perspektiven sind. Beobachten wir anhand einer Videosequenz das Bau- und Konstruktionsspiel des 18 Monate alten Laith.[14] Laith ist ein Jungenname (arabisch, indisch, israelisch) und bedeutet »Löwe«.[15] Der Junge spielt mit Holzbausteinen und Holzkisten und ist lediglich mit einer Windel und Hausschuhen bekleidet. Die Szene spielt sich auf einer mit grünem Teppichboden ausgelegten Spielfläche ab, auf der zahlreiche unterschiedliche Bauklötze und Holzkisten herumliegen. Zusammenfassend bestehen die Handlungen Laiths darin, verschiedene Holzkisten auf einer Spielfläche für Bau- und Konstruktionsspiele wiederholt zu rollen, zu stapeln und Holzbausteine hineinzulegen bzw. wieder herauszunehmen.

Eine phänomenologische Rekonstruktion der Sequenz als dichte Beschreibung verweist auf die Mehrdimensionalität kindlichen Lernens.[16] Schon im ersten Zugriff fallen typische Merkmale des Bewegens und Sprechens dieser Altersgruppe wie etwa der etwas staksige Gang und das Lautieren während des Spielens auf, eine typische Aktivität eineinhalb bis zweijähriger Kinder (vgl. Beller 2000; Michaelis 2003). Vor dem Hintergrund wissenschaftlicher

---

14 Vgl. Leu, H. R. et al. (2007): Bildungs- und Lerngeschichten. DVD. Weimar/Berlin: verlag das netz.
15 Laut Online „Baby-Vornamen für Jungen"; http://www.baby-vornamen.de/Jungen/L/La/
16 Ausführlich in: Bree, S./Kieselhorst, M./Neuss, N. 2011.

Deutungspfade zeigen sich differenziert zusammenwirkende Erfahrungsdimensionen und Kompetenzen des Kindes. Aus entwicklungspsychologischer Perspektive wären zunächst zwei Zugänge bedeutsam: die motorische Entwicklung, insbesondere das Lernen körperlicher Bewegungsformen als Voraussetzung höherer kognitiver Funktionen, sowie das Spiel als elementare kindliche Handlungs- und Erfahrungsform. Darüber hinaus sind hier Aspekte ästhetischer Erfahrung und des kreativen Denkens, der kognitiven Entwicklung und der Erfahrung elementarer, naturwissenschaftlicher Phänomene mit einfachsten Materialien bedeutsam. An dieser Stelle sollen exemplarisch vier mögliche Interpretationsansätze gezeigt werden.

Motorik, Bewegung, Emotionen

Für Laith bedeutsam ist offensichtlich das Ausüben und die Verbesserung seiner grobmotorischen Kompetenzen durch wiederholtes Üben des Schiebens, Stapelns und Sortierens sowie durch Anpassen neu erworbener Fähigkeiten an unterschiedliche äußere Verhältnisse, wie das Leeren der Kisten, um sie besser stapeln und transportieren zu können. Laith manipuliert seine Objekte und prüft sie auf ihre Verwendbarkeit, wobei er während des Bewegens und Veränderns seines Materials hohe Anforderungen an die Auge-Hand-Koordination zu bewältigen hat. Um die Position der Objekte zu verändern und Stabilität zu erreichen, beobachtet er wiederholt seine Gegenstände und stimmt seine Bewegungen auf das sich verändernde Materialverhalten ab. Er passt sein Greifschema an, wenn er zum Beispiel die Kistenwand nicht an seinem Durchgriff zu fassen bekommt, sondern mit einem Zangengriff flach zupackt. Andererseits passt er das Material an sein Schema an und verändert die Situation in seinem Sinne (Montada 2002).

Es handelt sich also um ein selbstbestimmtes Erproben körperlicher Bewegungsabläufe und die selbst kontrollierte Gestaltung einer Spielsituation. Selbstbestimmung und Eigenkontrolle gelten als wesentlich für die Entwicklung von Lernstrategien und Selbstwertgefühl (Largo 2009). Laith ist erfolgsmotiviert, weil er hier die Erfahrung von Selbstwirksamkeit macht. Er kann die Überzeugung und das Wissen entwickeln, in einer schwierigen Situation wie hier – beim Wegrutschen und gewichtsbedingtem Fallen der Kiste – sein Bewegungshandeln kontrollieren und erfolgreich anpassen zu können (vgl. Koglin/Petermann 2004). Laith verbindet in seinen Bewegungen unterschiedliche sensorische Prozesse. In seinem Explorationsverhalten betrachtet er seine Objekte (visuelle Exploration), berührt die Objekte (taktile Exploration) und manipuliert die Objekte (manipulative Exploration) (vgl. Baake 1999).

Laith drückt Gefühle aus, indem er sein Handeln mit Lauten und Gesten lustvoll kommentiert. Er äußert damit die primäre Emotion »Interesse« sowie die sekundäre Emotion »Stolz«, wenn er sich etwa am Ende der Sequenz demonstrativ die Hände reibt. Laith hat mehrfach die Gelegenheit zu spüren, wie Freude, Erschöpfung, Scheitern und Gelingen das Ausüben seiner Tätigkeit begleiten. Nach Koglin und Petermann baut Laith damit emotionale Kompetenz auf, indem er Emotionen mimetisch und sprachlich ausdrückt und seine Emotionen im Rahmen seiner Tätigkeit reguliert (ebd.).

Elementare Phänomene
Laith setzt sich mit verschiedenen Baumaterialien und dem Kennenlernen elementarer physikalischer und mathematischer Phänomene wie Schwerkraft, stabile Lage, unterschiedliche Größen, Gewichte und Mengen auseinander. Er erfährt zum Beispiel etwas über die Wirkung der Schwerkraft, wenn er eine Kiste anheben will, und diese durch das Entfernen mehrerer Bausteine daraufhin leichter wird. Durch kreuzweises Schichten und Justieren unterschiedlicher Kistengrößen bringt er seine Kisten in eine stabile Lage. Derartige Erfahrungen dienen dazu, ein physikalisches Kernwissen zu verinnerlichen, auf das intuitiv das ganze Leben zurückgegriffen werden kann – damit ist u. a. die Grundlage für das spätere Verstehen physikalischer Konzepte geschaffen (Sodian 2002).

Typische Merkmale des Spiels
In der Analyse lassen sich typische Merkmale des Spiels zeigen (vgl. Oerter 2002, S. 22ff.). Laith geht in seiner Tätigkeit vollständig auf, ist mit seinen Kisten und dem Stapeln verbunden. Hier kann der Flow-Effekt beobachtet werden, wie Stapelhandlung auf Stapelhandlung folgt, wie Laith der inneren Logik des Stapelns souverän folgt. Seine Motivation ergibt sich aus der Handlung, aus dem flüssigen Umgang mit seinem Material. Laith scheint Meister seiner Handlung zu sein, in der er »kaum eine Trennung zwischen sich und seiner Umwelt, zwischen Stimulus und Reaktion, oder zwischen Vergangenheit, Gegenwart und Zukunft verspürt« (Csikszentmihalyi 2005, S. 59). Er konstruiert eine eigene Realität, indem er zum Beispiel nicht die Bauklötze stapelt, sondern die Kisten zu ihrer Aufbewahrung als sein Baumaterial wählt.

Laith stapelt exzessiv. Er wiederholt das Stapeln performativ, das Stapelphänomen wird in verschiedenen Varianten durchgespielt und damit gegenüber der Alltagswirklichkeit überhöht. Hier geht es Laith um ein sinnliches Erleben um seiner Selbst willen. In diesem Stapeln können typische Merkmale des sensumotorischen, des explorativen Spiels sowie des Konstruktionsspiels beschrieben werden. So hat Laith Freude an der Bewegung des Hebens und Transportierens. Er untersucht intensiv sein Material und dessen Eigenschaften. Als er zum Beispiel beim Anheben der Kiste scheitert, stellt er fest, dass sich noch Bauklötze darin befinden. Laith entfernt die Bauklötze aus der Kiste, um sie wieder anheben zu können. Aus der Perspektive eines Konstruktionsspiels stapelt er die Kisten zielgerichtet und mehrfach zu einem vertikalen Gebilde.

Dieses explorative Verhalten verweist darauf, dass Kinder einen angeborenen Drang haben, ihre Umwelt neugierig zu erforschen. Kindliche Neugier wird geweckt und bleibt erhalten, wenn sich Kinder aktiv in ihrer Umwelt betätigen können (Largo 2009, S. 206ff.). Laith findet eine Situation vor, die er aktiv gestalten kann; die Erzieherin ist anwesend, greift aber nicht in die Spielhandlung ein. Das Spielmaterial ist reichlich vorhanden und altersangemessen. Laith kann selbst auswählen, was er und wie er das Material nutzt. Er kann bis an die Belastungsgrenze seiner aktuellen Kraft gehen und sie schrittweise erweitern, indem er zum Beispiel lernt, große Kisten durch den geschickten Einsatz aller Körperkräfte schrittweise anzuheben. Diese Sequenzen erinnern zuweilen an die ausgefeilte Hebe- und Stemmtechnik eines Gewichthebers.

Ästhetische Erfahrung und Kreativität
Kinder bewegen sich in einem anhaltenden Prozess des Erzeugens, Verstehens und Teilens von Bedeutung – und zwar von Anfang an. Was bedeutsam ist, wird permanent ausgehandelt: zwischen dem Individuum, den Dingen und anderen Menschen (Tomasello 2009). Neugierig lernen Kinder, mit sich und den Phänomenen ihrer Umgebung umzugehen. Sie sind ExpertInnen für ein Wissen aus erster Hand, wie Schäfer (2008) treffend bemerkt. Laiths spielerische Konstruktionstätigkeit stellt eine ästhetische Erfahrung aus erster Hand dar. Gemeint sind Erfahrungsprozesse, in denen auf der Grundlage sinnlicher Erfahrung innere Modelle von Konstruktionen und Bildern entstehen (Schäfer 2005). Laith entdeckt bzw. nutzt die Kisten als Konstruktionsmaterial und erprobt neugierig die Möglichkeiten des Aufeinanderstapelns. Dabei greift er vermutlich auf schon vorhandene Erfahrungen zurück, die er mit den Bauklötzen oder anderen Materialien bereits gesammelt hat. In dieser ästhetischen Erfahrung geht es weniger um ein Fantasiespiel, ein »Tun als ob«, sondern um eine experimentelle, systematische Form der Gestaltung mit seinem Material. Schäfer spricht von einer ästhetischen Erfahrungsbildung, die in einer Differenzierung und Anreichung von Wahrnehmungs- und Vorstellungsbildern sowie der Bildung einer sinnlichen Ordnung der Wirklichkeit besteht. Für Schäfer ist ästhetisches Denken in der frühen Kindheit die Voraussetzung für das

urteilende Denken. Peez (2005) beschreibt die Strukturmomente ästhetischer Erfahrung allgemein u. a. als Aufmerksamkeit, Interesse, Offenheit, Neugier, Versunkensein, Staunen, Überraschung, Anregung und Wahrnehmungsgenuss. Reuter (2007) sieht kindliche Tätigkeiten in einem andauernden Übergang vom zweckfreien Spiel zum zweckgebundenen Experiment.

Aus dieser Perspektive besteht die ästhetische Erfahrung von Laith darin, ausgehend von der sinnlichen Wahrnehmung des Rollens, Schiebens, Drückens, Greifens und Stapelns der Kisten schrittweise eine vielschichtige Vorstellung davon zu entwickeln, wie durch wiederholtes Übereinanderschichten gleicher oder ähnlicher Materialien ein vertikaler und ein für ihn veränderlicher Raum entsteht. Dabei geht er mehrfach und engagiert an seine physische Belastungsgrenze. Laith zeigt hier Freude am zweckfreien Manipulieren seines Materials: Die an sich für die Aufbewahrung der Holzbausteine gedachten Kisten sind sein Baumaterial. Hier sind durchaus kreative Züge erkennbar, wie etwa das Umdeuten seines Materials. Aus Kisten werden große Bauklötze. Laith erzeugt seinen eigenen Bedeutungsraum, indem er neues Baumaterial entdeckt und die Situation manipuliert. Wir sind Zeuge eines produktiven, flüssigen Denkens, in dem Laith sich selbst eine Herausforderung stellt und Probleme auf originelle Art und Weise löst (vgl. Schäfer 2005; Funke 2008; Fink 2008; Brügel 2002). Man könnte auch sagen, dass für Laith das Handhaben seines Materials einen komplexen Prozess des »Sich-selbst-Entwerfens« darstellt (vgl. Elschenbroich 2010, S. 75).

Entdeckendes Lernen und Kognition
Aus der Perspektive der kognitiven Entwicklung und des entdeckenden Lernens könnten in Laiths Lernprozess nach Bruner zunächst mindestens zwei Aspekte der Wissensbildung vermutet werden: das enaktive und das ikonische Wissen. Laith erprobt und konstruiert durch raumgreifendes Schieben und Stapeln vertikale Schichtungen. Hier erfährt er die Phänomene zunächst vorrational, durch sinnlich-handelnde Erfahrung. In der Wiederholung und Systematisierung bilden sich schrittweise kognitive Muster, wie eine Vorstellung eines regelmäßigen Rhythmus gestapelter Bauteile, und das Vertikale als ein nach oben wachsendes Phänomen. Als Form des entdeckenden Lernens lassen sich hier nach Dewey die typischen Merkmale

und Prozessschritte erkennen (Bohnsack 2003). Laith konstruiert seine Erkenntnisse über Kisten und das Stapeln in einem Erfahrungsprozess, indem er sein Wissen im Handeln aufbaut und durch ein neugieriges und experimentierendes Verhalten konstruiert (Reich 2008). Laiths Lernen kann daher als ein aktiver Vorgang begriffen werden, der äußere Wirklichkeit nicht einfach abbildet, sondern die eigene Wirklichkeit in der Handlung selbst erfindet. Dabei stößt Laith mehrfach auf unerwartete Hindernisse, erprobt mögliche Varianten etwa des Schiebens und Hebens und löst schließlich auf pragmatische Art und Weise seine Schiebe-, Stapel-, Balance-, und Schwerkraftprobleme – als »learning by doing«. Laith wechselt zudem seine Strategie des Hebens, indem er etwa nach dem Scheitern des Anhebens die Bauklötze aus der Kiste entfernt und dadurch das Gewicht verringert. Ein Strategiewechsel wird als klares Anzeichen eines gezielten Problemlösens angenommen (Oerter/Dreher 2002).

Das in diesem Lernprozess beschriebene elementare Sortieren, Selektieren und Klassifizieren erzeugt geordnete kognitive Strukturen. Laith trainiert seine Fähigkeit zum systematischen und symbolisch-abstrakten Denken, was etwa als Vorläuferkompetenz für die sprachliche Entwicklung und mathematisches Denken bedeutsam ist (Hasemann 2003). Mit dem sequenziellen Bewältigen komplexer, nicht-sprachlicher Aufgaben wächst auch die Sensibilität für strukturierte symbolische Systeme, für grammatikalische Modulationen und Bedeutungsverweise (vgl. Bruner 1971, 2008). Laiths Handeln klassifiziert sein Material also nach Menge, Form und Raum: Zwei, drei Kisten übereinander geht nach oben, ist halb so groß wie ich. Auf diese Weise strukturiert er den Raum und die Zeit als leibliche Kategorien und wird dadurch in die Lage versetzt, sich diese Situation vorzustellen und gegebenenfalls seine Erfahrungen auf andere Situationen zu übertragen.

> Die Interpretation durch unterschiedliche theoretische »Brillen« und »Farben« ergibt ein dynamisches Bild individuellen Lernens. Es wird deutlich, dass sich in alltäglichen Spielsequenzen mit den einfachsten Materialien zahlreiche miteinander korrespondierende Bildungsdimensionen zeigen. Bewegung, Spiel, ästhetische Erfahrung, Kreativität, entdeckendes Lernen und kognitive Entwicklung greifen hier mit unterschiedlichen Bezügen und Gewichtungen ineinander. Der Bildungsprozess ergibt sich aus der Interferenz der unterschied-

> lichen Dimensionen in einzigartiger Art und Weise. In unserem Fall lässt sich zusammenfassend verallgemeinern: Kinder handeln von Grund auf eigenständig, motiviert und neugierig; sie sind anpassungsfähig, wechseln Perspektiven, sind offen für unerwartete Wendungen, experimentieren, sind leidenschaftlich beteiligt und ausdauernd, gehen Risiken ein, sind mit ihrem Material verbunden, stellen sich Dinge vor, kombinieren, vergleichen, verwerfen, greifen auf Vorerfahrungen zurück, wechseln zwischen Spielen und Experimentieren usw. Man könnte auch sagen, dass sie inklusive und heterogene Werte praktizieren. Denn der experimentelle Umgang mit der Verschiedenheit und der Andersartigkeit von Materialien und ihren Eigenschaften, die Steuerung von Unbestimmtheit und Verwandlung in selbstbestimmte Konstruktionen wird hier in der Auseinandersetzung mit der sachlichen Umwelt eingeübt.

Welche didaktischen Konsequenzen ergeben sich aus diesen Überlegungen? Was muss eine experimentelle, inklusive Didaktik angesichts dieser Erkenntnisse berücksichtigen, damit Barrieren für Spiel und Lernen abgebaut werden? Wie können Vielfalt und Andersartigkeit von Handlungsweisen, Wissens- und Ausdrucksformen für alle zugänglich und gestaltbar gemacht werden?

A Spotted Compass – ein multimediales Forschungs- und Gestaltungsprojekt
Eine Gruppe vier- bis fünfjähriger Kinder der Michelangelo preschool aus Reggio Emilia besucht einen von zahlreichen Säulen geprägten leeren Ausstellungsraum des städtischen Malaguzzi Centers (vgl. Reggio Children 2009, S. 79ff.). Während der Begehung bemerken die Kinder an der Decke – dort, wo die Säulen in die Decke münden – dunklen Spalten. Diese schmalen, höhlenartigen Zwischenräume regen sie an darüber zu spekulieren, wer oder was sich dort verborgen halten könnte. Sie vermuten einen Marienkäfer und stellen verschiedene Theorien darüber auf, wie er in diesen Spalten lebt und was er dort tun könnte.

> »Der Marienkäfer ist so klein wie wir. Vielleicht denkt er, dass wir Riesen sind, genauso wie für uns der Raum wie ein Riese ist, der schläft«, mutmaßt Andrea mit einem doppelten Größenvergleich und einer Riesen-Metapher. Mateo stellt die Theorie auf, dass der Marienkäfer bei seinen Bewegungen Spuren hinterlässt, die man verfolgen könne, um zu entdecken, wie er sich verhält. Das ver-

anlasst die PädagogInnen, den Kindern vorzuschlagen, die mögliche Reiseroute des Marienkäfers mit einem roten Wollfaden zu rekonstruieren. Die vermuteten Bewegungen des Käfers werden daraufhin Schritt für Schritt mit dem Faden »nachgezeichnet«. Besondere Orte markieren die Kinder mit selbst gezeichneten Marienkäferbildchen und verteilen sie im ganzen Raum.

In der Interaktion mit den Kindern unterscheiden die ErzieherInnen hier nicht zwischen »richtig« und »falsch«. Sie liefern auch keine fertigen Erklärungen. Die ErzieherInnen intervenieren auf der Handlungs- und Vorstellungsebene der Kinder und bieten Impulse an, die anregen, sich selbsttätig mit den Phänomenen auseinanderzusetzen, wie Göhlich (2006) in seiner Analyse einer anderen Dialogsequenz zwischen Kindern und ErzieherInnen in einem Reggioprojekt beschreibt.

In der nächsten Phase des Projekts vertiefen die Kinder ihr Thema mit unterschiedlichen Medien. Bei der Analyse von Erscheinungsweisen und Besonderheiten des Marienkäfers nutzen sie traditionelle und digitale Sprachen, Fotografien oder Bücher. Dabei entstehen detaillierte Zeichnungen am Computer, mit denen die Kinder formale und individuelle Aspekte ihres fiktiven Freundes, dem Marienkäfer, beschreiben. Anschließend wollen die Kinder ihre bisherigen Erkenntnisse vertiefen, indem sie ein maßstabgetreues Papiermodell auf der Grundlage eines echten Bauplans herstellen, der ihnen von den ErzieherInnen zur Verfügung gestellt wird. Sie zeichnen einen Grundriss anhand des Plans, stellen Säulen und Wände aus Papier her und rekonstruieren jeden einzelnen Schritt der Reiseroute mit dem roten Faden noch einmal nach. Alle Arbeitsschritte führen die Kinder detailgenau aus und ergänzen sie mit Fotografien, die am ersten Tag aufgenommen wurden.

Die Kinder gehen hier wie Architekten oder Designer vor: Nach der ausführlichen Recherche mit Begehung, Zeichnungen, Fotos und Plänen werden Modelle gebaut und diskutiert. Die Rekonstruktion mittels des dreidimensionalen Modells wird anschließend von einer virtuellen Rekonstruktion mit dem Beamer begleitet: Fotografien der Begehungssituation werden mit dem Modell verglichen und von den Kindern kommentiert. Nach dem Vergleich mit dem Modell werden Fotos und Kommentare per Photoshop am Computer zu einem Storyboard verarbeitet, das die Reiseroute des Marienkäfers und die Hypothesen der Kinder detailliert nachzeichnet, kommentiert und illustriert.

Hier ein Ausschnitt aus den Kommentaren der multimedialen Lerngeschichte: »Er tarnt sich. Er tarnt sich auf der Säule. Jemand könnte denken, dass die schwarzen Flecken Schmutz sind ... Er kann sich im schwarzen Kasten verstecken ... Aber das ist das elektrische System, dann wird er elektrifiziert!« Eine lebendige Geschichte, die reale und erfundene Elemente spannungsreich miteinander verknüpft und den Wissensdurst der Kinder vergrößert. Sie interessieren sich nun vor allem dafür, wie der Käfer sich fortbewegt und fragen sich, wie er eigentlich fliegt. Also untersuchen sie zunächst mit einer Lupe die Flügel echter Marienkäfer und fragen sich, wie sie ergonomisch »funktionieren«. Zunächst rekonstruieren die Kinder nun die Bewegungsabläufe mittels Zeichnungen der einzelnen Flügelsegmente, die sie ausschneiden und zu Bewegungsstudien montieren. Im zweiten Schritt ihrer ergonomischen Untersuchung rekonstruieren die Kinder die Bewegungsphasen per Photoshop, um ihre Hypothesen zu überprüfen und grafisch zu verfeinern. Die daraus hervorgegangenen Computergrafiken werden ausgedruckt und mit den Handskizzen auf einer Papierbahn verknüpft. So entsteht eine anschauliche Studie der Bewegungsphasen eines Marienkäferflügelschlags – multimedial montiert und seriell zusammengestellt.

Abschließend entwerfen die Kinder einen Lebensraum für ihren Marienkäfer. Sie sind der Meinung, dass die Betonsäule, an deren oberen Ende sie die Höhle des Marienkäfers vermuten, viel zu kahl ist. »We can put some real things on the column and attache them with a string«, schlägt Andrea vor. Die Kinder diskutieren, wie sie die Materialien an der Säule befestigen könnten, damit sie nicht herunterfallen. Schließlich kommt Alessia auf die Idee, Fotos auf die Säule zu kleben. Aus Blättern, Stöcken, Steinen, Gräsern und Borke gestalten die Kinder für die Oberfläche der Säule zunächst eine komplexe, leiterartige Struktur auf einer meterlangen Holzplatte. Anschließend wird diese Struktur abfotografiert und das Digitalfoto wie eine Fototapete um die Säule gewickelt. Durch diesen fotografischen Projektabschluss verwandelten die Kinder die Säule in ihr »most beautiful house«, das sie später dem Mallaguzzi Center schenken.

Inklusion als kreativer Möglichkeitsraum

Den Kindern wird es in diesem Projekt ermöglicht, ihre kreativen und ästhetischen Potenziale mehrdimensional zu entfalten – als Bewegung und Spurensuche, durch sprachliche Dialoge, als Zeichnung, Computergrafik, Bildgeschichte, Materialcollage, Fotografie, naturwissenschaftliche Studie oder als Architekturmodell in einer zeitlich, räumlich und medial reich strukturierten Umgebung. Ihre Wahrnehmungen, Empfindungen und Gedanken können sie zu den unterschiedlichsten Konzepten verdichten, indem sie sich über ihre Erfahrungen austauschen und ihre Ideen mit Unterstützung der Erwachsenen in »Hundert Sprachen« ästhetisch und rational ausdrücken.

Erkennbar waren vielfach Überschneidungen von Fantasie und Realität, das Sammeln von Material und Wissen ebenso wie das Zerlegen, Montieren und Collagieren als Herauslösen von Dingen aus dem gewohnten Zusammenhang. In den verschiedenen Zugängen traten vielfältige Spannungsbögen auf, in denen die Kinder staunten, sich identifizierten, sich vom Alltäglichen distanzierten, um neue, andersartige Wirklichkeiten zu erfinden. Aus dem zufällig entdeckten und spielerischen Sich-Einlassen auf die Reiseroute eines Marienkäfers wurde eine systematische ästhetische Forschung – etwa durch die Kombination einer Rekonstruktion des Insektenflugs in den verschiedenen Bewegungsphasen mit der von den Kindern erfundenen Geschichte und anderen medialen Gestaltungsweisen (Jansa 2005).

Ästhetische Forschung bedient sich aller zur Verfügung stehenden Verfahren, Handlungsweisen und Erkenntnismöglichkeiten aus den Bereichen des Alltags, der Kunst, des Designs und der Wissenschaft und setzt sie miteinander in Beziehung (Kämpf-Jansen 2001). Sie ist prozessorientiert und hat doch Ziele, knüpft an Bekanntem an, ermöglicht neue Sichtweisen und ist intensiv. Ästhetische Forschung führt zu Erkenntnisformen, die rational und vorrational sind, subjektiv und allgemeingültig. Künstlerische und kreative Verfahren, divergentes und konvergentes Denken, sprachlich diskursive und primärprozessartige Anteile wurden von den Kindern vielfältig kombiniert.

PädagogInnen, die sich mit den Kindern in einer Lerngemeinschaft befinden, verhalten sich dialogorientiert, partnerschaftlich und damit professionell. In Formen wertschätzender Interaktion geben sie den Kindern die Möglichkeit, eigene Ideen und Ausdrucksweisen zu entwickeln. Außerdem sorgen sie für eine differenzierte und anregungsreiche Lernumgebung, in der die Impulse der Kinder behutsam, achtungsvoll und geschickt ergänzt, aber nicht ersetzt werden (Andres/Laewen 2006). Diese professionelle Begleitung setzt eine hohe fachliche Kompetenz im Umgang mit unterschiedlichen Medien und Wissensformen[17] sowie ein sensibles didaktisches Gespür für die Differenz zwischen instruktiven Momenten und der Eigenaktivität der Kinder voraus. In einer derartig anregungsreichen Didaktik von Medien, wertschätzenden Erwachsenen, Räumen und Materialien kann inklusive Vielfalt von Kindern eigenständig und experimentell von A - Z durchbuchstabiert werden. Sprechen wir vom Nutzen einer inklusiven Didaktik in der beschriebenen Art und Weise für die Bildungsarbeit mit Kindern, sind es sicher vor allem jene dialogischen Formen kreativen und ästhetischen Verhaltens, die für das Gelingen frühkindlicher Bildung förderlich sein können.

> Wenn wir Inklusion in deutschen Kindertageseinrichtungen verwirklichen wollen, dann muss eine derartige Kombination von Dialogorientierung und ästhetischer Bildung eine besondere Stellung einnehmen. Die Lernumgebung und die pädagogische Haltung werden entsprechend so gestaltet sein, dass wir mit den Kindern auf gemeinsame Entdeckungsreisen gehen können, ohne vorher genau zu wissen, wohin sie eigentlich führen und dabei allen Kindern und uns selbst die Chance einräumen, alle möglichen Perspektiven und Ausdrucksformen zu erfahren, zu untersuchen und zur Geltung bringen zu können.

---

[17] Deshalb ist ein Ziel der Akademisierung von KindheitspädagogInnen auch die Herausbildung von didaktischen Kompetenzen, die es ermöglichen in der Praxis Ausdrucks- und Wissensformen wie das Malen, Zeichnen, die Computergrafik, die forschende Haltung, die Naturwissenschaft, Kunst, Architektur und das Design reflexiv mit den vielfältigen Impulsen und Sichtweisen, dem Denken und Handeln von Kindern inklusiv in Beziehung zu setzen.

Literatur

Andres, B. / Laewen, H. J. (2006): Arbeitshilfe für Bildung und Erziehung in Kindertageseinrichtungen. Stuttgart: Kommunalverband für Jugend und Soziales Baden-Württemberg.
Baake, D. (1999): Die Welt der 0-5 Jährigen. Weinheim: Beltz.
Bateson, G. (1999): Ökologie des Geistes. Anthropologische, psychologische, biologische und epistemologische Perspektiven. Frankfurt/M.: Suhrkamp.
Beller, K. (2006): Kuno Bellers Entwicklungstabelle. Berlin: Freie Universität.
Bohnsack, F. (2003): John Dewey. In: H.-E. Tenorth (Hrsg.): Klassiker der Pädagogik. München: Beck.

Booth, T. / Ainscow, M. / Kingston, D. (2010): Index für Inklusion (Tageseinrichtungen für Kinder). Spiel, Lernen und Partizipation in der inklusiven Kindertageseinrichtung entwickeln. Frankfurt/M.: Gewerkschaft Erziehung und Wissenschaft.
Brandes, H. (2008): Selbstbildung in Kindergruppen. München: Ernst Reinhardt.
Bree, S. / Kieselhorst, M. / Neuss, N. (2011): Deutungskompetenzen kindlicher Selbstbildungsprozesse – eine qualitative Studie mit ErzieherInnen. Forschungsbericht (in Vorbereitung).
Brügel, E. (2002): Gezielte Kreativitätsförderung im Kunstunterricht – Klärung anthropologischer Voraussetzungen und Begründung kunstspezifischer Methoden. Akademie Rotenfels: http://www.plone.schule-bw.de/schularten/sonderschulen/gestalten/projekt/bruegel.html
Bruner, J. (1971): Studien zur kognitiven Entwicklung. Stuttgart: Klett.
Bruner, J. (2008): Wie das Kind sprechen lernt. Bern: Hans Huber.
Csiksezentmihalyi, M. (2005): Das flow-Erlebnis. Jenseits von Angst und Langeweile: im Tun aufgehen. Stuttgart: Klett-Cotta.
Elschenbroich, D. (2010): Die Dinge. Expeditionen zu den Gegenständen des täglichen Lebens. München: Kunstmann.
Fink, A. (2008): Möglichkeiten zur Förderung kreativen Denkens. In: M. Dressler / T. G. Baudson (Hrsg.): Kreativität. Beiträge aus Natur- und Geisteswissenschaften. Stuttgart: Hirzel.
Gandini, L. (1998): Reggio Emilia's Educaters Describe Their Programm / History, Ideas and Basic Philosophy. An Interview with Lella Gandini with Loris Malaguzzi. In: J. Edwards / L. Gandini / G. E. Forman (1998): The hundret Languages of Children. The Reggio Emilia Approach – Advanced Reflctions. London: Ablex Publishing.
Göhlich, M. (2007): Aus Erfahrung lernen. In: M. Göhlich / Ch. Wulf / J. Zirfas (Hrsg.) (2007): Pädagogische Theorien des Lernens. Weinheim: Beltz.
Hasemann, K. (2003): Anfangsunterricht Mathematik. Berlin: Spektrum Akademischer Verlag.
Jansa, A. (2005): Eine medienpädagogische Reise von Reggio Emilia über das Pen Green Centre/Corby nach Berlin. http://www.jugendnetz-berlin.de/ger/schlaglichter/themen/medienbildung/Jansas.pdf
Kämpf-Jansen, H. (2001): Ästhetische Forschung. Wege durch Alltag, Kunst und Wissenschaft. Köln: Salon Verlag.
Koglin, U. / Petermann, F. (2010): Psychologie. In: Kinder erziehen, bilden und betreuen. Berlin: Cornelsen Scriptor.
König, A. (2009): Interaktionsprozesse zwischen ErzieherInnen und Kindern. Wiesbaden: VS.
Laevers, F. et al. (2005): Beobachtung und Begleitung von Kindern. Erkellenz: Berufsfachschule des Kreises Heinsberg.
Largo, R. H. (2009): Kinderjahre. Die Individualität des Kindes als Herausforderung. München: Piper.
Leu, H. R. et al. (2007): Bildungs- und Lerngeschichten. Bildungsprozesse in früher Kindheit beobachten, dokumentieren und unterstützen. Berlin: verlag das netz.
Michaelis, R. (2003): Grenzsteine der Entwicklung. Berlin: Infans.
Montada, L. (2002): Die geistige Entwicklung aus der Sicht Jean Piagets. In: R. Oerter / L. Montada (Hrsg.): Entwicklungspsychologie. Weinheim: Beltz.

Moss, P. (2009): working papers in Early Childhood Development: There are alternatives! Markets and democratic experimentalism in early childhood education and care. Gütersloh: Bertelsmann. http://www.bertelsmann-stiftung.de

Moss, P. / Urban, M. (2010): Democracy and Experimentation: two fundamental values for education. Gütersloh: Bertelsmann. http://www.bertelsmann-stiftung.de

Oerter, R. (2002): Spiel und kindliche Entwicklung. In: R. Oerter / L. Montada (Hrsg.): Entwicklungspsychologie. Weinheim: Beltz.

Oerter, R. / Dreher, M. (2002): Entwicklung des Problemlösens. In: R. Oerter / L. Montada (Hrsg.): Entwicklungspsychologie. Weinheim: Beltz.

Peez, G. (2005): Evaluation ästhetischer Erfahrungs- und Bildungsprozesse. Beispiele zu ihrer empirischen Erforschung. München: kopaed.

Petermann, F. / Niebank, K. / Scheithauer, H. (2004): Entwicklungswissenschaft. Berlin: Springer.

Prengel, A. (2010): Inklusion in der Frühpädagogik. München: Wiff Expertisen.

Reggio Children (2009): a spotted compass. In: dialoges with places. Exhibition catalog. Reggio Emilia – Italy.

Reich, K. (2008): Konstruktivistische Didaktik. Lehr- und Studienbuch mit Methodenpool. Weinheim: Beltz.

Reuter, O. M. (2007): Experimentieren. München: Kopaed.

Schäfer, G. E. (2005): Bildungsprozesse im Kindesalter. Selbstbildung, Erfahrung und Lernen in der frühen Kindheit. Weinheim: Juventa.

Schäfer, G. E. (2008): Lernen im Lebenslauf. Formale, non-formale und informelle Bildung in früher und mittlerer Kindheit. Landtag Nordrhein-Westfalen: Enquetkommission »Chancen für Kinder«.

Schäfer, G. E. (2009): Die Reggio-Pädagogik in der Bildungstradition. In: H. Knauf (Hrsg.): Frühe Kindheit gestalten. Perspektiven zeitgemäßer Elementarbildung. Stuttgart: Kohlhammer.

Schneewind, J. (2011): Zwei Studien zum Zukunftskonzept Kita 2020 – mit Praktikerinnen im Gespräch. Expertise BMBF.

Sodian, B. (2002): Entwicklung des begrifflichen Wissens. In: R. Oerter / L. Montada (Hrsg.): Entwicklungspsychologie. Weinheim: Beltz.

Tomasselo, M. (2009): Die Ursprünge der menschlichen Kommunikation. Frankfurt/M.: Suhrkamp.

Viernickel, S. / Schwarz, S. (2010): Schlüssel zu guter Bildung, Erziehung und Betreuung. Berlin: Gewerkschaft Erziehung und Wissenschaft, Diakonisches Werk der EKD e.V., Der Paritätische Gesamtverband.

Wehrmann, I. (2006): Bildungspläne als Steuerungsinstrumente der frühkindlichen Erziehung, Bildung und Betreuung. Dissertation. http://www.plattform-educare.org/arbeiten.html

Weltzien, D. / Viernickel, S. (2008): Einführung stärkeorientierter Beobachtungsverfahren in Kindertageseinrichtungen – Auswirkungen auf die Wahrnehmung kindlicher Interessen, Dialogbereitschaft und Partizipation. In: K. Fröhlich-Gildhoff / I. Nentwig-Gesemann / R. Haderlein (Hrsg.): Forschung in der Frühpädagogik. Freiburg: FEL.

Werning, R. / Lütje-Klose, B. (2003): Einführung in die Lernbehindertenpädagogik. München: Reinhardt UTB.

Inklusion und Qualität in Kindertageseinrichtungen – ein dialogischer Entwicklungsprozess

Ulrich Heimlich

AUCH IN DER BUNDESREPUBLIK DEUTSCHLAND ist die Aufnahme von Kindern mit Behinderungen in allgemeine Kindertageseinrichtungen mittlerweile zum Alltag geworden (vgl. Fritzsche/Schastok 2001; Heimlich/Behr 2009). Einige Bundesländer (z. B. Bremen, Berlin, Hessen) halten bereits flächendeckende Angebote bereit, während viele andere auf dem Weg zu einem bedarfsgerechten Angebot sind. Mit der Ausweitung der Zahl der integrativen Gruppen in Kindertageseinrichtungen geht allerdings nicht nur das Problem der Ressourcenausweitung im Bereich des Personals und der räumlichen Ausstattung von Kindertageseinrichtungen einher. Im Vordergrund des bedarfsgerechten Ausbaus von integrativen Gruppen in Kindertageseinrichtungen steht vielmehr die Frage, wie die Qualität der pädagogischen Arbeit mit dieser quantitativen Weiterentwicklung Schritt halten soll.

Unter internationaler Perspektive verschiebt sich derzeit die Zielsetzung der Integrationsentwicklung im Bildungs- und Erziehungssystem in Richtung auf Inklusion. Seit der *Erklärung von Salamanca* aus dem Jahre 1994 (vgl. Österreichische UNESCO-Kommission 1996) sind in vielen Ländern inklusive Kindertageseinrichtungen und Schulen entstanden. Mit der *UN-Konvention über die Rechte von Menschen mit Behinderung* aus dem Jahre 2006, die von Deutschland 2009 ratifiziert worden ist, rückt das globale Ziel eines inklusiven Bildungs- und Erziehungssystems endgültig in den bildungspolitischen Fokus (vgl. Deutscher Bundestag 2008).

Inklusion und Qualitätsentwicklung – Theoretische Grundlegung

Zweifellos hat es in Kindertageseinrichtungen immer schon eine Qualität der pädagogischen Arbeit gegeben. Eine neue Dimension gewinnt die Qualitätsdiskussion in den 1990er Jahren besonders dadurch, dass nunmehr Management- und Steuerungssysteme dazu beitragen sollen, den Prozess der Qualitätsentwicklung bewusst zu machen, systematisch zu gestalten und zu kontrollieren.

Qualität in der Behindertenhilfe
»Qualität« leitet sich von den lateinischen Begriffen *qualis* und *qualitas* ab. *Qualis* bedeutet soviel wie Beschaffenheit, Eigenschaft und bezieht sich auf die Gesamtheit der charakteristischen Eigenschaften (einer Sache, Person). Damit ist die Beschaffenheit eines Produktes im Sinne von spezifischen Merkmalen gemeint. *Qualitas* weist auf eine Vorstellung von der Güte eines Produktes im Vergleich zu bestimmten Beurteilungsmaßstäben hin (vgl. Zollondz 2002, S. 9ff.). Insofern haftet dem Qualitätsbegriff stets eine *normative Dimension* an, d. h. Qualität enthält Vorstellungen von besonders guten Arbeitsergebnissen bzw. Personeigenschaften oder auch sozialen Beziehungen. Gleichzeitig verweist er auf die Notwendigkeit der Bewertung und enthält so ebenfalls eine *evaluative Dimension* (vgl. Honig 2004, S. 23f.).

Von einem betriebswirtschaftlichen Qualitätsverständnis ist deshalb das Modell einer *sozialen Qualität* deutlich abzuheben. Dabei handelt es sich ebenfalls um ein normativ bestimmtes Konzept, allerdings mit spezifischer Ausrichtung:

> *»Mit Sozialer Qualität ist ein Wertkomplex gemeint, der sich auf das Individuum als Person, begabt mit unverlierbarer Menschenwürde, und zugleich auf seine Zugehörigkeit (Inklusion) zu anderen in einer ihm und dem Gemeinwohl förderlichen Weise bezieht. Eine spezifische Ausprägung und Funktion enthält diese Qualität unter dem Aspekt drohender Ausgrenzungen (Exklusionen), wie z. B. ökonomischer Benachteiligungen oder vorliegender funktioneller Beeinträchtigungen (Behinderungen)« (Speck 1999, S. 129).*

Inklusion beinhaltet im Unterschied zu Integration ein *erweitertes Verständnis von selbstbestimmter sozialer Teilhabe,* in dem von vornherein auf Situationen und Institutionen der Aussonderung verzichtet wird, die Unterschiedlichkeit der Mitglieder eines Gemeinwesens (Heterogenität) als Bereicherung für alle betrachtet wird und alle die gleiche Möglichkeit haben, an diesem Gemeinwesen zu partizipieren und zu diesem Gemeinwesen beizutragen (vgl. Heimlich 2003). Wird der Wertekomplex »soziale Qualität« nun genauer betrachtet, so geraten auf dem Hintergrund aktueller gesellschaftlicher Entwicklungen mehrere Teilwerte in das Blickfeld. Soziale Qualität erfordert:

- *Menschlichkeit* im Sinne einer humanen Annahme aller auch angesichts vorhandener individueller Unterschiede
- *Autonomie* im Sinne einer Achtung vor den unveräußerlichen Selbstbestimmungsrechten jedes Einzelnen
- *Professionalität* im Sinne der fachlichen Kompetenz und Überprüfbarkeit von Hilfeleistungen
- *Kooperation* im Sinne einer alle Beteiligten einbeziehenden, möglichst engen Zusammenarbeit
- *Organisationale Funktionalität* im Sinne effektiver Strategien des Zusammenwirkens der verschiedenen beteiligten Ebenen einer Hilfeleistung
- *Wirtschaftlichkeit* im Sinne eines nachvollziehbaren und dem Bedarf angemessenen Einsatzes von Personal- und Sachmitteln (vgl. ebd., S. 130ff.).

Diese Teilwerte sozialer Qualität bilden zugleich die ethische Grundlage pädagogischen Handelns und gelten deshalb ebenfalls für Angebote der Behindertenhilfe. Auch die Qualität der Behindertenhilfe ist damit bereits in Prozesse der Inklusion und Exklusion von Menschen mit Behinderungen eingebunden.

Pädagogische Qualität in inklusiven Kindertageseinrichtungen
Besonders durch die Nationale Qualitätsinitiative konnten die Grundlagen der Qualitätsentwicklung in der Pädagogik der frühen Kindheit zu Beginn des neuen Jahrtausends rapide weiterentwickelt werden. Pädagogische Qualität hat in Kindertageseinrichtungen einen *deskriptiven Aspekt*, der sich auf beobachtbare und beschreibbare Strukturen im Sinne äußerer Merkmale bezieht. Damit eng verbunden ist der *normative Aspekt*, der den Vergleich der konkreten pädagogischen Arbeit als Prozess mit Gütemaßstäben zum Gegenstand hat. Unterschiedliche wissenschaftstheoretische Standpunkte bedingen dabei jeweils spezifische methodische Zugänge zur Herstellung und Erfassung von pädagogischer Qualität in Kindertageseinrichtungen. In mehr pragmatischer Absicht entstandene Qualitätsmodelle haben auf der Ebene der jeweiligen Einrichtung zum Ziel, das eigene Qualitätsverständnis eines ErzieherInnen-Teams in Kooperation mit Eltern, Kindern und Trägern auszuarbeiten (relativistische Qualitätsmodelle).

Demgegenüber stehen systematische Versuche der Ableitung von Qualitätskonzepten in einrichtungsübergreifender Perspektive und auf Basis systematischer Qualitätsforschung (strukturell-prozessuale Qualitätsmodelle). Dahinter steht die bislang noch nicht abschließend geklärte Frage, ob es ausreicht, pädagogische Qualität auf Einrichtungsebene zu definieren, oder ob es nicht sinnvoller ist, pädagogische Qualität als einrichtungsübergreifendes Konzept zu etablieren.

Ein Ausweg aus diesem Dilemma bieten möglicherweise *ökologische Qualitätsmodelle*, die davon ausgehen, dass sich pädagogische Qualität auf mehreren Handlungsebenen einer Pädagogik der frühen Kindheit entfaltet (vgl. Dippelhofer-Stiem/Wolf 1997, S. 11).

Qualitätsentwicklung in inklusiven Kindertageseinrichtungen – Praktische Umsetzung
Zwischenzeitlich wird auch in inklusiven Kindertageseinrichtungen die Frage nach der Qualität des Angebotes gestellt (vgl. Dittrich 2008; Heimlich 2008; Kobelt-Neuhaus 2002; Kreuzer 2007; Störmer 2001). Von den Qualitätskonzepten, die die Integration von Kindern mit Behinderung als weitere Aufgabe von Kindertageseinrichtungen mit aufgreifen, lassen sich solche Qualitätskonzepte unterscheiden, die die *Qualität der integrativen pädagogischen Arbeit zum zentralen Gegenstand* haben.

Dies ist zum Beispiel im *Münchener Modell zur Entwicklung integrativer Qualitätsstandards* der Fall. Im Auftrag der Landeshauptstadt München, des größten kommunalen Trägers von Kindertageseinrichtungen in Deutschland, wurden in den Jahren 2002 bis 2008 insgesamt drei Forschungsprojekte zur Qualität in integrativen Kindertageseinrichtungen durchgeführt. Dabei stand besonders der Weg der gemeinsamen Entwicklung von integrativen Qualitätsstandards auf Träger- und Einrichtungsebene im Vordergrund.

Qualitätsstandards in integrativen Kindergärten (QUINTE)
Im Rahmen des Begleitforschungsprojektes »Qualitätsstandards für die Integrationsentwicklung in Kindertageseinrichtungen (QUINTE)« waren elf Kindergärten und ihre ErzieherInnen-Teams sowie die Eltern beteiligt. Träger war das Schulreferat der Landeshauptstadt München.

Im Rahmen des Projekts QUINTE bestand die Zielsetzung darin, gemeinsam mit den beteiligten Modelleinrichtungen Qualitätsstandards für die integrative pädagogische Arbeit auf allen Ebenen von integrativen Kindergärten zu formulieren – auf der Ebene von Kindern und Eltern, der Gruppen, des Teams, der Einrichtung und des Umfelds. Basis dieser gemeinsamen Entwicklungsarbeit war neben der Konzeptionsanalyse der Einrichtungen und einer Sichtung der einschlägigen Literatur eine externe Evaluation mithilfe der Kindergartenskala »KES-R« (vgl. Tietze et al. 2001) sowie eine Befragung der pädagogischen Fachkräfte und der Eltern (zu den Ergebnissen im Einzelnen: Heimlich/Behr 2005). Bei der externen Evaluation mithilfe der KES-R ergaben sich vergleichsweise gute Ergebnisse in Bezug auf die pädagogische Qualität in integrativen Kindergärten, die deutlich höher liegen als bei nichtintegrativen Einrichtungen.

Im Ergebnis entstanden in diesem dialogischen Entwicklungsprozess 26 Qualitätsstandards bezogen auf die integrative Arbeit in Kindertageseinrichtungen. Innerhalb der Qualitätsstandards wurden zwischen einer Mindestqualität und einer optimalen Qualität in fünf Stufen Möglichkeiten der Qualitätsentwicklung aufgezeigt. Die Umsetzung der Qualitätsstandards erfolgte in einem trägerinternen Implementationsprozess in die Praxis, der auch Möglichkeiten der Selbstevaluation in den beteiligten Modelleinrichtungen enthielt und dem Leitbild der inklusiven Kindertageseinrichtung verpflichtet ist.

Qualitätsstandards in integrativen Kinderkrippen (QUINK)
In einem zweiten Projekt zur Entwicklung integrativer Qualitätsstandards erfolgte eine Übertragung des Untersuchungsdesigns auf die vier integrativen Kinderkrippen in der Trägerschaft der Landeshauptstadt München (Sozialreferat). Basis der Entwicklung von integrativen Qualitätsstandards war erneut die Analyse der Einrichtungskonzeptionen, die Sichtung der Literatur zur Thematik und die Durchführung einer externen Evaluation mithilfe der Kinderkrippenskala »KRIPS-R« (vgl. Tietze et al. 2005) sowie eine Befragung der pädagogischen Fachkräfte und der Eltern.

Auch die integrativen Kinderkrippen erzielten sehr gute Werte in Bezug auf die pädagogische Qualität. Das Entwicklungsmodell der Qualitätsstandards erwies sich prinzipiell als übertragbar, auch wenn dabei spezifische Anforderungen der pädagogischen Arbeit in Krippen zu berücksichtigen waren. Auf den fünf Ebenen der Qualitätsentwicklung entstanden insgesamt 27 Qualitätsstandards, die erneut von den Einrichtungs-Teams formuliert und in den einrichtungsbezogenen Implementationsprozess zurückgegeben wurden (vgl. Heimlich/Behr 2008).

Integrative Qualität aus Kindersicht
In den Projekten QUINTE und QUINK stand die Erwachsenenperspektive im Vordergrund. Das galt sowohl für die Perspektive der externen Evaluation als auch für die Perspektiven der pädagogischen Fachkräfte und der Eltern. Dabei wird stillschweigend vorausgesetzt, dass die Perspektiven der Erwachsenen und der Kinder – insbesondere auch der Kinder mit Behinderung – prinzipiell übereinstimmen (vgl. Roux 2002). Dass diese Annahme nicht so ohne Weiteres tragfähig ist, zeigte sich in einer dritten Studie, die Behr (2009) durchgeführt hat.

Im Ergebnis entsteht auf der Basis einer eingehenden Prüfung der vorhandenen Forschungsinstrumente ein Forschungsdesign, in dem ein kombiniertes Instrumentarium zum Einsatz kommt. Schon bei den Erhebungsverfahren sind sowohl qualitative Aspekte (z. B. Leitfadeninterviews) als auch quantitative Aspekte (z. B. Emotionskarten, Soziometrie) berücksichtigt. Neben zahlreichen Befunden, die die Ergebnisse der bisherigen Inklusionsforschung bestätigen (z. B. gelungene emotionale Integration, aber wenig Freundschaften zwischen Kindern mit und ohne Behinderung), ist ein Befund besonders hervorzuheben: Die Ergebnisse der soziometrischen Untersuchung geben auch Hinweise auf soziale Distanzierung, ganz besonders in Bezug auf Kinder mit Verhaltensproblemen. Dieser Befund wird jedoch durch die subjektive Sicht der Kinder in ein anderes Licht gestellt. Sie können offenbar sehr genau angeben, was ihnen an anderen Kindern gut oder nicht gut gefällt, und warum sie zu ihnen Kontakt wünschen oder nicht. Mit der Behinderung hängt dies jedoch in der Regel nicht zusammen. Vielmehr drückt sich hier ein Stück »Normalisierung« im sozialen Umgang miteinander aus. Damit hat Behr trotz der Beschränkung auf eine kleine Stichprobe und eine Einrichtung klar gezeigt, dass die Qualitätsforschung im Bereich der Integration / Inklusion zukünftig ihre Aussagen stets durch die Erfassung der kindlichen Perspektive absichern sollte.

> Der Zusammenhang von Inklusion und Qualität erweist sich als grundlegend für die pädagogische Arbeit in Kindertageseinrichtungen. Pädagogische Qualität in der Behindertenhilfe ist zugleich inklusive Qualität. Ohne die Zielsetzung einer selbstbestimmten sozialen Teilhabe kann die pädagogische Qualität in der Arbeit bei Kindern mit Behinderung nicht hinreichend bestimmt werden. Rein ökonomische Modelle des Qualitätsmanagements enthalten deshalb die Gefahr weiterer Ausgrenzungen, da der »Mehraufwand« für Kinder mit Behinderungen unter dem Druck von Kosteneinsparungen ausdrücklich gerechtfertigt werden muss. Qualitätsentwicklung in inklusiven Kindertageseinrichtungen ist auf einen eigenständigen pädagogischen Zugang angewiesen. Ein Blick in integrative Kindertageseinrichtungen lehrt jedoch, dass umfassende Qualitätsentwicklung eher über spezifische Qualitätskonzepte geleistet werden kann, die in einem dialogischen Entwicklungsprozess aus den Einrichtungen selbst hervorgehen und für Prozesse der Selbstevaluation offen bleiben.

Literatur

Behr, I. (2009): Aspekte inklusiver Qualität in Kindertageseinrichtungen aus der Sicht 4- bis 6jähriger Kinder mit und ohne besondere Bedürfnisse – eine Pilotstudie. Berlin: Köster.

Bundesministerium für Familie, Frauen, Senioren und Jugend (Hrsg.) (2002): Nationale Qualitätsinitiative im System der Tageseinrichtungen für Kinder (NQI), 2. Aufl. Berlin.

Deutscher Bundestag (2008): Entwurf eines Gesetzes zu dem Übereinkommen der Vereinten Nationen vom 13. Dezember 2006 über die Rechte von Menschen mit Behinderungen sowie zu dem Fakultativprotokoll vom 13. Dezember 2006 zum Übereinkommen der Vereinten Nationen über die Rechte von Menschen mit Behinderungen. Drucksache 16/10808, 16. Wahlperiode, 08.11.2008. http://www.bundestag.de/aktuell/archiv/2008/22810535_kw48_soziales/index.htm (Stand: 26.03.2009).

Dippelhofer-Stiem, B. / Wolf, B. (Hrsg.) (1997): Ökologie des Kindergartens. Weinheim/München: Juventa.

Dittrich, G. (2008): Entwicklung pädagogischer Qualität in integrativen Kindertagesstätten. In: M. Kreuzer / B. Ytterhus (Hrsg.): Dabeisein ist nicht alles. Inklusion und Zusammenleben im Kindergarten. München: Ernst Reinhardt, S. 202-218.

Fritzsche, R. / Schastok, A. (2001): Ein Kindergarten für alle – Kinder mit und ohne Behinderung spielen und lernen gemeinsam. Neuwied: Luchterhand.

Heimlich, U. (2003): Integrative Pädagogik – eine Einführung. Stuttgart: Kohlhammer.

Heimlich, U. / Behr, I. (2005): Integrative Qualität im Dialog entwickeln. Auf dem Weg zur inklusiven Kindertageseinrichtung. Münster: LiT.

Heimlich, U. / Behr, I. (2008): Qualitätsstandards in integrativen Kinderkrippen (QUINK) – Ergebnisse eines Begleitforschungsprojektes. In: Vierteljahresschrift für Heilpädagogik und ihre Nachbargebiete (VHN) 77, 4, S. 301-316.

Heimlich, U. / Behr, I. (Hrsg.) (2009): Inklusion in Kindertageseinrichtungen. Internationale Perspektiven. Münster: Lit.

Honig, M.-S. / Joos, M. / Schreiber, N. (2004): Was ist ein guter Kindergarten? Theoretische und empirische Analysen zum Qualitätsbegriff in der Pädagogik. Weinheim/München: Juventa.

Kobelt Neuhaus, D. (2002): Gemeinsame Erziehung von Kindern mit und ohne Behinderung in Tageseinrichtungen – Qualitätsmerkmale von Einzelintegration aus Elternsicht. In: Gemeinsam leben 10, 2, S. 54-61.

Kreuzer, M. (2006): Pädagogische Qualität von integrativen Kindergärten. Einschätzungen und Anregungen. In: Gemeinsam leben 14, S. 132-140.

Österreichische UNESCO-Kommission (Hrsg.) (1996): Pädagogik für besondere Bedürfnisse. Die Salamanca Erklärung und der Aktionsrahmen zur Pädagogik für besondere Bedürfnisse. Wien.

Roux, S. (2002): Wie sehen Kindern ihren Kindergarten? Theoretische und empirische Befunde zur Qualität von Kindertagesstätten. Weinheim/München: Juventa.

Speck, O. (1999): Die Ökonomisierung sozialer Qualität. Zur Qualitätsdiskussion in Behindertenhilfe und Sozialer Arbeit. München/Basel: Ernst Reinhardt.

Störmer, N. (2001): Wann ist eine »Kindertageseinrichtung für alle Kinder« eine »gute« Einrichtung. In: Gemeinsam leben 9, 4, S. 148-152.

Tietze, W. / Bolz, M. / Grenner, K. / Schlecht, D. / Wellner, B. (2005): Krippen-Skala (KRIPS-R). Feststellung und Unterstützung pädagogischer Qualität in Krippen. Deutsche Fassung der Infant/Toddler Environment Rating Scale – Revised Edition von T. Harms, D. Cryer, R. M. Clifford. Weinheim/Basel: Beltz.

Tietze, W. / Schuster, K.-M. / Grenner, K. / Roßbach, H.-G. (2001): Kindergarten-Skala. Revidierte Fassung (KES-R). Deutsche Fassung der Early Childhood Environment Rating Scale Revised Edition von T. Harms, R. M. Clifford, D. Cryer. Neuwied: Luchterhand.

Weltgesundheitsorganisation (WHO) (1997): Internationale Klassifikation der Schäden, Aktivitäten und Partizipationen (ICIDH-2). Ein Handbuch der Dimensionen von gesundheitlicher Integrität und Behinderung. Genf: WHO.

Zollondz, H.-D. (2002): Grundlagen Qualitätsmanagement. Einführung in Geschichte, Begriffe, Systeme und Konzepte. München/Wien: Oldenbourg.

Bildungspläne für Kindertageseinrichtungen – eine Annäherung an die inklusive Frühpädagogik?

Edita Jung

»Bildung, Erziehung und Betreuung in Krippen und Kindergärten sollen dazu beitragen, dass jedes einzelne Kind gleiche Rechte und gute Chancen für eine lebenswerte Perspektive in dieser Gesellschaft hat, gleich welchem Geschlecht es angehört, gleich, in welcher sozialen und ökonomischen Situation seine Eltern leben, gleich, welcher ethnisch-kulturellen Gruppe es selbst und die Mitglieder seiner Familie angehören« (Berliner Bildungsprogramm, S. 18).

EINE INKLUSIVE PÄDAGOGIK, die eine intensive Auseinandersetzung mit den demokratischen Grundwerten unserer Gesellschaft erforderlich macht, dabei die Teilhabe und Chancengleichheit aller Mädchen und Jungen schon im frühen Kindesalter in diesem Kontext definiert und umsetzt, bedarf eines verbindlichen frühpädagogischen Diskussions-, Handlungs- und Reflexionsrahmens.

Diese Notwendigkeit ergibt sich umso mehr aus der Tatsache, dass auch im frühpädagogischen Bereich der Begriff Inklusion zunehmend den Begriff Integration im sprachlichen Gebrauch ersetzt. Doch stellen diese beiden Konzepte ein und denselben Gegenstand dar? Obwohl die Integrationsbewegung der 1980er Jahre in der Bundesrepublik Deutschland eine radikale Strukturreform verfolgte, wodurch ein gemeinsames Leben und Lernen aller Kinder zur Realität werden sollte (vgl. Feuser 1989), ist sie dennoch durch den bildungspolitischen Einfluss in der Praxis auf eine Eingliederung von Kindern mit Behinderung reduziert worden (vgl. Albers 2011, S. 15). Dieses führte zwangsläufig zu der Definition des »Besonderen« und dem Scheitern in der Zusammenführung des »Besonderen« und des »Normalen« – spätestens an den strukturellen Grenzen. So werden in Niedersachsen immer noch 52,1 Prozent der Kinder mit besonderem Förderbedarf bis zur Einschulung in Sondereinrichtungen bzw. in Schulkindergärten betreut (AKJStat 2011).

Inklusionspädagogik bildet als eine Weiterentwicklung des theoretischen und strukturellen Kontexts einen erweiterten Rahmen für die Auseinandersetzung mit den Konzepten von Normalität und Vielfalt. Dimensionen von

Vielfalt umfassen hier Andersartigkeit in jeglicher Hinsicht (individuelle Begabungen, Beeinträchtigung, kultureller und sozialer Hintergrund, Geschlecht u.v.m.). Inklusionspädagogik umfasst eine Achtung vor dieser Heterogenität, die nicht nur ein politisches und fachliches Lippenbekenntnis bleibt, sondern im pädagogischen Alltag von Anfang an ermöglicht wird sowie erfahrbar, sichtbar und sogar messbar ist. Das macht eine Abwendung von Problem- und Defizitverortung bei Kindern notwendig; vielmehr müssen die frühpädagogischen Konzepte, Ansätze und Strukturen auf ihre Tauglichkeit im Hinblick auf Heterogenität überprüft und weiterentwickelt werden (vgl. Booth 2010, S. 2).

Durch die aktuelle fachliche, gesellschaftliche und politische Auseinandersetzung mit dem Konzept der Inklusion werden für den frühpädagogischen Bereich neue Chancen eröffnet, sich erneut und vertieft den Fragen der Teilhabe, Partizipation und Chancengleichheit – in Forschung und Praxis – zu stellen und daraus klare bildungspolitische Folgerungen im Hinblick auf die qualitativen Rahmenbedingungen inklusiver Praxis abzuleiten und zu formulieren.

Dabei sind Kindertageseinrichtungen in der bundesweiten Betrachtung Bildungsorte, denen es gelingt, »offenbar weit mehr als allen anderen Bildungseinrichtungen, in soziokultureller Hinsicht ein ungleich weniger selektives Bildungssetting anzubieten« (Rauschenbach 2004, S. 118) und Lebenswelten zu gestalten, die »weitaus sozialintegrativer« (ebd.) sind.

Diese Prämisse, die schon den wichtigsten Ausgangspunkt vieler pädagogischer Überlegungen darstellt, müsste folgerichtig auch die Grundlage der Bildungspläne für den frühpädagogischen Bereich[18] bilden. Bei diesen in den letzten Jahren in allen Bundesländern vorgelegten Dokumenten entdeckt man eine dem Föderalismus geschuldete Heterogenität. Eine auf der Bundesebene angelegte Grundlage stellt lediglich der Gemeinsame Rahmen der Länder für die frühe Bildung in Kindertageseinrichtungen (Jugendministerkonferenz 2004) dar. Die Bildungspläne unterscheiden sich bereits in ihrer Bezeichnung (Bildungsplan, Bildungsprogramm, Orientierungsplan u.a.), wodurch schon ansatzweise ein weiterer Unterschied deutlich wird – die Frage nach der Umsetzungsverbindlichkeit in der Praxis. Während einige Bun-

---

18 Alle Bildungspläne sind im Internet unter http://www.bildungsserver.de/zeigen.html?seite=2027 abrufbar.

desländer auf die Selbstverpflichtung der Träger zu einer Umsetzung setzen (z.B. Orientierungsplan in Niedersachsen) und sich somit von den Kosten der Implementierung durch Fortbildung und Evaluation freisprechen, legen andere mehr Wert auf eine Verbindlichkeit, die teilweise eine gesetzliche Verankerung erfährt (Bayern, Schleswig-Holstein) oder gar zusätzlich mit einer Evaluation der Umsetzung verbunden ist (Berlin).

Auch im Hinblick auf die Form und den Umfang der Dokumente lassen sich Unterschiede feststellen. Der Bayerische Bildungs- und Erziehungsplan für Kinder in Tageseinrichtungen bis zur Einschulung stellt mit seinen fast 500 Seiten bisher den umfangreichsten Versuch dar, neben der Definition fachlicher Leitgedanken auch die praktischen Anregungen für die pädagogischen Fachkräfte zu liefern. Andere Bundesländer setzen dagegen auf die Formulierung eines groben fachlichen Rahmens, wobei einige Länder diesen mit den Handreichungen zur Umsetzung des Bildungs- und Erziehungsauftrages ergänzen. Im Hinblick auf die Altersstufe der Kinder und somit auch auf die institutionelle Bezogenheit der Pläne findet man eine stark unterschiedliche Fokussierung.

Was sollten nun die Bildungspläne – bei allen Unterschieden – für eine gleichwertige Basis bieten, damit eine Sicherstellung einer Implementierung des inklusiven Gedankens gewährleistet ist? Auch wenn diese Frage hier nicht abschließend diskutiert werden kann, können zwei grundlegende Punkte benannt werden: Zum einen handelt es sich um ein Verständnis von Bildung, das die Individualität jedes Einzelnen zum Ausgangspunkt nimmt, um diese dann in Bezug zu einer Gemeinschaft zu setzen. Und zum anderen ist es das Verständnis der Institution Kindertagesstätte als ein Ort, der Vielfalt als Normalität definiert und eine konsequente und durchgehende Kultur der Auseinandersetzung mit Werten wie Teilhabe und Gerechtigkeit lebt und reflektiert.

Integration und Inklusion als expliziter Gegenstand in den Bildungsplänen
Bei einer näheren Auseinandersetzung mit den Bildungsplänen für den frühpädagogischen Bereich stellt man relativ schnell fest, dass der Begriff »Integration« – wenn er denn benutzt wird – vor allem den Gedanken einer stärkeren Teilhabe von Kindern mit Migrationshintergrund und Kindern mit Behinderung trägt.

Im Niedersächsischen Orientierungsplan (S. 36) liest man hierzu: »Ein ausgewogenes Verhältnis zwischen Jungen und Mädchen aller Altersstufen, die Integration von Familien unterschiedlicher kultureller Herkunft und die gemeinsame Erziehung behinderter und nicht behinderter Kinder ermöglichen Kindern eine große Auswahl an Kontakten.«

Dabei wird überwiegend darauf verzichtet, den aufgeführten Gedanken der Integration genau zu definieren.

Eine explizite Verwendung des Begriffes Inklusion und seine Einbettung in den institutionellen Bildungs- und Erziehungsauftrag sind dagegen nur in wenigen dieser Veröffentlichungen zu finden. Zu diesen Ausnahmen gehört der Orientierungsplan für Bildung und Erziehung in baden-württembergischen Kindergärten und weiteren Kindertageseinrichtungen (Ministerium für Jugend, Kultur und Sport des Landes Baden-Württemberg 2011), der im Sinne der Herstellung von gleichberechtigten Bildungschancen und sozialer Teilhabe »von allen Beteiligten eine Haltung und ein Handeln mit dem Ziel der Inklusion« (ebd., S. 14) fordert. Daher ist die pädagogische Fachkraft »herausgefordert, die vorgefundene Vielfalt anzuerkennen, sie als Bereicherung zu verstehen und sich mit Bildungsbarrieren auseinanderzusetzen, diese abzubauen und Zugangswege zu erweitern« (ebd.). Im Orientierungsplan aus Schleswig-Holstein wird Inklusion gar zu einer Querschnittsdimension von Bildung in Kindertageseinrichtungen, wobei jedoch an dieser Stelle eine stärkere Fokussierung auf die Kinder »mit Handicaps« (Ministerium für Bildung und Kultur des Landes Schleswig-Holstein 2009, S. 20f.) stattfindet.

Nun stellt sich die Frage, ob ein Bildungsplan, der seine Verankerung in den demokratischen Werten unserer Gesellschaft definiert, eine derartige Konkretisierung des Begriffes Inklusion vornehmen muss. Aus verschiedenen Gründen ist dies eindeutig zu bejahen. Das Konzept der Inklusion ist im bundesdeutschen Bildungswesen angekommen. Bei näherer Betrachtung wird deutlich, dass häufig eine synonyme Anwendung der Begriffe Integration und Inklusion stattfindet, aber auch die definitorische Klärung in Bezug auf Inklusion in vielfältiger Weise vorgenommen werden kann (vgl. Sander 2004, S. 11ff.). Das Konzept einer Inklusion darf nicht durch eine inflationäre und unklare Verwendung des Begriffs so weit aufgeweicht werden, dass nur ein bloßes Ersetzen des Begriffes Integration erfolgt. Angesichts der berechtigten Anforderung, auch in Institutionen im frühkindlichen Bereich eine Bildungsgerechtigkeit herzustellen, ist eine explizite Auseinandersetzung mit den Begrifflichkeiten und deren Definition unabdingbar. Gleichzeitig ist eine Verwendung des Begriffes Inklusion in diesen Zusammenhängen ganz klar mit der Folgerung verbunden, die Bemühungen der pädagogischen Praxis, Vielfalt und Individualität kontextuell und institutionell zu denken, auch von bildungspolitischer Seite strukturell aufzufangen.

Vom Individuellen zum Sozialen

Der durch die fachliche Diskussion der letzten Jahre angeregte und in den Bildungsplänen manifestierte Paradigmenwechsel, der den pädagogischen Blick von den »Schwächen« und »Problemen« hin zu Ressourcen und Stärken wendet, bietet die Chance, dass die Dimensionen von Vielfalt nicht als Bedrohung und grundsätzliches Risiko für das Individuum und die Gruppe verstanden werden. Die besondere Aufmerksamkeit gilt den Ressourcen des Individuums, ohne dabei die »besonderen Bedarfe« aus dem Blick zu verlieren. Die Bildungspläne haben in den letzten Jahren zu einer Fokussierung auf die individuelle Entwicklung und die sich daraus ergebende individuelle Begleitung der Kinder beigetragen.

Der Hessische Bildungs- und Erziehungsplan (S. 31f.) definiert eine individuelle Begleitung von frühkindlichen Bildungsprozessen über das Prinzip der inneren Differenzierung, die darauf abzielt, »auf die individuellen Unterschiede der Kinder einzugehen und jedes Kind bestmöglich zu begleiten. Es erfordert ein differenziertes Bildungsangebot und eine individuelle Lernbegleitung auch bei gemeinsamen Lernaktivitäten. Jedes Kind hat andere Entwicklungspotenziale und Lernbedürfnisse, hat seine eigenen Lernwege und sein eigenes Lerntempo. Diese lassen sich nur durch systematische Beobachtung und Dokumentation seiner Lern- und Entwicklungsprozesse erkennen und erschließen und durch individuelle Begleitung zur vollen Entfaltung bringen.«

Die Praxis ist dieser Anforderung vielerorts gefolgt und hat dabei die methodische Umsetzung verfolgt. Dabei ist jedoch von besonderer Bedeutung, dass der Prozess der Inklusion nur gelingen kann, wenn die Gruppe und Gemeinschaft, verbunden mit den Prozessen der Teilhabe, als solches stärker in den Fokus genommen werden. Heimlich und Behr (2009) betonen die Bedeutung von Gleichaltrigen für die Erfahrungsprozesse des Kindes im Hinblick auf die individuellen Unterschiede und daraus zu entwickelnde Gemeinsamkeiten. Als Zugang zur Erschließung dieser Ressource heben sie insbesondere das gemeinsame Spiel hervor (vgl. ebd., S. 26).

Die Schaffung eines Rahmens für eine kooperative Gestaltung von Bildungsprozessen, in denen Vielfalt und Heterogenität als Normalität erlebt werden können und eine Gruppenzusammengehörigkeit für alle Kinder erfahrbar wird, bildet den eigentlichen Kern einer inklusiven Praxis. Der Bayerische Bildungs- und Erziehungsplan (Staatsministerium für Arbeit und Sozialordnung, Familie und Frauen/Staatsinstitut für Frühpädagogik 2006) setzt in den Ausführungen zu den Ansätzen zum Erwerb der lernmethodischen Kompetenz auf eine gezielte Nutzung der Ressource »Gruppe«:

»*Die Tatsache, dass Kinder viel voneinander lernen, ist pädagogisch dergestalt nutzbar zu machen, dass weniger die Gemeinsamkeiten und mehr die Unterschiede in den Gedanken der Kinder herausgestellt werden*« (ebd., S. 70).
In den Brandenburger Grundsätzen Elementarer Bildung (S. 28) wird die Bedeutung beider Dimensionen – der individuellen wie auch der gemeinschaftlichen – hervorgehoben und miteinander in Beziehung gesetzt: »Die Fähigkeit zum Perspektivenwechsel und das Wissen um die eigene Persönlichkeit sind sowohl Grundlage als auch Folge von sozialen Beziehungen. Die Einzigartigkeit der eigenen Person entdeckt ein Kind, indem es eigene Bedürfnisse und Interessen ausdrückt, sie mit denen anderer Menschen vergleicht, Gemeinsamkeiten und Unterschiede entdeckt, die Andersartigkeit seiner Spielpartner und seiner erwachsenen Bezugspersonen anerkennt und Anerkennung von diesen erfährt. Eigensinn und Gemeinsinn stehen damit in einem wechselseitigen Zusammenhang: Die anderen und das Selbst entstehen im sozialen Handeln.«

Eine heterogene Gruppe bietet den Kindern die Möglichkeit, eigene Selbstwirksamkeit zu erfahren, vielfältige soziale Beziehungen einzugehen und dadurch auch unterschiedliche Denkweisen kennenzulernen. Dies bildet eine gute Basis für den Erwerb und die Weiterentwicklung grundlegender sozialer Kompetenzen wie zum Beispiel Empathie und Rücksichtnahme.

Doch eine in vielerlei Hinsicht heterogene Gruppe ist nicht per se ein Setting, das einen optimalen Erwerb von personalen und sozialen Kompetenzen ermöglicht. Erst eine fachlich reflektierte Wahrnehmung kindlicher

Interessen und Bedürfnisse sowie deren Zusammenwirken in einer Gruppe ermöglichen pädagogischen Fachkräften, einen Raum zu schaffen, in dem Kinder sich und andere in der Gruppe positiv wahrnehmen können. Alle Bildungspläne betonen die soziale Dimension des frühkindlichen Lernens und die Bedeutung der Kindergruppe und der Gemeinschaft für das Leben und Lernen in der Kindertagesstätte, doch bedarf es gut ausgebildeter Fachkräfte, die es vermögen, individuelle Entwicklungsprozesse des jeweiligen Kindes optimal in Bezug zu dem Prozessgeschehen in einer Gruppe zu setzen.

Individualität und Heterogenität
Die Notwendigkeit einer Beachtung und entsprechenden Begleitung von Individualität frühkindlicher Bildungs- und Entwicklungsprozesse kann als Kernaussage der Bildungspläne angesehen werden. Dabei betonen viele der Pläne die Heterogenität kindlicher Ausgangsvoraussetzungen für diese Prozesse, die eng mit den Lebenslagen der Kinder zusammenhängen (z. B. Baden-Württemberg).

Einige der Bildungspläne beinhalten explizite Ausführungen zu unterschiedlichen Heterogenitätsdimensionen (z. B. Schleswig-Holstein). Braucht es eigentlich noch eine weitere Hervorhebung von Gruppen, die eine implizite besondere Beachtung brauchen – zum Beispiel Kinder mit einem anderen kulturellen Hintergrund oder Kinder mit Behinderung? Werden nicht gerade dadurch Kategorien von »Besonderen« gebildet, die einen ungetrübten Blick auf das Individuelle eventuell verstellen? Hinz (2010) mahnt zu Recht an, dass eine »sonderpädagogische Inklusion« ein Widerspruch in sich wäre, da durch diese Kategorisierung unter anderem nicht die »natürlichen Eigenschaften, sondern die damit verbundenen gesellschaftlich konstruierten Zuschreibungen« (ebd., S. 59) in den Fokus rücken.

Die Frühpädagogik befindet sich jedoch noch nicht an dem Punkt, der es ermöglicht zu sagen, dass eine diesbezügliche praktische Umsetzung auf einer gemeinsamen gedanklichen Grundlage basiert. Als ein in der Vergangenheit schier unlösbares und nicht anzutastendes strukturelles Problem wurde zum Beispiel eine mit den pädagogischen Überlegungen verknüpfte therapeutische Begleitung von Kindern mit Behinderung in einer pädagogischen Institution angesehen.

Im Bayerischen Bildungs- und Erziehungsplan (S. 165) heißt es hierzu: »Diese Förderung soll – soweit nicht spezifische Gründe dagegen sprechen – nicht isoliert stattfinden, sondern eingebettet sein in das pädagogische Angebot der Kindertageseinrichtungen (...).« Nach den Hamburger Bildungsempfehlungen für Bildung und Erziehung (S. 40) soll eine Inanspruchnahme gezielter Maßnahmen auch in Sondergruppen eingeleitet werden können, wenn »eventuelle Verzögerungen oder Behinderungen in der Sprachentwicklung« bei Kindern festgestellt worden sind.

Vor diesem Hintergrund bedarf es noch dieser besonderen Beachtung und Hervorhebung von Heterogenitätskategorien, damit gezielte Überlegungen angestellt werden können, wie eine pädagogische Begleitung in einer Einrichtung für *alle* Kinder erfolgen kann und der notwendige strukturelle Rahmen aussehen muss. Aber auch im Hinblick darauf, dass Exklusion kein explizit frühpädagogisches Problem darstellt, sondern eine gesamtgesellschaftlich hervorgebrachte und noch andauernde Entwicklung, braucht es eine Sensibilisierung auf allen Ebenen – auch eine stärkere Reflexion durch die pädagogischen Fachkräfte. Wenn man Inklusion als Prozess und Vision versteht, darf man nicht die Augen vor tatsächlichen Ausgrenzungen verschließen, sondern muss offensiv an erster Stelle durch eine Sensibilisierung ihre Abschaffung verfolgen. Dabei schenkt die frühpädagogische Praxis dem sozialen und kulturellen Hintergrund des Kindes natürlich gezielte Beachtung – aber unter der Maßgabe des geteilten Verständnisses, dass ein Kind nicht nur einen bestimmten familiengeprägten kulturellen Hintergrund hat, sondern zum Beispiel auch ein Mädchen ist, vielleicht auch eines aus einer sozial benachteiligten Familie.

Denn »alle Kinder sind gleich – jedes Kind ist anders. Auch die Kinder, die derselben geschlechtlichen, sozialen oder ethnisch-kulturellen Gruppe angehören, unterscheiden sich voneinander. Die Zugehörigkeit zu einer Bezugsgruppe zu beachten, ist wichtig, um damit zusammenhängende spezifische Voraussetzungen zu erkennen und zu beachten. Daneben hat jedes Kind das Recht darauf, in seiner Einzigartigkeit wahrgenommen und in seinem Anderssein geachtet zu werden« (Berliner Bildungsprogramm, S. 21).

Bildungsbereiche und inklusive Pädagogik
Eines der zentralen Elemente der Bildungspläne bilden die Ausführungen zu den Bildungsbereichen in der frühen Kindheit. Diese in ihrer Intention nicht gänzlich neue Strukturierung des pädagogischen Bildungsauftrages bildet für die pädagogischen Fachkräfte eine Chance, als BegleiterInnen reflektierter mit der Komplexität der Welt und deren Erschließung für die Kinder umzugehen. Und sicherlich verleiht diese Festlegung von Bildungsbereichen diesen bisher in der frühpädagogischen Praxis eher vernachlässigten Gebieten eine neue Gewichtung und bietet somit die Möglichkeit einer differenzierteren Auseinandersetzung mit den frühkindlichen Bildungsprozessen. Darüber hinaus kann in der Einführung von Bildungsbereichen eine Bestrebung nach einer stärkeren Anschlussfähigkeit von Kindertageseinrichtungen und Schule gesehen werden (vgl. Cloos/Schröer 2011).

Das Denken und das daraus abgeleitete pädagogische Handeln alleine im Kontext von jeweiligen Bildungsbereichen können sich jedoch im Hinblick auf die Berücksichtigung einer Heterogenität als hinderlich erweisen. Denn die Gefahr einer »Verschulung« (Gansen 2009) des frühpädagogischen Bereiches und die eventuell damit einhergehende Vernachlässigung der sozialen Dimension innerhalb des Bildungsgeschehens ist nicht von der Hand zu weisen.

Sehr eindrucksvoll wird diese Tendenz des schnellen Antwortens durch die rasante und kaum reflektierte und evaluierte Entwicklung im Bereich der »Sprachförderung« deutlich. Die Bildungspläne heben zu Recht die Bedeutung von Sprache hervor, wenn es um die Teilhabe und Bildungschancen von Kindern geht. Jedoch führte eine sehr einseitige, durch die gesellschaftliche Debatte verschärfte Orientierung an »gefährdeten« Gruppen (Kinder in schwierigen sozio-ökonomischen Situationen und Kinder mit Migrationshintergrund) vielerorts zu einer Schaffung von isolierten Lernräumen, die den sozialen Kontext von Bildungsprozessen kaum berücksichtigen oder berücksichtigen können.

Die Verlockung für Kindertagesstätten, trotz der enormen Belastung in der pädagogischen Arbeit rasche Antworten auf die in den Bildungsplänen formulierten Anforderungen zu liefern, ist verständlich. Und die »Bildungsmaschinerie« hält hierzu eine Vielzahl an »Rezepten« in Form von Förderprogrammen und -konzepten bereit. Doch wie nachhaltig und gewinnbringend sind diese tatsächlich für die Bildungsprozesse der Kinder? Und was heißt dies für eine inklusive Pädagogik? Ist es notwendig und sinnvoll, naturwissenschaftlich geprägte »Experiment-Projekte« in der Kita durchzuführen, oder sollte nicht sinnvollerweise zum Beispiel – trotz des vielleicht leicht überfluteten Badezimmers – die Neugier und das Spiel der Kinder mit dem Wasser als eine Lernerfahrung verstanden werden? Eine Lernerfahrung, die auch reflektiert werden kann, die an die Lebenswelt des Kindes anschließt und einen natürlichen sozialen Austausch, der nicht in einem künstlichen Rahmen erzeugt wird, erlaubt.

Im Berliner Bildungsprogramm (S. 19), in dem die Ausführungen zu den einzelnen Bildungsbereichen zunächst das einzelne Kind und seine Bildungsprozesse und dann die Gemeinschaft fokussieren, heißt es hierzu: »Im Kindergartenalter sind deshalb die in den Bildungsbereichen beschriebenen Anregungen zu ›Das Kind in der Kindergemeinschaft‹ vorrangig. Dabei ist wichtig: Die vorangegangene Dimension ›Das Kind in seiner Welt‹ bleibt darin aufgehoben und kann und soll im Kindergartenalter weiterhin thematisiert werden.«

Wenn es um eine ernst gemeinte und nachhaltig gedachte Begleitung frühkindlicher Bildungsprozesse geht, die zum wichtigsten Ziel die Teilhabe und Chancengleichheit aller Kinder hat, können Beschreibungen von Bildungsbereichen nur als Anregung und Strukturierungshilfe dienen. Weniger oder gar nicht als Aufforderung, die Bildungsbereiche mit jeweils einem »Programm« abzudecken. Dies verdeutlicht, dass die Intention der Bildungspläne zwar richtig sein kann, jedoch die Frage nach dem *Wie* im Hinblick auf eine ressourcenorientierte und Teilhabe betonende Begleitung frühkindlicher Bildungs- und Entwicklungsprozesse noch nicht abschließend beantwortet ist.

Ein Bildungsplan ist nur so gut, wie die Rahmenbedingungen für seine Umsetzung

Trotz einer unterschiedlichen Ausprägung im Hinblick auf eine klare Verortung der Grundpfeiler einer inklusiven Pädagogik können die Bildungspläne als eine Aufforderung verstanden werden, eine intensive Auseinandersetzung mit den grundlegenden Prinzipen einer Pädagogik der Vielfalt und deren Umsetzung einzuleiten. Voranzustellen ist, dass die Inklusionspädagogik in Kindertagesstätten vor allem einer Kultur des Zusammenlebens und des gemeinsamen Lernens bedarf, die Langsamkeit, Tiefe und auch Umwege verträgt. Denn die Kompetenzen jedes Einzelnen, die zum Erhalt und der

Weiterentwicklung sozialer Werte unserer Gesellschaft beitragen und sie zum Alltag machen, sind nicht auf Knopfdruck abrufbar. Insofern dürfen die Bildungspläne für den frühpädagogischen Bereich nicht als Einladung zu einem »blinden Aktionismus« verstanden werden, der zwar zu schnellen Umsetzungsansätzen, aber häufig fragwürdigen »Erfolgen« führt, die lediglich eine ökonomische Perspektive bedienen.

Dabei ist immer wieder zu betonen: Ein Bildungsplan ist nur so gut, wie die Rahmenbedingungen für seine Umsetzung! Eine ernst gemeinte und nachhaltig angelegte inklusive Frühpädagogik muss auf der Ebene der Orientierungs-, Struktur- und auch Prozessqualität definiert und konkretisiert werden.

Eine der wichtigsten Notwendigkeiten stellen dabei die entsprechenden persönlichen und fachlichen Kompetenzen der pädagogischen Fachkräfte dar. Inklusionspädagogik muss auf allen Ausbildungsebenen und für alle mit Kindern arbeitenden Fachkräfte zum festen Bestandteil werden. Dabei ist zum Beispiel auf der Hochschulebene eine Dreigliedrigkeit der elementaren Anteile des Curriculums erforderlich: Theorie, Praxis und Persönlichkeitsbildung (vgl. Sens 2011).

Insbesondere die dritte Komponente erscheint in diesem Kontext als grundlegend. Denn die »›Inklusion‹ erfordert eine konstante Wachsamkeit, um ausgrenzenden Kräften in Erziehung und Bildung, in der Gesellschaft und vor allem in uns selbst zu widerstehen« (Booth 2010, S. 1). Für eine inklusive Pädagogik ist eine reflektierte Betrachtung der eigenen Haltung in Bezug auf Andersartigkeit und Vielfalt unabdingbar. Dabei sollten die Bildungspläne eine Initiierung von Reflexionsprozessen fördern und unterstützen – auf zwei Ebenen:

Auf der *individuellen Ebene* beziehen sich diese Prozesse auf die Reflexion der eigenen biografischen Geschichte und die daraus entwickelte Haltung und den Umgang mit »Andersartigkeit« und Heterogenität.

Die *institutionelle Ebene* beinhaltet die Reflexion innerhalb des Teams, Entwicklung gemeinsamer Leitlinien und Ziele, regelmäßige Evaluation der Praxis im Hinblick auf den Umgang mit Heterogenität und Vielfalt (z. B. Index für Inklusion). Und nicht zuletzt stellt sich die Frage, ob eine Kita derzeit von sich behaupten kann, inklusiv zu arbeiten – mit teilweise 25 Kindern und zwei Fachkräften pro Gruppe? Entsprechende strukturelle Rahmenbedingungen bilden einen der wichtigsten Eckpfeiler einer inklusiven Pädagogik.

Denn das Ziel muss es sein, allen Kindertagesstätten die strukturelle Möglichkeit zu eröffnen, alle Kinder aufnehmen und bedarfsgerecht in ihren Bildungs- und Entwicklungsprozessen begleiten zu können. Dies sind Schritte, die nicht von heute auf morgen erfolgen können. Daher kann das Konzept der Inklusion nur als Prozess verstanden werden. Damit es jedoch statt visionär nicht utopisch wird (vgl. Hinz o.J., S. 3), muss die »inklusive Kindertagesstätte« auf allen strukturellen Ebenen mitgedacht und geplant werden.

Im Sinne einer inklusiven Pädagogik ist es erforderlich, die Gestaltung der Übergänge im frühen Kindesalter unter einem neuen Blickwinkel zu betrachten. Eine in den Bildungsplänen der Bundesländer durchweg unterschiedlich zugrunde gelegte Altersstufe der Kinder führt nicht dazu, dass der Inklusionsgedanke in seiner konkreten Auslegung die Institutionshürde nehmen kann. Dabei steht nicht nur der Übergang vom Kindergarten in die Grundschule im Mittelpunkt der Überlegungen, sondern auch der bisher wenig beachtete Übergang von der Kinderkrippe in den Kindergarten.

> Bildungspläne für den frühpädagogischen Bereich dürfen nicht als endgültige Antwort auf die Bildungs- und Entwicklungsansprüche unserer Kinder verstanden werden. Vielmehr sind die Verantwortlichen aufgefordert, die jeweils aktuellen Lebenswelten der jungen Kinder sowie die verändernde Lebenswirklichkeit überlegt und sinnvoll in die Vorgaben für den frühkindlichen Bereich einfließen zu lassen. Auch wenn die vorgelegten Bildungspläne Ansätze enthalten, eine Verfolgung von Bildungsgerechtigkeit und Teilhabe zu einem expliziten Auftrag zu formulieren, muss eine präzisere Konkretisierung vorgenommen werden. Dabei darf die Kostenintensität struktureller Rahmenbedingungen nicht dazu führen, dass das Konzept einer inklusiven Bildung im frühpädagogischen Bereich weiterhin eine Reduzierung erfährt.

Literatur

Albers, T. (2011): Mittendrin statt nur dabei. Inklusion in Krippe und Kindergarten. München/Basel: Ernst Reinhardt.

Bayerisches Staatsministerium für Arbeit und Sozialordnung, Familie und Frauen / Staatsinstitut für Frühpädagogik (Hrsg.) (2006): Der Bayerische Bildungs- und Erziehungsplan für Kinder in Tageseinrichtungen bis zur Einschulung. Weinheim/Basel: Beltz.

Behörde für Soziales, Familie, Gesundheit und Verbraucherschutz der Hansestadt Hamburg (2008): Hamburger Bildungsempfehlungen für die Bildung und Erziehung von Kindern in Tageseinrichtungen.
http://www.hamburg.de/contentblob/118066/data/bildungsempfehlungen.pdf

Behrensen, B. / Sauerhering, M. / Solzbacher, S. / Warnecke, W. (2011): Das einzelne Kind im Blick. Individuelle Förderung in der Kita. Freiburg: Herder.

Booth, T. (2010): Wie sollen wir zusammen leben? Inklusion als wertebezogener Rahmen für pädagogische Praxisentwicklung. Vortrag im Rahmen der Internationalen Fachtagung des Projektes KINDERWELTEN am 11.06.2010 in Berlin. kinderwelten.net/pdf/tagung2010/06_tony_booth_vortrag_dt_mit_fotos.pdf

Booth, T. / Ainscow, M. / Kingston, D. (2011): Index für Inklusion: Tageseinrichtungen für Kinder – Spiel, Lernen und Partizipation in der inklusiven Kindertageseinrichtung entwickeln. Frankfurt/M.: Gewerkschaft Erziehung und Wissenschaft (GEW).

Cloos, P. / Schröer, W. (2011): Übergang und Kindheit. Perspektiven einer erziehungswissenschaftlichen Übergangsforschung. In: S. Oehlmann / Y. Manning-Chlechowitz / M. Sitter (Hrsg.): Frühpädagogische Übergangsforschung. Von der Kindertageseinrichtung in die Grundschule. Weinheim/München: Juventa, S. 17-34.

Feuser, G. (1989): Allgemeine integrative Pädagogik und entwicklungslogische Didaktik. In: Behindertenpädagogik 28. Jg., Heft 1/1989, S. 4-48.

Forschungsverbund DJI/TU Dortmund (AKJStat) (2011): Kinder bis zum Schuleintritt mit besonderem Förderbedarf in Kindertageseinrichtungen nach Art der Einrichtung in den Bundesländern am 01.03.2010; Schuljahr 2009/10. http://www.laendermonitor.de/fileadmin/contents/indikatoren/datenbl%C3%A4tter_2011/tab40_lm11.jpg

Gansen, P. (2009): Chancengleichheit von Anfang an. Heterogenität in der frühen Kindheit als bildungspolitische und pädagogische Herausforderung. In: C.-P. Buschkühle / L. Duncker / V. Oswalt (Hrsg.): Bildung zwischen Standardisierung und Heterogenität: Ein interdisziplinärer Diskurs. Wiesbaden: VS, S. 193-214.

Heimlich, U. / Behr, I. (2009): Qualitätsstandards für inklusive Kindertageseinrichtungen. In: U. Heimlich / I. Behr (Hrsg.): Inklusion in der frühen Kindheit. Internationale Perspektiven. Berlin: LIT Verlag, S. 22-40.

Hessisches Sozialministerium / Hessisches Kultusministerium (Hrsg.) (2011): Bildung von Anfang an. Bildungs- und Erziehungsplan für Kinder von 0 bis 10 Jahren in Hessen. 3. Aufl. http://www.bep.hessen.de

Hinz, A. (2010): Notwenige Bedingungen bei der Umsetzung von Inklusion. In: R. Wernstedt / M. John-Ohnesorg (Hrsg.): Inklusive Bildung. Die UN-Konvention und ihre Folgen. Schriftenreihe des Netzwerk Bildung. Berlin.
http://library.fes.de/pdf-files/studienfoerderung/07621.pdf

Hinz, A. (o. J.): Inklusion als Schulentwicklungskonzept. http://www.schleswig-holstein.de/cae/servlet/contentblob/1009816/publicationFile/AndreasHinzIncklusion.pdf (Stand: 08.07.2011).

Jugendministerkonferenz (2004): Gemeinsamer Rahmen der Länder für die frühe Bildung in Kindertageseinrichtungen. Anlage 1 zu TOP 5.
http://www.mbjs.brandenburg.de/media_fast/5527/TOP%205%20-%20Anlage.15475620.pdf

Ministerium für Bildung, Jugend und Sport des Landes Brandenburg (2006): Grundsätze elementarer Bildung in Einrichtungen der Kindertagesbetreuung im Land Brandenburg. http://www.mbjs.brandenburg.de/media/lbm1.c.312232.de

Ministerium für Bildung und Kultur des Landes Schleswig-Holstein (2009): Erfolgreich starten. Leitlinien zum Bildungsauftrag in Kindertageseinrichtungen. http://www.schleswig-holstein.de/cae/servlet/contentblob/669508/publicationFile/BildungsauftragLeitlinien.pdf

Ministerium für Jugend, Kultur und Sport des Landes Baden-Württemberg (2011): Orientierungsplan für Bildung und Erziehung in baden-württembergischen Kindergärten und weiteren Kindertageseinrichtungen. http://www.kultusportal-bw.de/servlet/PB/show/1285728/KM_KIGA_Orientierungsplan_2011.pdf

Niedersächsisches Kultusministerium (2005): Orientierungsplan für Bildung und Erziehung im Elementarbereich niedersächsischer Tageseinrichtungen für Kinder. http://www.mk.niedersachsen.de/live/live.php?navigation_id=25428&article_id=86998&_psmand=8

Rauschenbach, Th. (2004): Bildung für alle Kinder. Zur Neubestimmung des Bildungsauftrags in Kindertageseinrichtungen. In: I. Wehrmann (Hrsg.): Kindergärten und ihre Zukunft. Weinheim/Basel: Beltz, S. 111-122.

Sander, A. (2004): Inklusive Pädagogik verwirklichen – Zur Begründung des Themas. In: I. Schnell / A. Sander (Hrsg.): Inklusive Pädagogik. Bad Heilbrunn: Klinkhardt, S. 11-22.

Senatsverwaltung für Bildung, Jugend und Sport des Landes Berlin (Hrsg.) (2004): Berliner Bildungsprogramm für die Bildung, Erziehung und Betreuung von Kindern in Tageseinrichtungen bis zu ihrem Schuleintritt. Berlin: verlag das netz. http://www.berlin.de/imperia/md/content/sen-bildung/bildungswege/vorschulische_bildung/berliner_bildungsprogramm_2004.pdf?start&ts=1153986366&file=berliner_bildungsprogramm_2004.pdf

Sens, A. (2011): Inklusion im Elementarbereich und Konzepte der Ausbildung – Entwicklungen in Australien. In: M. Kreuzer / B. Ytterhus (Hrsg.): Dabei sein ist nicht alles. Inklusion und Zusammenleben im Kindergarten. 2. Aufl. München/Basel: Ernst Reinhardt, S. 283-298.

Inklusion von Kindern mit besonderen Bedarfen – durch Interdisziplinarität und Vernetzung

Andrea Caby

DAS SCHAFFEN INKLUSIVER LEBENSWELTEN bedeutet – losgelöst von jeder speziellen Ausgangslage –, von Beginn an ein gemeinsames Entwickeln und Lernen möglich zu machen und dabei jedem Kind und seiner Familie zum richtigen Zeitpunkt die notwendige individuelle und ressourcenorientierte Unterstützung zukommen zu lassen. Daher wird eine wesentliche Herausforderung darin bestehen, niemanden aufgrund seiner Herkunft, sozialen, geografischen oder wirtschaftlichen Lage, Diagnose oder sonstiger Merkmale von Bildungs- und Betreuungsangeboten auszuschließen.

Booth (2010) betont die Prozesshaftigkeit auf dem Weg in die Richtung eines inklusiven Ansatzes mit dem Ziel, ein größtes Maß an sozialer Teilhabe zu verwirklichen. Inklusion darf deswegen auch weder beim Übergang in die Schule noch bei Eintritt in die Arbeits- und Lebenswelt der Erwachsenen enden, denn sie stellt eine Grundlage für alle Lebensphasen, Lebenslagen und alle Altersgruppen dar.

Ein inklusiver Ansatz differenziert nicht mehr »exklusiv« zwischen Menschen mit besonderen (Förder-)Bedarfen und solchen »ohne«, d. h. mit unauffälligen Entwicklungsverläufen. Konsequent gelebte Inklusion würde bedeuten, diese Fragen gar nicht mehr zu formulieren, sondern alle potenziell notwendigen Angebote grundsätzlich bereitzuhalten. Inklusion beinhaltet auch den gleichen Zugang zu allen Bildungsangeboten, unabhängig von finanziellen Rahmenbedingungen. Die Kosten für ein bestimmtes Bildungsangebot dürfen an sich nicht eine Filterfunktion übernehmen und über diese Hürde zu Exklusion führen.

Inklusion steht für eine offene Einladung und heißt, Wahlmöglichkeiten zu schaffen. Metaphorisch gesprochen bedeutet es, dass sich nicht mehr automatisch eine Schublade bei bestimmten Kriterien öffnet, sondern Türen und Wege vorhanden sind, die allen offenstehen, einladend gestaltet sind und neugierig machen. Inklusion würde somit die Forderung mit sich bringen, den Behinderungsbegriff aus dem Sprachschatz zu entfernen und durch »besondere oder zusätzliche Bedürfnisse« zu ersetzen – ein Vorgang, der international schon in einigen Ländern umgesetzt oder zumindest angestrebt wird.

> Inklusion bedeutet Umdenken und impliziert eine bestimmte Grundhaltung. Inklusiv denken heißt, alle Beteiligten einzuladen, eine gemeinsame Sprache zu sprechen.

Inklusion unter systemisch-ressourcenorientiertem Blick
Im systemischen Verständnis wird die Familie selbst als ein »System« aufgefasst, in dem die einzelnen Mitglieder Subsysteme bilden und jedes Familienmitglied zum Gleichgewicht oder zur Störung des Systems beiträgt. Das familiäre System ist darüber hinaus ebenso Teil eines übergeordneten sozialen Systems. Soziale Netzwerke wiederum haben einen direkten Einfluss auf das System »Eltern« und das System »Kinder«; sie beherrschen die Paarbeziehung ebenso wie das Erziehungsverhalten von Vätern und Müttern, können auf die Familienstruktur oder die Persönlichkeit von Familienmitgliedern, ihr Freizeitverhalten oder ihre Arbeitssituation und somit auch auf die kindliche Entwicklung im Kontext von Risiko- und Schutzfaktoren einwirken – und umgekehrt.

Bardmann (2011) betrachtet Inklusion und Integration systemtheoretisch unter den speziellen Aspekten der Kommunikation und der funktionsorientierten strukturellen Bedingungen. Soziale und pädagogische Berufsgruppen müssten zukünftig in besonderem Maße »in Netzwerken der Kommunikation operieren«, um sich für die Anliegen Einzelner einsetzen zu können.

Aus systemischer Sicht bringen auch jedes Kind und jede Familie bereits bei Aufnahme in die Kindertageseinrichtung ihr eigenes Netzwerk mit, dessen Potenzial man nicht *nicht* nutzen kann. Das familiäre Umfeld, der Sozialraum mit nachbarschaftlichen Strukturen, Freunden und Bekannten sowie die bisherigen Erfahrungswerte erschließen sich mit der Aufnahme in die Kita – unabhängig davon, ob diese Ressourcen auch angefragt werden. Wie dieses Potenzial allerdings insgesamt genutzt wird, kann sich sehr unterschiedlich gestalten. Haug (2011) betont:

> *»Wenn Inklusion auf eine qualitativ gute Weise praktiziert wird, schafft dies eine Gegenseitigkeit zwischen den Akteuren, bei der die Kinder Ressourcen füreinander sein werden. Dies repräsentiert ein pädagogisches Element, das nicht ersetzt werden kann.«*

In der Zusammenarbeit zwischen Eltern und Einrichtungen erfolgt Ressourcenorientierung und -mobilisierung über Partizipation – sowohl auf der individuellen Ebene als auch gemeinschaftlich betrachtet.

Im Blickpunkt: Das Kind und seine Familie
Kindheit in Deutschland ist vom gesellschaftlichen und demografischen Wandel geprägt. Veränderte Familienstrukturen, moderne Medien und gestiegene Leistungsanforderungen im Schul- und Berufsleben stellen insbesondere Familien vor große Herausforderungen im Alltag. Im Spannungsfeld zwischen Mangel und Überfluss leiden einzelne Kinder unter überhöhten elterlichen Erwartungshaltungen, während sich andere von der gesamtgesellschaftlichen Entwicklung abgehängt erleben. Der zunehmende Anstieg dauerhafter Gesundheitsprobleme mit unterschiedlichen psychosozialen Faktoren bereits im Kindesalter, den sogenannten »neuen« Kinderkrankheiten wie Essstörungen, komplexe Lern- und Verhaltensprobleme oder chronische Schmerzen, erfordert Ansätze, die die inneren und äußeren Lebenswelten von Kindern und Eltern stabilisieren und familienorientierte Modelle der Versorgung vorhalten (Thyen 2009).

Je nach Lernausgangslage und Entwicklungsstand eines Mädchens oder Jungen kann der Blick auf seine besonderen oder zusätzlichen körperlichen und psychischen Bedürfnisse gerichtet werden, die wiederum bestimmte Fähigkeiten mitbringen, anstatt grundlegend die Behinderung zu sehen. Persönliche und Umfeldbedingungen definieren Risiken und Chancen, während schließlich die vielfältigen Möglichkeiten einer individuellen und ressourcenorientierten Förderung im Mittelpunkt dieser komplexen Betrachtungsweise stehen.

Mütter und Väter sind grundsätzlich am Wohlergehen ihrer Kinder und deren gesunder Entwicklung interessiert, dennoch sehen sich Eltern aufgrund unterschiedlicher Bedingungen nicht immer in der Lage, diesem Anspruch auch gerecht zu werden.

Eine Erziehungspartnerschaft auf Augenhöhe, bei der Eltern in ihrer individuellen Rolle und Lebenssituation ernst genommen werden, in der Mündigkeit im Sinne konkreter Mitsprache erlebt wird, fördert das aktive Dabeisein, gegenseitige Wertschätzung und regelmäßigen Austausch. Anregung zu Partizipation wie auch die Anleitung zu stärkerem Selbstbewusstsein und eigenständigem Handeln nicht nur auf der Ebene der Kinder, sondern auch auf der

der Väter und Mütter kann in Familien sowohl präventiv als auch unterstützend wirken und dabei helfen, besonderen Lebenslagen anders zu begegnen.

Unter dem Early-Excellence-Ansatz zum Beispiel verwandeln sich Kindertageseinrichtungen noch stärker in Treffpunkte für Familien (Hebenstreit-Müller / Lepenies 2007). Nach dem Konzept von Early-Excellence-Centren (EEC) ist jedes Kind einzigartig, seine Eltern haben als Experten für ihr Kind einen besonderen Stellenwert in diesem Setting. Der Aufbau von Familienzentren beinhaltet die Chance, den besonderen Bedarfen von Eltern und Kindern noch mehr gerecht zu werden, Beratung und Begleitung anzubieten sowie über einen ganzheitlich orientierten Ansatz rechtzeitig mögliche Hemmschwellen zu senken und Kontakte anzubahnen.

Im Blickpunkt: Das Team und der Sozialraum
Damit Einrichtungen für alle Kunden passend aufgestellt sind, müssen sie sich so verändern, dass sie allen Anliegen und Besonderheiten uneingeschränkt begegnen können. Um jedes Mädchen und jeden Jungen in seiner jeweils individuellen Situation vom frühen Kindesalter an bestmöglich in Bildung und Entwicklung begleiten zu können, ist eine Vielfalt an Kompetenzen erforderlich.
    Dabei spielen neben der Gesamtkompetenz der MitarbeiterInnen einer Einrichtung auch die Fähigkeiten der einzelnen Teammitglieder eine Rolle. Damit sind die Art der Kommunikation, die Wertschätzung, Begeisterungsfähigkeit und Motivation, Offenheit, das Schaffen von Transparenz bis hin zur Flexibilität gemeint. Im Austausch mit anderen Fachgruppen, im Dialog mit der Familie und dem Sozialraum kann insbesondere Interdisziplinarität die Kompetenzentwicklung und Professionalität weiter fördern.

Mirbach und Kollegen (2007) beschreiben, dass die Beratung einer Kindertageseinrichtung durch einen Fachdienst der Frühförderung in der Regel zur Reduktion von Problemen der Kinder und zur Erweiterung von Kompetenzen sowohl auf Seite der pädagogischen Teams als auch der Eltern führt. Die Zusammenarbeit fördert die inhaltliche Auseinandersetzung mit den Problemen des Kindes wie auch die Fachlichkeit, unterstützt und entlastet ErzieherInnen, kann offene Fragen klären und die Eltern zu veränderten Sichtweisen einladen.

Ein weiterer wesentlicher Aspekt ist die regelmäßige Reflexion des inklusiven Prozesses – auf institutioneller Ebene im Hinblick auf seine Strukturmerkmale und Leitkultur, auf der Ebene der einzelnen Teammitglieder im Hinblick auf die eigene Biografie und individuelle Haltung. Die Beteiligung von Eltern und Kindern ist über reflektierende Gruppensettings möglich.

Interdisziplinarität und Transdisziplinarität im Kontext frühkindlicher Bildung
Interdisziplinäre Zusammenarbeit beinhaltet das Einbeziehen anderer Professionen und deren Fachmeinung sowie, je nach Bedarf, die gemeinsame Fallberatung. Transdisziplinäre Modelle frühkindlicher Interventionen charakterisiert darüber hinaus die Verantwortlichkeit einer bestimmten Person als Koordinator für die Kooperation aller Beteiligten und als primärer Ansprechpartner für die Eltern (King et al. 2009). Das frühkindliche Arbeitsfeld und die Tätigkeit im klassischen ErzieherInnenberuf, der hier stellvertretend für die verschiedenen Ausbildungen herangezogen wurde, erfordern bereits seit langem und neuerdings verstärkt Kompetenzen aus verschiedenen Fachrichtungen. Mit dem Pisa-Schock und dem veränderten Blick auf die Bildungschancen im frühen Kindesalter sind regelmäßig weitere Ansprüche formuliert worden, die sich von der Psychomotorik und Bewegung über Gesundheitsbildung und Sprachanregung bis hin zu Kreativität und naturwissenschaftlichem Lernen erstrecken. Dabei haben sich die Nachfragen nach Elternberatung und dem Umgang mit verhaltens- und entwicklungsauffälligen Kindern verstärkt, Beobachtung und Dokumentation haben ebenso wie die Gestaltung von Übergängen neue Bedeutung erlangt. Diese Aufzählung ließe sich problemlos weiter fortsetzen …

Pädagogische Fachkräfte werden in ihrem Alltag mit zunehmend komplexeren Anliegen konfrontiert, können jedoch nicht für alles zuständig sein. Um allen derzeitigen und zukünftigen Anforderungen gerecht werden zu können, benötigen sie neben erziehungswissenschaftlichen Inhalten zunehmend Wissen aus der Psychologie, der Medizin sowie aus der Sprach-, Kultur- und Sozialwissenschaft.

Benötigen pädagogische Fachkräfte somit grundsätzlich multiprofessionelle Kompetenzen oder genügt es, sie in die Lage zu versetzen, sich bestmöglich mit den anderen Disziplinen auszutauschen, Schnittmengen und Grenzen zu definieren und sich zu vernetzen? Kommunikationsfähigkeit als

Schlüsselkompetenz – als wesentlicher Anteil auch in der Aus- und Weiterbildung? Gehört es nicht auch zur Inklusion, Kinder und ihre Systeme in die Lage zu versetzen, selbst Lösungen zu finden? Inklusion versteht sich so nicht als einseitiges Angebot, sondern als gemeinsames Anliegen.

Ressourcen verschiedener Disziplinen, Beteiligter und Kompetenzen zu nutzen beinhaltet auch die Fähigkeit, andere zu Lösungen zu motivieren, ohne selbst welche finden zu müssen, im Bedarfsfall aber auch Vorschläge anbieten zu können.

> Inter- bzw. Transdisziplinarität sowie Multiprofessionalität stellen im frühpädagogischen Handlungsfeld eine sinnvolle Arbeitsgrundlage dar – nicht nur innerhalb der Einrichtung oder des Teams, sondern auch außerhalb durch Vernetzung. Wesentliche Erfolgskriterien sind dabei Kommunikation, Koordination, Transparenz und Teambildung sowie die regelmäßige Reflexion und Supervision, die über Leitbilder, Konzepte und Verträge in einen festen Rahmen eingebettet sind.

Vernetzung im Kontext frühkindlicher Bildung
In ihrer 2007 aktualisierten Fassung der Empfehlung schreibt die Bundesvereinigung Lebenshilfe unter dem Stichwort »Kooperation mit anderen Diensten und Einrichtungen«:

> »Eine Vernetzung aller an der Förderung des Kindes beteiligten Institutionen und Dienste in Form wechselseitiger Information und Abstimmung der Maßnahmen trägt wesentlich zu einer am individuellen Bedarf orientierten erfolgreichen Begleitung des Kindes und seiner Familie bei.«

Unter der Vernetzung aller Beteiligten wird in der Regel das professionelle Team verstanden. Eine Vernetzung im systemischen Sinne bedeutet, dass auch das Kind mit seiner Familie Teil dieses Netzwerkes ist.

Haug (2011) sieht eine besondere Herausforderung darin, Systeme so aufzustellen, dass sie in bestmöglicher Weise für alle Beteiligten funktionieren. Für die Vernetzung im Elementarbereich gelten dabei verschiedene Kriterien, die sich über die sozialräumliche Orientierung bis zur vertraglichen Kooperation erstrecken (Jung 2011). Dabei kann der Vernetzungsgedanke auf mehreren Ebenen verortet werden, Begrifflichkeiten wie Zusammenarbeit/ Kooperation und Vernetzung werden zum Teil synonym gebraucht.

Grundsätzlich hat jede Kindertageseinrichtung bereits ein existierendes Netzwerk. Tagesstätten für Kinder sind innerhalb ihres Netzwerkes jedoch aufgefordert, die Vernetzung »… bewusster, systematischer und zielorientierter …« (Jung 2011) umzusetzen. Als eines der wesentlichsten Ziele von Vernetzung im frühkindlichen Bereich wird hier die Sicherstellung des Wohls der Kinder und ihrer Familien hervorgehoben. Darüber hinaus kann über Vernetzung zum einen an einer »Optimierung des Gesamtunterstützungssystems für Familien« mitgewirkt werden; zum anderen kann Vernetzung helfen, die Grenzen der jeweiligen Möglichkeiten eines Teams oder einer Einrichtung zu erkennen.

Im Rahmen eines Modellprojektes in Nordrhein-Westfalen sind Frühförderung und Tageseinrichtungen für Kinder als interdisziplinäre und gleichberechtigte Kooperationspartner miteinander vernetzt (Scholz-Thiel 2010). In diesem Ansatz werden die Bildungsprozesse behinderter oder von Behinderung bedrohter Kinder durch Fachkräfte aus der pädagogischen Frühförderung unterstützt. Ein besonderer Schwerpunkt liegt auf dem Übergang in die institutionelle Betreuung und auf dem Wechsel in eine Gruppe.

Auch Solzbach und Kollegen (2011) betonen die Bedeutung der Zusammenarbeit mit der Frühförderung und plädieren für einen noch intensiveren Dialog zwischen sozial-pädagogischen und therapeutischen Fachkräften. Eine ständige oder zumindest in regelmäßigen Abständen verankerte Mitarbeit von TherapeutInnen im Alltag pädagogischer Einrichtungen trägt dazu bei, die Perspektiven aller Beteiligten zu erweitern. Insbesondere Maßnahmen der Frühen Hilfen können in Verbindung mit der Frühförderung und mit Kindertageseinrichtungen entscheidend mithelfen, dass potenzielle Risiken früh erkannt und minimiert werden. Dabei gilt es im Hinblick auf die Individualität eines jeden Kindes sowie seines Strebens nach Selbstkompetenz und Autonomie alle es umgebenden Lebenswelten so zu gestalten, dass ein gelingendes, seelisch und körperlich gesundes Aufwachsen möglich wird. Denn inklusive Pädagogik ist auch gleichermaßen präventiv und unterstützt frühzeitig gesundheitsfördernde Maßnahmen.

Ansätze für die Praxis
Inklusion wird erst durch Vernetzung und Interdisziplinarität überhaupt möglich gemacht. Vernetzung ist somit eine Voraussetzung für Inklusion und Inklusion eine Grundlage für Vernetzung.

Inklusion konsequent in die Praxis umgesetzt bedeutet eine völlige Neuordnung der sozialrechtlichen Grundlagen/Rahmenbedingungen, die bisher noch – je nach Art der Beeinträchtigung – unterschiedliche Zuständigkeiten vorhalten. Während auf der einen Seite das klassische »Drei-Säulen-Modell« aus Jugendhilfe, Sozialhilfe und Gesundheitssystem (Krankenversicherung) beim Arbeitsauftrag »Inklusion« in der bisherigen Form auf Dauer nicht weiter existieren kann, sind in der täglichen Praxis schon jetzt neue Konzepte für die entwicklungsgerechte Begleitung und Beteiligung aller Kinder und Jugendlichen gefragt.

Frühförderstellen haben regional erste interdisziplinäre Erfahrungen gesammelt, spezielle Fachdienste für die Beratung und Begleitung von Kindertagesstätten anzubieten. In Bayern wurden die MitarbeiterInnen solcher Fachdienste von knapp 22 Prozent des Kindergarten-Fachpersonals aus den entsprechenden Regionen kontaktiert, in fast 60 Prozent erfolgten die Aufträge direkt von den ErzieherInnen (Mirbach et al. 2007).

Die Anliegen der pädagogischen Fachkräfte konzentrierten sich auf bestimmte Kinder, die in gut einem Drittel der Fälle mit Lern- und Leistungsproblemen im Bereich Sprache/Motorik oder Unruhe aufgefallen waren, zu einem Viertel mit Verhaltensauffälligkeiten wie emotionalen Störungen oder Aggressivität sowie in jeweils circa 15 Prozent mit Auffälligkeiten in der Entwicklung oder Problemen in den Familien.

Persönliche Entwicklungsgespräche sind nicht nur für Kinder und ihre Eltern denkbar, sondern auch für die Mitglieder eines Teams oder sonstige pädagogisch-therapeutische Fachkräfte. Gemeinsame Teamentwicklungstage wie auch vielfältige Eltern-Kind-Aktivitäten, offene Gruppen und weitere Ansätze für ein aktives und gleichberechtigtes Miteinander runden den inklusiven Ansatz ab.
In der Alltagspraxis gilt es vorwiegend, die Schwelle in Richtung der verschiedenen Unterstützungsangebote zu senken, um frühzeitig alle Beteiligten gemeinsam auf den Weg zu bringen. Interdisziplinäre Teams können

zusammen mehr bewirken, Elterngespräche oder Hausbesuche bereichern und im Dialog direkt Lösungen reflektieren.

Familienzentren nach dem Early-Excellence-Modell können als möglicher Ansprechpartner eine umfassende Kontaktfläche bieten, Beratung leisten und ein institutionelles Umfeld schaffen, in dem notwendige Hilfen verankert werden.

Familienhebammen oder Familienpaten können Mütter und Väter mit sehr jungen Kindern zum Beispiel auf der Suche nach passenden Bildungs-, Betreuungs- und Unterstützungsangeboten begleiten, ausreichend Information bereitstellen, sie können helfen, Beziehungen zu knüpfen und auf diese Weise für mehr Teilhabe an der Gemeinschaft sowie bessere Bedingungen für gelingendes Leben sorgen.

> *Eine junge alleinerziehende Mutter findet in der Kinderkrippe in der Nähe ihrer Wohnung ideale Öffnungszeiten für die Betreuung ihres kleinen Sohnes vor. Diese Bedingungen ermöglichen es ihr, den Schulabschluss nachzuholen und Kontakt zu anderen Eltern und Familien aufzubauen. Marco, knapp zwei Jahre alt und nach komplikationsreicher Schwangerschaft einige Wochen zu früh geboren, profitiert von der anregenden Umgebung und einem strukturierten Alltag mit Gleichaltrigen und festen Bezugspersonen. Eine »Frühchen«-Selbsthilfegruppe trifft sich einmal monatlich in den Räumen der Krippe, dort findet Marcos Mutter Gelegenheit zum Erfahrungsaustausch, erhält Tipps und kann ihre Sorgen und gesundheitlichen Fragen mit anderen Müttern und Vätern diskutieren. Als sie ein weiteres Kind erwartet, nutzt sie die über die Einrichtung entstandenen Verbindungen, um bereits in der Schwangerschaft an einer speziellen Vorbereitungsgruppe teilzunehmen und noch besser über ihre Rechte und finanziellen Möglichkeiten informiert zu sein.*

Von der Teilhabe zu Beteiligung und Empowerment – Inklusion heißt in diesem Zusammenhang, von vornherein einen Rahmen zu gestalten, der gelingendes Leben möglich macht. Dabei sollen sich alle Beteiligten eingeladen fühlen, sich »inkludieren zu lassen«, ihre individuellen Stärken kennenzulernen und Ressourcen optimal zu nutzen. Weder Gleichheit noch Verschiedenheit stehen hier im Vordergrund, sondern die persönlichen Bedarfe und Fähigkeiten genauso wie die gemeinschaftlichen Werte und Ziele.

Über Vernetzung und interdisziplinäre Kompetenz lassen sich optimale Bedingungen schaffen, um jeden einzelnen Menschen da abzuholen, wo er steht, und ihn nach seinen individuellen Fähigkeiten und Wünschen mit einzubeziehen. Inwieweit jeder Einzelne als Person oder als Familie entscheidet, sich aktiv zu beteiligen und gegebenenfalls von einem Angebot zu profitieren, ist zunächst jedem selbst überlassen.

Ohne Vernetzung und Interdisziplinarität auch keine Inklusion
Die Verschiedenheit von Entwicklungsverläufen, Leistungsvermögen und Lernausgangslagen verlangt ein Umdenken, damit zukünftig individuelle und gemeinsame Bildungsprozesse besser aufeinander abgestimmt und zum Wohle aller Beteiligten umgesetzt werden können. Inklusion ist kein einfaches Anliegen, sondern ein grundlegendes und komplexes Vorhaben. Gelingen kann es dann, wenn Familien mit entwicklungsbesonderen Kindern das professionelle Umfeld gleichermaßen »inkludieren«. Nur diese Gegenseitigkeit schafft die notwendigen Voraussetzungen, um eine inklusive Pädagogik erfolgreich umsetzen zu können. Weiter ist ein gesamtgesellschaftliches Umdenken gefragt; nur ein Paradigmenwechsel kann eine umfassende Neustrukturierung über die frühe Kindheit hinaus in die Schule, Freizeit und das Arbeitsleben bewirken.

Ohne Vernetzung und Interdisziplinarität auch keine Inklusion. Inklusive Bildungs- und Betreuungseinrichtungen müssen wesentliche Kriterien erfüllen, sich eine Haltung zugrunde legen und reflexiver Methoden bedienen sowie vielfältige Kompetenzen bereithalten, unter anderem Feinfühligkeit, Beobachtungs- und Wahrnehmungsfähigkeit, interkulturelle Sensibilität. Inklusiv tätige Teams sind multiprofessionelle Teams, die in ihrem Arbeitsfeld und pädagogisch-therapeutischen Alltag transdisziplinäre Praxis leben.

> Vom frühesten Säuglingsalter an, oder idealerweise schon vorgeburtlich, optimale Bedingungen für alle Mädchen und Jungen bereitzustellen und somit einen gerechten Zugang zu frühkindlicher Bildung und Betreuung für jeden Menschen zu gestalten, kann als eine wesentliche gesellschaftliche Aufgabe definiert werden – als eine Aufgabe, die heute wichtiger erscheint denn je.

Literatur

Bardmann, T. M. (2011): Integration und Inklusion – systemtheoretisch buchstabiert: Neue Herausforderungen für die soziale und pädagogische Arbeit. In: M. Kreuzer / B. Ytterhus (Hrsg.): Dabeisein ist nicht alles. Inklusion und Zusammenleben im Kindergarten. 2. Aufl. München: Ernst Reinhardt.

Booth, T. / Ainscow, M. / Kingston, D. (2010): Index für Inklusion. Spiel, Lernen und Partizipation in der inklusiven Kindertageseinrichtung entwickeln. Frankfurt/M.: Gewerkschaft Erziehung und Wissenschaft.

Bundesvereinigung Lebenshilfe für Menschen mit geistiger Behinderung e.V. (Hrsg.) (2007): Gemeinsam Leben und Lernen in Kindertagesstätten. Marburg.

Haug, P. (2011): Inklusion als Herausforderung der Politik im internationalen Kontext. In: M. Kreuzer / B. Ytterhus (Hrsg.): Dabeisein ist nicht alles. Inklusion und Zusammenleben im Kindergarten. 2. Aufl. München: Ernst Reinhardt.

Hebenstreit-Müller, S. / Lepenies, A. (Hrsg.) (2007): Early Excellence: Der positive Blick auf Kinder, Eltern und Erzieherinnen. Neue Studie zu einem Erfolgsmodell. Berlin: Dohrmann.

Jung, E. (2007): Vernetzung im Elementarbereich. Vortrag am 05.01.2011 an der Hochschule Emden/Leer (Unveröffentlichtes Manuskript).

King, G. / Strachan, D. / Tucker, M. / Duwyn, B. / Desserud, S. / Shillington, M. (2009): The Application of a Transdisciplinary Model for Early Intervention Services. In: Infants and Young Children, 22, pp. 211-223.

Klein, G. (2011): Brücken zwischen Frühförderung und Frühe Hilfen. In: Frühförderung interdisziplinär, 30, S. 73-81.

Mirbach, B. / Thurmair, M. / Vahle, M. (2007): Fachdienste von Frühförderstellen für Kindertagesstätten. Systementwicklung und aktueller Stand. In: Frühförderung interdisziplinär, 26, S. 15-22.

Scheidt-Nave, C. / Ellert, U. / Thyen, U. / Schlaud, M. (2007): Prävalenz und Charakteristika von Kindern und Jugendlichen mit speziellem Versorgungsbedarf im Kinder- und Jugendgesundheitssurvey (KiGGS) in Deutschland. In: Bundesgesundheitsbl. Gesundheitsschutz, 50, S. 750-756.

Scholz-Thiel, U. (2010): Pädagogische Frühförderung mit Kindern in Tageseinrichtungen. In: C. Leyendecker (Hrsg.): Gefährdete Kindheit. Risiken früh erkennen, Ressourcen früh fördern. Stuttgart: Kohlhammer.

Solzbach, R. / Strätz, R. / Weber, K. (2011): Inklusion – selbstverständlich auch bei Kindern unter drei Jahren. In: TPS 1, S. 20-22.

Thyen, U. (2009a): Soziale Benachteiligung und Armut. In: H. G. Schlack / U. Thyen /R. von Kries (Hrsg.): Sozialpädiatrie. Gesundheitswissenschaft und pädiatrischer Alltag. Heidelberg: Springer.

Thyen, U. (2009b): Vom biomedizinischen zum biopsychosozialen Verständnis von Krankheit und Gesundheit. In: H. G. Schlack / U. Thyen / R. von Kries (Hrsg.): Sozialpädiatrie. Gesundheitswissenschaft und pädiatrischer Alltag. Heidelberg: Springer.

Zahlenspiegel 2007. Deutsches Jugendinstitut: Lange, J. / Riedel, B. / Fuchs-Rechlin, K. / Schilling, M. / Leu H. R.: Kindertagesbetreuung im Spiegel der Statistik. München: DJI.

Pädagogik – Therapie: *WAS* ist *WAS* aus der Perspektive des Kindes?

Jürgen Kühl

PÄDAGOGISCHE UND THERAPEUTISCHE Vorgehensweisen, die für einen Säugling oder ein Kleinkind in einer Einzelsituation oder im Rahmen einer Kindergruppe interdisziplinär geplant werden, sind als Planung zunächst einmal abstrakt. Aber in ihrer Durchführung werden sie gelebt – von Kindern, Familien und Professionellen, die miteinander, jeder auf seine eigene Weise, kommunizieren und kooperieren. Folglich gewinnen diese pädagogischen und therapeutischen Pläne Bedeutung in der Art ihrer Gestaltung, auf die sich das Kind mit seinen ihm zur Verfügung stehenden Möglichkeiten bezieht. Aber kann ein junges Kind schon zwischen Pädagogik und Therapie differenzieren?

Um diese Zusammenhänge einordnen zu können, müssen zwei grundlegende Bereiche genauer betrachtet werden: Das sind zunächst die Bedingungen kindlicher Entwicklung, die direkt auf das Kind bezogen sind, und dann die Bedingungen, die zwischen einem Kind und seinen Mitmenschen bedeutsam sind.

Entwicklungsbedingungen – gebunden an das Kind

Wir wissen, dass ein Baby das »Potenzial« mitbringt, spielen, sprechen und laufen und noch viel mehr zu lernen. Aber wie macht es das? – Frühere Vorstellungen von kindlicher Entwicklung sahen ein Baby vorwiegend als passives Wesen an, das auf Umwelteinflüsse *re-agiert*. Daraus folgerte man, dass seine Entwicklung durch äußere Reize – also auch durch therapeutische oder heilpädagogische Vorgehensweisen – gelenkt und ausgerichtet, das Kind quasi »geweckt« werden könne.

Demgegenüber gehen wir heute davon aus, dass das Kind vorwiegend *agiert*, d. h. von sich aus aktiv wird und seine Beziehung zur Mitwelt sucht, sie steuert, aufrechterhält oder auch abbricht – jeweils mit den Mitteln, die ihm dafür zur Verfügung stehen.

Das grundlegende Potenzial ist die für alle Menschen charakteristische »gemeinsame genetische Grundausstattung«, und die ist wiederum in ihrer individuellen Ausprägung sehr unterschiedlich. Verallgemeinernd gesagt, verbirgt sich hinter dieser genetischen Grundlage das, was man in übertragenem Sinn als »phylogenetisch erworbenes Wissen« bezeichnen kann. Das sind die spezifisch menschlichen Fähigkeiten, die im Laufe der Evolution im Gegensatz zu anderen Lebewesen dieser Welt angelegt wurden. Entscheidend ist, dass das Gehirn bei der Entfaltung dieses »Wissens« die Initiative hat und sich die jeweils benötigte Information selbst sucht. Die aktiven Äußerungen, die Tätigkeiten eines sich entwickelnden Organismus – d.h. auch schon des Embryo und des Fetus – können als »Fragen« interpretiert werden, die das Gehirn an seine Umwelt stellt. Entscheidend ist dann, ob und wie die gefundene »Antwort« in das komplexe System unseres Gehirns integriert wird. Das Nervensystem erlaubt diesen Aktivitäten nur dann, Verschaltungen zu verändern und danach zu speichern, wenn sie in einem weiteren Kontext als angemessen identifiziert wurden. Insoweit ist Entwicklung von außen nicht steuerbar, sondern folgt internen, *autonomen Organisationsprozessen* (vgl. Singer 2000, S. 78ff.).

> Die **Eigenaktivität** ist das zentrale Merkmal, das bei der Analyse der an das Kind gebundenen Entwicklungsbedingungen im Vordergrund steht. Sie ist die Grundvoraussetzung für die Entwicklung von Selbstwirksamkeit. In welcher Weise, wann und unter welchen Bedingungen das Kind welche Aktivität entfaltet, ist der entscheidende Fokus der Beobachtung. Dabei ist das Zustandekommen eines **Dialogs**, d.h. die Qualität des Austauschs mit der Umwelt, mit den Personen und den materiellen Gegebenheiten, die lebenswichtige Grundvoraussetzung für die Entwicklung und leitet über zum zweiten Beobachtungsbereich.

Bedingungen – gebunden an das Kind und seine Bezugspersonen

Schon das neugeborene Kind bringt für einen Dialog eine neurobiologisch angelegte Bereitschaft zu spontanen Imitationen mit, auf deren Grundlage sich die Beziehung zwischen dem Baby und seinen Bezugspersonen entwickelt. Man weiß seit langem, dass es Nervenzellen im vorderen Hirnbereich gibt, die bestimmte Handlungen steuern. Diese Nervenzellen, als *Spiegelneuronen* bezeichnet, werden auch dann aktiv, wenn Babys eine Handlung bei einer anderen Person beobachten, ohne sie selbst auszuführen. Man könnte sagen, ihr Gehirn »spiegelt« ihnen diesen Handlungsablauf virtuell und sie können sich auf diese Weise hineinversetzen (vgl. Bauer 2005, S. 18ff.).

Hierin liegt ein Schlüssel zum spontanen »einander Verstehen«. Das gelingt Müttern, Vätern und Geschwistern allermeist »spielend«, ohne dass sie sich darüber im Klaren sind (vgl. Papousek 2010, S. 30ff.). Nur durch seine auf die Mitwelt ausgerichtete autonome Aktivität aus einem inneren Drang heraus, kann das Kind Erfahrungen sammeln, sich darauf beziehen, daraus lernen und zunehmend eigenständiger werden. Die Qualität dieser Beziehungen zwischen dem Kind und allen Personen – eingeschlossen die professionellen Fachkräfte – ist von entscheidender Bedeutung für die Entwicklung. Durch die Deprivations- (vgl. Spitz 1973, S. 111ff.) und die Resilienzforschung (vgl. Kühl 2003, S. 51ff.) ist eindrücklich beschrieben, dass die Bindung an mindestens eine Bezugsperson eine Grundvoraussetzung für eine günstige Entwicklung ist. Der Bindung und der »gleichberechtigten« Qualität der Interaktion wird heute ein viel höherer Stellenwert zuerkannt als in den Anfängen der Frühförderung.

Um sich die Bedeutung des dialogischen Austauschs zu nähern, muss man sich vergegenwärtigen, dass alle Äußerungen eines heranwachsenden kleinen Menschen nach außen gerichtete Kontaktaufnahmen mit der Umwelt darstellen: Aktivität bedeutet eine präzise »Fragestellung« an die jeweilige Umwelt. Der Sinn besteht darin, diese spezifische Beziehung durch Differenzierung innerer Strukturen zu erweitern. Das geschieht auf der Seite des Kindes zunächst ausschließlich auf einer emotionalen Ebene, auf die sich die Bezugspersonen in der Regel spontan einlassen können. Und es geschieht vorwiegend dann, wenn zwischen zwei Personen ein Bereich existiert, in dem sie einen vergleichbaren Sinn entdecken, auch »konsensueller Bereich« genannt – emotional verbunden mit dem positiven Gefühl, einander »zu verstehen«. Dieses Interaktionsfeld stellt für ein kleines Kind seine Wirklichkeit im Sinne einer »Beziehungswirklichkeit« dar. Dabei stellen sich Netzwerke von Neuronen im Zentralnervensystem her, die als Gedächtnisbildung verankert werden. Einmal gefestigt, sind sie grundsätzlich im Sinne der Selbstregulation veränderungs- und erweiterungsfähig.

Ergebnisse der Hirnforschung bestätigen, dass beim Erkundungsverhalten des Kindes und der damit verbundenen Aktivität auf der Suche nach Nahrung, Wärme, Schutz und Kommunikation eine »Belohnung« von den beteiligten Hirnarealen angenommen, die kindliche Aktivität bestätigt wird. Die Bewegungsfreude wird anregt und mündet damit in einen positiv gefärbten Kreislauf. Solche Zustände werden intensiv erlebt und gefestigt.

Demgegenüber stehen Erlebnisse, die ein Kind nicht in seine Gefühlswelt einordnen kann. Der Organismus reagiert zunächst mit erhöhter Aufmerksamkeit und Unruhe; beim Fortdauern kann dies mit allen Anzeichen der Furcht wie Fluchtbewegungen, Vermeidungs- und Abwehrverhalten (Schreien) einhergehen. Biologisch kommt es zu Stressreaktionen, von denen bekannt ist, dass sie Lern- und Gedächtnisprozessen entgegenstehen. Diese Erfahrungen werden, wenn sie dramatisch sind oder immer wieder auftreten, gespeichert und dienen zur Vermeidung negativer Ereignisse als »Rückzugssystem« (vgl. Roth 2001, S. 265ff.).

Das macht verständlich, welch grundlegende Bedeutung die Beziehungen des Säuglings und des Kleinkindes zu seiner Mitwelt haben und wie wichtig ein positiv gestalteter Dialog mit zumindest einer Bezugsperson ist. Diesen Dialog anzuregen, zu ermöglichen und kontinuierlich zu begleiten, ist eine zentrale Aufgabe der Interdisziplinären Frühförderung in Familien und Kindertageseinrichtungen und zugleich eine Grundbedingung für deren Wirksamkeit.

Damit geraten für die inklusive Arbeit die emotionalen und intentionalen Ausdrucksformen des einzelnen Kindes und die darauf bezogene positive Zuwendung der Erwachsenen ins Zentrum der Beobachtung. Das wird in der Fachsprache als *Responsivität* bezeichnet. Diese wechselseitige Bezugnahme kann jedoch entgleisen. Schwierigkeiten können aus den kommunikativen Einschränkungen des Kindes oder aus unterschiedlichsten Problemsituationen der Bezugspersonen entstehen. Zu bedenken ist dabei immer, dass das Kind sich in diesem dialogischen Austausch Entwicklungsbedingungen gegenüber sieht, die es selbst in seinem Sinne nicht verändern kann. Hier besteht ein eindeutiges »Machtgefälle« zwischen der Situation der Bezugspersonen – auch der professionellen Fachkräfte – gegenüber dem einzelnen Kind. Das bedarf insbesondere bei therapeutischen und pädagogischen Vorgehensweisen der Berücksichtigung.

Es geht dabei um die Kernfrage, ob der Säugling oder das Kleinkind hinreichend Gelegenheit hat, seine Aktivität im dialogischen Austausch einzubringen und weiter zu entfalten. Da sich Beziehungen auf Seiten des Kindes auf der Gefühlsebene gestalten – umso ausschließlicher, je jünger das Kind ist –, sind sich alle Fachleute darin einig, dass hier ein Schlüssel für eine erfolgreiche Förderung liegt. Bezieht man sich als Fachmann oder Fachfrau darauf, so ist man viel besser in der Lage zu erkennen, ob Hindernisse in Kooperation und Kommunikation ausschließlich auf die Schädigung im Sinne der objektivierten Diagnose zurückzuführen und deswegen möglicherweise unüberwindbar sind, oder ob die »autonomen Vorschläge« des Kindes bei veränderten Bedingungen sehr wohl zu bedeutsamen Austauschprozessen führen können.

Eigenaktivität muss pädagogisch und therapeutisch ermöglicht werden! Entscheidend ist die Tatsache, dass damit Fachleute zunächst als Person mit ihren kommunikativen und kooperativen Fähigkeiten und erst danach in ihrer Fachlichkeit herausgefordert werden.

Konsequenzen für Pädagogik und Therapie

Diese Sichtweise steht durchaus in Widerspruch zu herkömmlicher Diagnostik sowie daraus abgeleiteter Pädagogik und Therapie. Aus dieser Perspektive wird ein Kind durch den jahrelang trainierten diagnostischen Blick der unterschiedlichen Experten zum Objekt gemacht. Indem ein Diagnostiker sich auf bestimmte Bilder oder Theorien als Hintergrund seiner Interpretationen bezieht, bleibt ihm die Interpretation derselben Situation durch das Kind selbst fremd.

Aus der Sichtweise der direkten unvoreingenommenen Interaktion werden jedoch zusätzlich andere und wertvolle Quellen im Spannungsfeld zwischen Objektivität und Subjektivität erschlossen.

Die Eingangsfrage, ob Kinder zwischen Therapie und Pädagogik unterscheiden, bedarf jetzt einer erneuten Zuordnung. Es ergibt sich zunächst einmal zwingend, dass ein Kind zu den äußeren Bedingungen, in denen es sich befindet, aktiv eine Beziehung herstellt, herstellen muss. Dabei ist es nachrangig, ob diese Bedingungen pädagogisch oder therapeutisch, gemeinsam interdisziplinär oder gar nicht geplant sind. Die örtliche und materielle Situation selbst in Verbindung mit den beteiligten Menschen stellt diese zwingende Herausforderung für das Kind dar. Sie repräsentiert den »Möglichkeitsraum« der Entwicklung. Das Kind interpretiert diese Bedingungen aus der Perspektive seiner Erfahrungswelt, zu der es einen Bezug herstellt. Diese Erfahrungswelt ist immer eine Ganzheit, d.h. die dem Kind auf seinem Entwicklungsstand mögliche Interpretation der Situation ist untrennbar verbunden mit den zeitgleichen Emotionen. Wenn eine Situation für ein Kind aus seiner Perspektive bedeutsam ist, sich daraus die Motivation und die Möglichkeit zu aktivem Handeln ergeben, kann sich diese »Beziehungswirklichkeit« erweitern.

Für eine solche autonome Aktivität eines Kindes muss der notwendige Raum – im weitesten Wortsinn – zur Verfügung stehen. Wenn Planungen von therapeutischen oder pädagogischen Interventionen diese Grundbedingung nicht berücksichtigen, werden produktive Entwicklungsprozesse tendenziell behindert. Es kommt auf die spezifische »emotionale Färbung« der Interaktion an, ob sie für ein Kind mit Bedeutung besetzt ist und Offenheit nach vorn zulässt.

Aus dieser Tatsache ergibt sich die erste und wichtigste Konsequenz für die Vorgehensweisen von Pädagogik und Therapie: PädagogInnen und TherapeutInnen werden aus der Perspektive des Kindes als *unterschiedliche Partner* gesehen. Auch Kinder mit schwersten Schädigungen zeigen diese Unterscheidungsfähigkeit zwischen einzelnen Menschen deutlich. Das bedeutet, dass PädagogInnen und TherapeutInnen hier zunächst als Menschen, als einmalige Persönlichkeiten für das Kind bedeutsam sind, denen es seine Aufmerksamkeit und seine Zuneigung entgegenbringt, wenn die Beziehung wechselseitig gelingt. Diese menschliche Basis aller Pädagogik und Therapie wird eher als nachrangig betrachtet. Sie lässt sich nicht in eindeutiger Weise objektivieren und verschwindet in ihrer Bedeutung häufig hinter Theorien, Planungen, methodischem Vorgehen etc. – Vorgehensweisen, die ebenso wichtig sind, jedoch ihre volle Wirksamkeit erst in der Einheit der Beziehungsgestaltung erfahren.

In der Prozessqualität inklusiven pädagogischen und therapeutischen Handelns geht es um die gelingende Partizipation eines Kindes. In vielfältigem interaktivem Austausch muss die Aufmerksamkeit viel stärker darauf gerichtet werden, Ressourcen, d.h. die unterschiedlichen »protektiven Faktoren« zu identifizieren. Die Resilienzforschung hebt dabei die *Stabilität einer Bindung* als vorrangig heraus. Hier liegt die besondere Herausforderung der Professionalität in der Arbeit mit kleinen Kindern.

Als zweite Konsequenz ergibt sich, dass die Tätigkeit der Fachleute in Zusammenarbeit mit Kindern die eines *Mediators* zur jeweiligen Umwelt ist: PädagogInnen und TherapeutInnen müssen in der Lage sein, die individuellen Bedingungen eines Kindes generell und eines Kindes mit einer Beeinträchtigung seiner Entwicklung insbesondere, einschätzen und interpretieren zu können. Sie müssen ebenso in der Lage sein, die materiellen und personellen Bedingungen der Umwelt so zu analysieren, dass sie Bereiche erkennen und gestalten, in denen das Kind autonom und aktiv seine Beziehung zur Mitwelt herstellen, festigen und weiter entfalten kann. Hier benötigt das einzelne Kind, in Abhängigkeit von seinen individuellen Bedingungen, professionelle Unterstützung; hier ist das jeweilige fachliche Rüstzeug, das methodische Vorgehen – eingebettet in stabile Beziehungsstrukturen – gefragt.

> Ein kleines Kind kann unterschiedliches methodisches Vorgehen nicht unterscheiden. Aber es kann fühlen und durch sein Verhalten bewerten, indem es mit seiner Aufmerksamkeit, seinem Interesse, seiner Aktivität und seiner emotionale Beteiligung zeigt, dass eine Situation und damit eine konkrete Beziehung zu einer konkreten Person bedeutsam ist.

Literatur

Bauer, J. (2005): Warum ich fühle, was du fühlst. Intuitive Kommunikation und das Geheimnis der Spiegelneurone. Hamburg: Hoffmann und Campe, S. 18-56.

Kühl, J. (2003): Kann das Konzept der »Resilienz« die Handlungsperspektiven in der Frühförderung erweitern? In: Frühförderung interdisziplinär, 22. Jg., S. 51-60.

Papoušek, M. (2010): Psychobiologische Grundlagen der kindlichen Entwicklung im systemischen Kontext der frühen Eltern-Kind-Beziehung. In: Ch. Leyendecker (Hrsg.): Gefährdete Kindheit. Risiken früh erkennen, Ressourcen früh fördern. Stuttgart: Kohlhammer, S. 30-38.

Roth, G. (2001): Fühlen, Denken, Handeln. Wie das Gehirn unser Verhalten steuert. Frankfurt/M.: Suhrkamp, S. 265-318.

Singer, W. (2000): Was kann ein Mensch wann lernen. In: N. Kilius / J. Kluge / L. Reisch (Hrsg.): Die Zukunft der Bildung. Frankfurt/M.: Suhrkamp, S. 78-99.

Spitz, René (1973): Die Entstehung der ersten Objektbeziehungen. Stuttgart: Klett, S. 111-122.

Anschlussfähigkeit durch Inklusion? – Gemeinsames Lernen im Elementar- und Primarbereich

Anke König

IM MÄRZ 2009 WURDE IN Deutschland die UN-Behindertenrechtskonvention über die Rechte der Menschen mit Behinderungen verabschiedet. Mit diesem Abkommen verpflichten sich die UN-Staaten in Artikel 24 zu einer Bildung für alle. Damit sollen die Grenzen des Bildungssystems eingeebnet und auch behinderten Menschen ein ungehinderter Zugang zu unterschiedlichen Bildungszweigen ermöglicht werden. Mit der daran anschließenden im Juni 2009 verabschiedeten Resolution der Deutschen UNESCO-Kommission (DUK) »Frühkindliche Bildung inklusiv gestalten: Chancengleichheit und Qualität sichern« werden die UN-Bildungsziele erstmals im Speziellen auf den frühkindlichen Bildungsbereich (Sulzer/Wagner 2011) fokussiert.

Soziale Teilhabe und Zugehörigkeit stehen dabei im Mittelpunkt. Im Beschluss der Jugend- und Familienkonferenz sowie der Kultusministerkonferenz zum Zusammenwirken von Elementarbereich und Primarstufe wird dieser Aspekt aufgegriffen (JMK/KMK 2009). Dieser Beitrag betrachtet die Schnittstelle beider Bildungsstufen und reflektiert darüber, welcher Impuls durch den Gedanken der Inklusion in Bezug auf die Anschlussfähigkeit von Kindergarten und Grundschule für das gemeinsame Lernen aller Kinder gesetzt wird.

Der Hintergrund

Der Diskurs um eine inklusive Erziehung und Bildung wird in der Erziehungswissenschaft seit den 1990er Jahren geführt (Prengel 2010). Inklusionspädagogik knüpft an die Diskussionen um eine integrative Pädagogik an. Bemühungen um eine integrative Erziehung und Bildung von Kindern mit und ohne Behinderungen werden in Deutschland seit den 1970 Jahren durchzusetzen versucht. Konzepte zur integrativen bzw. inklusiven Erziehung und Bildung sind daher nicht trennscharf voneinander abzugrenzen, sondern eng miteinander verwoben. Inklusive Erziehung und Bildung setzt dabei allerdings stärker als die integrative Erziehung auf eine Auflösung bestehender Strukturen und richtet damit den Fokus vermehrt auf vorhandene

Barrieren des Bildungssystems. Diese werden insbesondere durch die Vielgliedrigkeit (Regel- und Förderschulwesen sowie unterschiedliche Schulstufen in der Sekundarstufe) beschrieben, welche zu einer Separation nach Alters- und Leistungsgruppen führt.

Dieser Ansatz beruht auf der Annahme, durch möglichst homogene Leistungsgruppen beste individuelle Lernbedingungen zu schaffen – eine Annahme, die jedoch bereits in den 1920er Jahren scharf kritisiert wurde (vgl. Eberwein 1999) und heute als weitgehend überholt gilt. Vor diesem Hintergrund erhebt die Behindertenrechtskonvention Inklusion und Heterogenität zu Leitbegriffen, um das Ziel einer sozialen Teilhabe in der Gesellschaft für alle zu verwirklichen.

Daten und Fakten
Im Elementarbereich liegt die Bildungsbeteiligung von Kindern mit (drohender) Behinderung bei 82.192 (Stand: März 2010, Ländermonitoring Frühkindliche Bildungssysteme). Davon besuchen 55.969 Kinder (68,1%) eine integrative Tageseinrichtung zusammen mit Kindern ohne Behinderungen, 12,7 Prozent der Kinder befinden sich in einer Sondereinrichtung. Die Zahl integrativer Einrichtungen hat sich von 1998 bis 2009 nahezu verdoppelt (Bildung in Deutschland 2010, S. 52).

Die Integrationsquoten weichen derzeit je nach Bundesland stark voneinander ab. So weisen zum Beispiel die Bundesländer Berlin, Brandenburg, Bremen und Sachsen-Anhalt die höchsten Integrationsquoten von rund einhundert Prozent auf. Dagegen liegt in Bayern, Baden-Württemberg und Niedersachsen der Anteil der Kinder, die in Sondereinrichtungen betreut werden, immer noch bei circa 50 Prozent.

Im Bericht für die Bertelsmann Stiftung weist Klemm (2010) auf die sehr geringen Förderquoten, d.h. die Zuschreibung eines sonderpädagogischen Förderbedarfs, im vorschulischen Bereich hin. So wird im Altersbereich der Null- bis Dreijährigen von einer Förderquote von 0,2 Prozent und bei den Drei- bis Sechsjährigen von 2,1 Prozent gesprochen. In der Schule liegen die Förderquoten bei 6 Prozent.

Im Grundschulbereich lag die Integrationsquote bei SchülerInnen mit festgestelltem sonderpädagogischen Förderbedarf (6% aller SchülerInnen) im Schuljahr 2008/09 bei 33,6 Prozent (Klemm 2010, S. 20). Diese Werte sind damit deutlich höher als in der Sekundarstufe (14,9%). Die Integrationsquoten im Primarbereich reichen von 12,8 Prozent in Hamburg bis zu 90,7 Prozent in Bremen. Die Spannweite ist damit im Vergleich zur Sekundarstufe enorm. In der Sekundarstufe liegt die Spannweite der Integrationsquoten zwischen 5,7 Prozent in Sachsen-Anhalt und 40,2 Prozent in Schleswig-Holstein.

Die Zunahme der Exklusion kommt in der höheren Förderquote an der Schwelle vom Elementar- zum Primarbereich zum Ausdruck. Die große Spannweite der Integrationsquoten im Elementar-, aber auch im Primarbereich zwischen den unterschiedlichen Bundesländern ist wiederum ein Hinweis darauf, dass eine inklusive Erziehung und Bildung sich derzeit im Aufbruch befindet. Fast die Hälfte aller SchülerInnen mit sonderpädagogischem Förderbedarf besucht derzeit Schulen mit dem Förderschwerpunkt Lernen.

Die Kategorie Förderschwerpunkt Lernen bzw. früher Lernbehinderung und Lernstörung gilt dabei als diffus (Heimlich 2007). Dem Förderschwerpunkt Lernen werden SchülerInnen zugewiesen, die leichtere und kurzfristige Formen von Lernschwierigkeiten aufweisen. Lernschwierigkeiten treten dabei in mehr als einem Unterrichtsfach auf und stehen in Bezug zu einer unterdurchschnittlichen Intelligenz. Zu fast 90 Prozent kommen Kinder, die dem Förderschwerpunkt Lernen zugewiesen wurden, aus sozio-ökonomisch schwachen bzw. auch aus sogenannten bildungsfernen Familien. Dieser Befund verschärfte die Diskussion um den Förderschwerpunkt Lernen.

Derzeit wird versucht, insbesondere durch eine differenzierte Förderdiagnostik die Schulleistungen der Kinder gezielt zu begleiten und zu unterstützen und so an einer Anschlussfähigkeit zu arbeiten, die den Kindern Regelschulabschlüsse ermöglicht. Des Weiteren gewinnt die »Kind-Umfeld-Diagnose« an Bedeutung, die nicht nur die individuellen, sondern auch die Ressourcen des sozialen Umfelds differenzierter als bisher erfasst. Dies soll es ermöglichen, das sozio-ökonomische Umfeld in die Förderarbeit einzubeziehen. Maßnahmen dieser Art lassen erste Tendenzen erkennen, Mechanismen des Bildungssystems zu hinterfragen und den Blick auch auf inklusive Prozesse zu richten. Die größten Inklusionsbemühungen in der Schule finden sich derzeit im Förderbereich »Emotionale und soziale Entwicklung« sowie »Sehen«, »Sprache« und »Hören«.

Bedingungen gemeinsamen Lernens
Mit dem Eintritt in die Schule halbiert sich die Integrationsquote im Bildungssystem nahezu. Zwar stellt sich die Grundschule als eine im Diskurs der Integration besonders offene Schulform dar, es zeigt sich aber, dass das gemeinsame Lernen der Kinder mit und ohne Behinderung hier durch Selektionsmechanismen erschwert wird. In der Sekundarstufe liegen die Inklusionsquoten noch niedriger als im Grundschulbereich. Diese Verläufe weisen darauf hin, dass die Selektionsmechanismen in engem Zusammenhang mit dem formalen Lernen und der sich in den Schulformen entwickelnden Methodisierung der Lehr-Lern-Prozesse stehen.

In der Elementarpädagogik steht die informelle Bildungsarbeit im Vordergrund. Hier wird vordringlich daran gearbeitet, Kindern eine anregungsreiche Lernumwelt durch das Freispiel zur Verfügung zu stellen. Peerinteraktionen und die Auseinandersetzung mit Themen, die eng an die Interessenbereiche der Kinder anknüpfen, bilden dafür die Basis. Anknüpfungspunkte an das formale Lernen hat die Elementarpädagogik in den letzten Jahren insbesondere durch die Einführung von Bildungs- bzw. Orientierungsplänen erhalten (JMK/KMK 2004). Hier wird anhand sogenannter Bildungsbereiche, die an die Fächerkultur der Schulen anknüpfen, ein tieferes Verständnis für die Entwicklung sogenannter Vorläuferkompetenzen bereitgestellt.

Im Rahmen der Bildungsdiskussion nach PISA bzw. der Frage, wie mehr Chancengerechtigkeit im Bildungssystem erwirkt werden kann, wurden die Sprachstandserfassung und Sprachförderung im Elementarbereich in den letzten Jahren als wesentlicher Teil der Bildungsarbeit eingeführt (Bildung in Deutschland 2010, S. 57). Neben dem Freispiel haben sich insbesondere spezielle Sprachförderprogramme etabliert, um die Lernprozesse der Kinder in diesem Bereich gezielt zu unterstützen. Studien zur Sprachförderung zeigen dabei hinsichtlich der Wirksamkeit dieser Programme jedoch relativ ernüchternde Befunde (Lisker 2011). In Bezug auf eine strukturiertere Bildungsarbeit werden in diesem Kontext in den letzten Jahren insbesondere integrative Bildungsansätze verfolgt, die sich an einem sozialkonstruktivistischen Bildungs- und Lernverständnis ausrichten und dem Dialog bzw. den Ko-Konstruktionsprozessen einen bedeutenden Stellenwert bei der bewussten Unterstützung von Bildungs- und Lernprozessen zuschreiben. Damit wird insbesondere am Aufbau einer expliziten Lernkultur bzw. auch Lerngemeinschaft gearbeitet, die sowohl im Freispiel als auch in speziellen Kleingruppen die Bildungsarbeit in der Elementarpädagogik intensiviert.

Die Studie von Kron zur »Förderung von Kindern mit Behinderung im Alter von drei Jahren bis zum Beginn der Schulpflicht« aus dem Jahr 2006 zeigt, dass in integrativen Kindergärten derzeit Kinder mit und ohne Behinderung gemeinsam an »Angeboten/Aktivitäten der Kindertageseinrichtung zum Übergang. Aspekte der Kommunikation und Kooperation von Kindertageseinrichtung und Schule« teilnehmen (vgl. Kron 2009, S. 222). Allerdings moniert die Studie die Informationspolitik der Schulen, die Eltern mit behinderten Kindern derzeit unzureichend über die Möglichkeiten eines integrativen Schulbesuchs aufklären. Demnach scheint es so, dass das gemeinsame Lernen durch die formalen Einflüsse nicht beeinflusst wurde. Als Herausforderung der Zukunft gilt es, diese Lernarrangements so weiterzuentwickeln, dass eine breite Öffnung in Bezug auf das gemeinsame Lernen aller Kinder bestehen bleibt und dennoch Lerngelegenheiten geschaffen werden, die explizit die Vorläuferkompetenzen der Kinder, und damit eine größere Nähe zum formalen Lernen der Schule, einbeziehen.

Die Grundschule gilt als die Schule für alle Kinder. In Bezug auf die im Vorfeld dargelegten Daten zeigt sich jedoch, dass das nur eingeschränkt zutrifft. Die Grundschule versteht sich als Ort »grundlegender Bildung« – eine Schlüsselposition nimmt dabei die Einführung in die Kulturtechniken ein (Schorch 2007). Die Grundschuldidaktik bezieht sich auf den Unterricht. Insbesondere der sogenannte Anfangsunterricht, die Didaktik des Sachunterrichts und die Didaktik des Schriftspracherwerbs bestimmen dabei die Lernarrangements. Grundschulunterricht wird als Gesamtunterricht gedacht, d.h., dass Lernen nicht nur in einzelnen Fächern organisiert, sondern fächerübergreifendes Lernen auch in offenen Unterrichtsformen gestaltet werden soll. Diese speziell für den Grundschulunterricht entworfenen Fächer und Lernbereiche sollen eine solide Basis für weiterführende Bildungsprozesse bieten. Ansatzpunkte für das Arbeiten mit seinem Fokus auf die zu erwerbenden Kulturtechniken bilden dabei sogenannte reformpädagogische Lernarrangements, die dem Kind eine große Offenheit beim Lernen gewähren. In den letzten Jahren wird auch das Arbeiten in der Grundschule vermehrt durch den allgemeinen Perspektivenwechsel in der Schulpädagogik beeinflusst. Hierbei geht es darum, Lernen stärker von der Output-Orientierung bzw. dem Aufbau von Kompetenzen zu denken und die Lernausgangslagen der Kinder stärker in das Handeln einzubeziehen. In diesem Zusammenhang hat sich auch die Arbeit in der Grundschule zunehmend an der pädagogischen Diagnostik ausgerichtet – mit dem Ziel, ebenso wie in der Elementarpädagogik durch »Beobachtung und Dokumentation« bzw. »Diagnose und Förderung« das pädagogische Handeln stärker zu professionalisieren und die Kinder durch adaptive bzw. individualisierte Lerngelegenheiten zu begleiten, herauszufordern und zu unterstützen.

Hinsichtlich der Anschlussfähigkeit von Elementar- und Primarbereich muss der Aspekt der »grundlegenden Bildung« neu gedacht werden. So hat sich im Rahmen der Bildungsdiskussion der letzten Jahre die Elementarpädagogik als wesentlicher Ort der frühen Bildung herauskristallisiert. Seit der Einführung des Rechtsanspruchs auf einen Kindergartenplatz im Jahr 1996 hat sich die Inanspruchnahme von 64 auf 90 Prozent bei Kindern im Alter von drei bis sechs Jahren erhöht. Heute besuchen 95 Prozent der Vier- bis Fünfjährigen eine elementarpädagogische Einrichtung (Bildung in Deutschland 2010, S. 49). Eine elementarpädagogische Grundbildung zählt demnach heute zur Normalbiografie. Im europäischen Kontext wird die frühkindliche Erziehung und Bildung als Fundament des Bildungssystems betrachtet (Europäische Kommission 2009). Diese Entwicklungen untermauern, was der Strukturplan des Deutschen Bildungsrates bereits im Jahr 1970 als Programm formuliert hat: die Wahrnehmung der Elementarpädagogik als erster Stufe des Bildungssystems. Damit kann Bildung als durchgängige Bildung von Anfang an gedacht werden.

Die Reform, die sich hier für das Bildungssystem abzeichnet, tritt umso deutlicher im historischen Diskurs zutage. Das allgemeine Bildungssystem hat sich über die höhere Bildung bzw. die Universitäten im Ausgang des 13. Jahrhunderts und seit dem 16. Jahrhundert über den Aufbau von Sekundarschulen entwickelt. Grundschulen stellen ein Produkt des 19. Jahrhunderts dar und wurden eingeführt, um Bildung im Dienste der Gesellschaft für die breite Bevölkerung zu ermöglichen. An das institutionalisierte Lernen ist das formale Lernen geknüpft. Die Lernarrangements orientieren sich dabei vornehmlich an Top-down-Prozessen. Im Laufe der Entwicklung wurden die Methodisierung des Unterrichts bzw. die stark von der Lebenswelt der Einzelnen entfernten Lernprozesse jedoch insbesondere durch reformpädagogische Diskurse zunehmend in Frage gestellt. Bildung von Anfang an zu denken, eröffnet nunmehr die Chance, Lernen wieder stärker zurückzubinden an die Bedeutung, die Lernprozesse für die frühkindliche Entwicklung einnehmen. Dabei rücken familiäre bzw. sozio-kulturell geprägte Lernumwelten in den Blick und informelle Lernerfahrungen gewinnen für die Lernbiografie der Einzelnen an Bedeutung. Die stärkere Verbindung formaler und informeller Lernprozesse könnte als Schlüssel für die Entwicklung einer Lernkultur des gemeinsamen Lernens aller Kinder betrachtet werden.

Index für Inklusion
Tony Booth und Mel Ainscow haben in Zusammenarbeit mit LehrerInnen, Eltern und Schulleitungen in Großbritannien den Index für Inklusion entwickelt. Dieser Index, jeweils sowohl für Schulen als auch für elementarpädagogische Einrichtungen, soll das Leitbild einer inklusiven Bildungseinrichtung entwerfen. Ausgangspunkt sind dafür die informellen Lerngelegenheiten der Bildungseinrichtungen, um soziale Teilhabe zu ermöglichen. Der Index dient dazu, die Einrichtung auf dem Weg zur Inklusion zu begleiten. Merkmale einer inklusiven Erziehung und Bildung werden in folgenden Faktoren gesehen:

- Gleiche Wertschätzung aller SchülerInnen und MitarbeiterInnen
- Steigerung der Teilhabe aller SchülerInnen an (und den Abbau ihres Ausschlusses von) Kultur, Unterrichtsgegenständen und Gemeinschaft ihrer Schule
- Weiterentwicklung der Kulturen, Strukturen und Praktiken in Schulen, sodass sie besser auf die Vielfalt der SchülerInnen ihres Umfeldes eingehen
- Abbau von Barrieren für Lernen und Teilhabe aller SchülerInnen, nicht nur für diejenigen mit Beeinträchtigungen oder für solche, denen besonderer Förderbedarf zugesprochen wird
- Anregung durch Projekte, die Barrieren für Zugang und Teilhabe bestimmter SchülerInnen überwinden und mit denen Veränderungen zum Wohl vieler SchülerInnen bewirkt werden konnten
- Die Sichtweise, dass Unterschiede zwischen den SchülerInnen Chancen für das gemeinsame Lernen sind und nicht Probleme, die es zu überwinden gilt
- Die Anerkennung, dass alle SchülerInnen ein Recht auf wohnortnahe Bildung und Erziehung haben

- Verbesserung von Schulen nicht nur für die SchülerInnen, sondern auch für alle anderen Beteiligten
- Betonung der Bedeutung von Schulen dafür, Gemeinschaften aufzubauen, Werte zu entwickeln und Leistungen zu steigern
- Auf- und Ausbau nachhaltiger Beziehungen zwischen Schulen und Gemeinden
- Der Anspruch, dass Inklusion in Erziehung und Bildung ein Aspekt von Inklusion in der Gesellschaft ist (Booth/Ainscow 2003, S. 10).

Ziel des Indexes ist es, sowohl die Sprache als auch die Strategien und Routinen in den Einrichtungen zu hinterfragen. Dabei gilt es zu erkennen, wie Lebenswege durch Zuschreibungen, wie zum Beispiel eines sonderpädagogischen Förderbedarfs, vorgezeichnet werden. Diese im Bildungssystem gewachsenen Strukturen sollen mit dem Index gezielt aufgespürt und neue Ansätze geschaffen werden, um hier inklusive Erziehung und Bildung zu ermöglichen. Der Index fokussiert auf Barrieren für Lernen und Teilhabe, Ressourcen zur Unterstützung, den Aufbau einer Lerngemeinschaft, welche die Vielfalt der Individuen als Chance begreift, und das Erkennen von institutioneller Diskriminierung. Die Entwicklung der Einrichtung soll auf drei Ebenen vorangetrieben werden:
- Inklusive Kulturen schaffen
- Inklusive Strukturen erarbeiten
- Inklusive Praktiken entwickeln.

Zu jeder Ebene stellt der Index eine Reihe von Indikatoren bereit, die dazu dienen, die einzelnen Bereiche für die eigene Einrichtung differenziert zu entwickeln (vgl. Booth/Ainscow 2003, S. 50ff.). Auch umfasst er Fragebögen, um den Stand der Inklusion der Einrichtung aus Sicht der Kinder, Eltern und PädagogInnen etc. zu erfassen.

Mit dem Index von Booth und Ainscow soll eine Praxisentwicklung angeregt werden, die sich als einen fortlaufenden, stets aufs Neue zu hinterfragenden Prozess versteht. Er wurde für vorschulische und schulische Einrichtungen getrennt entwickelt, wobei sich der vorschulische an den schulischen Index anlehnt. Warum der schulische Index hier jedoch nicht erweitert bzw. überarbeitet wurde, um in beiden Bildungseinrichtungen mit den gleichen Orientierungen zu arbeiten, bleibt unklar. Seinem Inhalt und Aufbau nach gilt der Index als ein konstruktives Instrument, um eine vielseitige Entwicklung anzuregen und den Inklusionsprozess professionell zu begleiten. Für den Übergang von Elementar- und Primarbereich stellt er zwar keine spezifischen Ansätze zur Verfügung, lässt aber die Bildungsvorstellungen von Elementar- und Primarbereich näher zusammenrücken und schafft somit eine gemeinsame Kommunikationsbasis. Damit wird einer durchgängigen Bildungsvorstellung der Weg geebnet, der es gelingen könnte, die Lücke zwischen informeller und formeller Bildung zu schließen, um ein gemeinsames Lernen aller SchülerInnen zu ermöglichen.

In der Diskussion

Das Konzept der Inklusion, das Barrieren im Bildungssystem aufzeigen und abbauen will, erweitert den Rahmen der Integrationspädagogik, die sich vor allem auf die Diskussion der Begriffe behindert und nichtbehindert beschränkt hat. Einbezogen werden Fragestellungen zur Anschlussfähigkeit des Bildungssystems an unterschiedliche kulturelle sowie sozio-ökonomische Kontexte sowie die Genderperspektive. Inklusionspädagogik erweitert damit die Perspektive mit dem praktischen Ziel einer breiten Teilhabe aller am Bildungssystem. Damit stellt sich jedoch die wesentliche Frage, wie eine gemeinsame Teilhabe mit dem Anspruch auf individuelles Lernen – zwei sich zunächst zu widersprechen scheinende Ziele – zu vereinbaren sei. Diese Antinomien zu bearbeiten, die im pädagogischen Alltag zu enormen Belastungen bei allen Beteiligten führen können, ist Voraussetzung, wenn inklusive Erziehung und Bildung sich als durchgehendes Bildungskonzept durchsetzen soll.

> Am Übergang vom Elementar- zum Primarbereich zeigen sich derzeit noch deutliche Selektionsmuster, widergespiegelt in den Förder- und Integrationsquoten. Die große Streuung der Quoten in den einzelnen Bundesländern weist jedoch darauf hin, dass der Reformprozess in Bezug auf die Inklusion in Bewegung gekommen ist. Die Vielgliedrigkeit des Bildungssystems sowie die in den Schulen gepflegte Lernkultur des formalen Lernens erschweren derzeit allerdings den Weg zur Inklusion. Um Inklusion zu ermöglichen, gilt es die historisch gewachsenen Lernkulturen differenziert zu hinterfragen und stärker als bisher auch an das informelle Lernen anzubinden, um anschlussfähige Bil-

> dungsprozesse zu schaffen. Eine gemeinsame Bildungsphilosophie, angelehnt an den Werten der Inklusion, kann die Kommunikation unter den Bildungseinrichtungen anregen. Allein die Diskussion um Gemeinschaftsschulen und Ganztagsbildung bringt die aktuelle Reformbereitschaft im Bildungssystem zum Ausdruck. Diese Entwicklungen können neue Wege weisen, um gemeinsames Lernen neu zu denken und die Idee der inklusiven Erziehung und Bildung im Sinne der Anschlussfähigkeit der unterschiedlichen Bildungsbereiche in der Praxis weiter auszugestalten.

Literatur

Bildung in Deutschland (2010): Autorengruppe Bildungsberichterstattung. Bielefeld: Bertelsmann.

Booth, T. (2009): Der Index für Inklusion in der frühen Kindheit. In: U. Heimlich / I. Beher (Hrsg.): Inklusion in der frühen Kindheit. Berlin: Lit-Verlag, S. 41-55.

Booth, T. / Ainscow, M. (2003): Index für Inklusion. Lernen und Teilhabe in der Schule der Vielfalt entwickeln. http://www.eenet.org.uk/resources/docs/Index%20German.pdf (Stand: 30.09.2011).

Eberwein, H. (Hrsg.) (1999): Integrationspädagogik. Kinder mit und ohne Behinderung lernen gemeinsam. 5. Aufl. Weinheim: Beltz.

Europäische Kommission (2009): Frühkindliche Betreuung, Bildung und Erziehung in Europa: ein Mittel zur Verringerung sozialer und kultureller Ungleichheiten. Brüssel: Eurydice.

Heimlich, U. (2007): Lernbehinderung und Lernstörung. In: H.-E. Tenorth / R. Tippelt (Hrsg.): Beltz Lexikon Pädagogik. Weinheim: Beltz, S. 474-475.

JMK / KMK (2004): Gemeinsamer Rahmen der Länder für die frühe Bildung in Kindertageseinrichtungen. Gemeinsamer Beschluss der Jugendministerkonferenz und Kultusministerkonferenz vom 13./14. Mai 2004. Gütersloh.

JMK / KMK (2009): Den Übergang von Tageseinrichtungen für Kinder in die Grundschule sinnvoll und wirksam gestalten – Das Zusammenwirken von Elementarbereich und Primarstufe optimieren. http://www.kmk.org/fileadmin/veroeffentlichungen_beschluesse/2009/2009_06_18-Uebergang-Tageseinrichtungen-Grundschule.pdf (Stand: 21.09.2011).

Klemm, K. (2010): Gemeinsam lernen. Inklusion leben. Status quo und Herausforderungen inklusiver Bildung in Deutschland. Gütersloh: Bertelsmann Stiftung.

Klemm, K. / Preuss-Lausitz, U. (2008): Gutachten zum Stand und zu den Perspektiven der sonderpädagogischen Förderung in den Schulen der Stadtgemeinde Bremen. Essen/Berlin. http://www.bildung.bremen.de/fastmedia/13/Bremen%20Wv%20End%201-11%20End.pdf

König, A. (2010): Kindheiten heute. In: W. Weegmann / C. Kammerlander (Hrsg.): Die Jüngsten in der Kita. Ein Handbuch zur Krippenpädagogik. Stuttgart: Kohlhammer, S. 13-23.

Kron, M. (2009): Übergänge von der inklusiven Kindertageseinrichtung zur Schule – Übergänge in disparaten Landschaften der Erziehung und Bildung. In: U. Heimlich / I. Beher (Hrsg.): Inklusion in der frühen Kindheit. Berlin: Lit-Verlag, S. 215-229.

Ländermonitoring Frühkindliche Bildungssysteme. Bertelsmann Stiftung. http://www.forschungsverbund.tu-dortmund.de/index.php?id=94 (Stand: 20.09.2011).

Lisker, A. (2011): Additive Maßnahmen zur vorschulischen Sprachförderung in den Bundesländern. München: Deutsches Jugendinstitut.

Prengel, A. (2010): Inklusion in der Frühpädagogik. Bildungstheoretische, empirische und pädagogische Grundlagen. München: wiff.

Schorch, G. (2007): Studienbuch Grundschulpädagogik. 3. Aufl. Bad Heilbrunn: Klinkhardt.

Sulzer, A. / Wagner, P. (2011): Inklusion in Kindertageseinrichtungen – Qualifikationsanforderungen an die Fachkräfte. München: wiff.

Vereinte Nationen – UN (2006): Über die Rechte von Menschen mit Behinderungen. http://www.inclusion.cc/wiki/%C3%9Cbereinkommen_%C3%BCber_die_Rechte_von_Menschen_mit_Behinderungen (Stand: 20.09.2011).

Bildung konsequent inklusiv – Wir sind dabei!
Norbert Hocke

VIELFALT RESPEKTIEREN – AUSGRENZUNGEN widerstehen, so lautet die Kernaussage des Projektes KINDERWELTEN, das seit nunmehr fast zwölf Jahren Bildung konsequent inklusiv in Tageseinrichtungen für Kinder gestaltet. Viele Einrichtungen haben zusammen mit den Eltern seit Jahren die Integration von Kindern mit besonderem Förderbedarf in Regeleinrichtungen vorangetrieben. Für sie ist die UN-Behindertenrechtskonvention eine deutliche Bestätigung ihrer Arbeit.

Kinder mit besonderem Förderbedarf haben nun einen Rechtsanspruch auf einen Platz in einer Regeleinrichtung – mit ihren Freunden zusammen, in ihrem Wohnumfeld. Die mühevolle Arbeit der ErzieherInnen und Eltern, Kinder mit besonderem Förderbedarf in Regeleinrichtungen aufzunehmen bzw. anzumelden – oft mit Unterstützung durch Fachberatung –, hat sich gelohnt. Und davon profitieren alle Kinder in einer Einrichtung. Dies ist wohl der größte Erfolg der Inklusionsidee. Aber wir dürfen sie nicht verkürzen. Die Inklusionsidee greift weiter als »nur« die Integration von Kindern mit Förderbedarf in Regeleinrichtungen: Inklusion kann man nicht einführen, nicht verordnen oder als Träger anweisen. Sie muss in der Kita gewollt und erarbeitet werden. Dafür aber sind Rahmenbedingungen vonnöten.

Inklusive Arbeit in Tageseinrichtungen für Kinder wird es nicht zum Nulltarif geben. Wer die Umsetzung der UN-Behindertenrechtskonvention nutzt, um Kosten zu sparen, der betreibt Exklusion und spaltet die Gesellschaft. Wer die Inklusion mit der Auflösung von Sondereinrichtungen und Förderzentren beginnt und somit die gesammelten Erfahrungen der KollegInnen nicht nutzt und die PädagogInnen über das ganze Land zerstreut, arbeitet gegen die UN-Behindertenrechtskonvention und setzt sie nicht um. Die Erfahrungen und die Professionalität der Beschäftigten aus den Sondereinrichtungen müssen erhalten und genutzt werden. Sie sind in Pools zu bündeln, und wir brauchen ihre Unterstützung. Auch Sondereinrichtungen können ja Regeleinrichtungen werden – mit ihrer geballten Erfahrung.

Darüber hinaus wird es notwendig sein, wie im 13. Kinder- und Jugendbericht gefordert, eine finanzielle große Lösung in Form eines inklusiven Finanzsystems zu gestalten. Eingliederungshilfe, BSHG, SGB VIII und andere Sozialgesetzbücher müssen zum Wohl des Kindes, der Eltern und des Personals zusammengeführt werden. Es muss möglich sein, finanzielle Hilfen aus einer Hand zu bekommen. Wir brauchen deutlich mehr Beratungspools für spezielle Fachkräfte (HeilpädagogInnen, LogopädInnen). Wir brauchen Begleitung von schwerstmehrfach behinderten Kindern, die den Alltag mit den Kindern und den ErzieherInnen gestaltet. Wir brauchen Supervision als Einstieg in die Umsetzung der Inklusionsarbeit. Wir brauchen deutlich mehr mittelbare pädagogische Arbeitszeit, um die neuen Arbeitsschritte in multiprofessionellen Teams zu planen, abzusprechen und umzusetzen. Darüber hinaus muss eine bessere ErzieherIn-Kind-Relation angestrebt werden.

Kultusministerkonferenz (KMK) und Jugend- und Familienministerkonferenz (JFMK) haben die UN-Behindertenrechtskonvention begrüßt. Jetzt müssen Taten folgen. Inklusion bedarf einer deutlichen finanziellen Unterstützung vor Ort. Die Fachkräfte aus den Sonder- und Regeleinrichtungen sind mit einer jahrelangen, oft zermürbenden Arbeit in Vorleistung getreten. Es ist nun an der Zeit, diese Arbeit der Kitas bei öffentlichen und freien Trägern mit einem Konzept inhaltlich und finanziell zu unterstützen. Modelle sind genug erprobt, nun geht es um die Regelfinanzierung. Die Politik ist gefordert! Nicht überstürzt, sondern mit Bedacht eine Kultur der Inklusion zu entwickeln, Leitlinien der Inklusion zu entwickeln und eine inklusive Praxis zu gestalten. Dieser Dreier-Schritt kann nur gelingen, wenn die Eltern und die pädagogischen Fachkräfte vor Ort darin unterstützt werden.

Die GEW hat mit dem Index für Inklusion und einer Vielzahl weiterer Materialien sowie Fort- und Weiterbildungsangeboten ihren Rat und ihre Unterstützung anzubieten, ohne jemanden zu überfordern oder auszugrenzen.

Begreifen wir Inklusion nicht als Methode, sondern als Haltung. Gehen wir von einem weitem Inklusionsverständnis aus: Gender, Migration, prekäre Lebenslagen und besonderer Förderbedarf. Die Lebenslagen von Kindern und deren Familien sind vielfältig. Sie sind der Hintergrund, an dem unser inklusives Handeln ansetzen muss: mit individuellen Fördermaßnahmen, einer Erziehungspartnerschaft, die Eltern wertschätzt, und Zeit zur Dokumentation und Beobachtung. Dafür bedarf es aber deutlich besserer Rahmenbedingungen als bisher.

Teil III
Wie Inklusion in der Praxis umgesetzt und gelebt wird

Vielfalt als Chance – Teilhabe in der Kita

Heike Bornhorst

60 Kinder, sieben verschiedene Nationalitäten, 18 Kinder aus zweisprachigen Familien, vier Kinder mit Behinderung oder von Behinderung bedroht – fröhlich unter einem Dach. Das zeichnet unser Haus aus und steht für die Toleranz und Gleichbehandlung aller Kinder und Eltern, die wir in der Krippe und im Kindergarten SONNENLAND begrüßen dürfen. Unser Ziel ist es, Lebenswelten zu schaffen, in denen jedes Kind mit seiner Herkunft und seiner Einzigartigkeit das Zusammenleben bereichert.

DOCH WIE GELINGT DAS? Die Antwort ist einfach: durch Einbindung der Vielfalt in den konzeptionellen Rahmen der Kindertagesstätte. Das bedeutet konkret, dass wir uns Vielfalt zum »Markenzeichen« machen. Dazu gehört zunächst die Sensibilisierung im Team. Die Auseinandersetzung mit den unterschiedlichen Lebenswelten, Herkünften und/oder Handicaps der Kinder und ihrer Familien und die eigene Bereitschaft, anderen Lebenssituationen und Familienkonstrukten aufgeschlossen zu begegnen – auch über das eigene Werteverständnis hinaus. Eine intensive Selbst- und Teamreflexion ist hierbei unerlässlich.

Die pädagogische Arbeit richtet sich nach dieser Phase der Teamentwicklung fast automatisch am neu gewonnenen Leitbild aus. Teilhabe, Barrierefreiheit und interkulturelle Arbeit bilden nun die Grundpfeiler der pädagogischen Arbeit – mit Kindern und Eltern.

Aus der Praxis für die Praxis – Methoden zur Förderung von Teilhabe
Während die theoretischen Prozesse überwiegend das Kita-Team betreffen, richten sich die praktischen Impulse und Ideen sowie deren Umsetzung direkt an die Kinder und ihre Eltern und/oder können durch eine gute Öffentlichkeitsarbeit das gesellschaftliche, (lokal-)politische Bewusstsein erreichen. Die folgenden Anregungen sind gut in den pädagogischen Alltag integrierbar und alle praxiserprobt:

Beziehungsgestaltung mit den Eltern
Erziehungspartnerschaft nach dem Motto »Gemeinsam fürs Kind« sollte das Ziel der Zusammenarbeit zwischen den Eltern und MitarbeiterInnen einer Kita sein. Durch Elternabende, Elterngespräche, den Elternbeirat und viele zwischenmenschliche Kontakte kann dieses Ziel erreicht werden.

Kulinarischer Elternabend
Einmal im Jahr die Informationen der Kita mit den (gerne landestypischen) Kochkünsten der Eltern zu verknüpfen, bildet eine sehr ergiebige Form der Zusammenarbeit. Das vielfältige Angebot an abwechslungsreichen Speisen schafft Begegnung und über die zwanglose, gesellschaftliche Essenssituation Verbindung, Kontakt, Anerkennung und Kommunikation, die – anders als in den alltäglichen Bring- und Abholsituationen – für die Eltern nur wenig Überwindung kostet. Die Ressourcen der Eltern können noch stärker genutzt werden, indem man sie mit in den Kita-Alltag einbindet: Statt eines »Gesunden Frühstücks« kann ein englisches, türkisches, polnisches Frühstück angeboten werden – natürlich zusammen mit den entsprechenden Eltern und unter Berücksichtigung kultureller und/oder religiöser Gegebenheiten (z. B. Ramadan). Integration geschieht immer unter Einbindung der eigenen Kultur und Herkunft. Wertschätzung und kulturelle Akzeptanz werden erlebbar.

Elternbeirat
Der Elternbeirat ist das Bindeglied zwischen der Elternschaft und der Kindertagesstätte. Eltern aus stark vertretenen Kulturkreisen für die Arbeit in diesem Gremium zu gewinnen, kommt der »internen Völkerverständigung« zugute. Der kleinere Rahmen ermöglicht Fragen und Antworten mit Informationen aus »erster Hand«, die Verständnis wecken, kulturelle Grenzen aufzeigen und/oder abbauen.

Lesepaten
Lesepaten sind Menschen, die Kinder und Bücher mögen und gerne vorlesen. Lesepatenschaften eignen sich hervorragend zur generationenübergreifenden Projektarbeit. Hier findet Begegnung zwischen »Alt & Jung« statt, aber es ergeben sich auch vielfältige Sprachanlässe und die Stärkung der Sprachkompetenz. Bilinguale Eltern können eingebunden werden und zweisprachig vorlesen.

Mehr-Sprachen-Bibliothek
Eine Mehr-Sprachen-Bibliothek spricht besonders Eltern und Kinder an, die zweisprachig leben. Mit zweisprachigen Büchern, die unbürokratisch an alle interessierten Familien ausgeliehen werden, können sprachliche Barrieren abgebaut und die Lust an einer gemeinsamen Sprache und am Zusammenleben im Ort geweckt werden.

Musik-Impuls
Das Land Niedersachsen unterstützt durch die Initiative »Wir machen die Musik« die Kooperation von Musikschulen und Kindertagesstätten, um Kindern unabhängig vom sozialen Status ihrer Eltern erste musikalische Impulse zu geben. Durch gemeinsames Musizieren, mehrsprachiges Singen unter Einbindung der Herkunftssprachen und das Übertragen von Rhythmus in Bewegung können die Kinder Gemeinsamkeiten und Unterschiede mit kindlicher Neugier und Toleranz erleben. Sie gewinnen eine zusätzliche Ausdrucksform und/oder entdecken Neigungen und Begabungen. Werden dann noch die Eltern eingeladen, um mitzumachen oder einfach »nur« die Fähigkeiten ihrer Kinder zu bestaunen, werden Wertschätzung, Bestätigung und Selbstvertrauen erfahrbar.

Alltagsintegrierte Bildungs- und Erziehungsarbeit
Situationsorientierte aber auch pädagogisch initiierte Anlässe schaffen Möglichkeiten zur soziokulturellen Erziehung. Einige Praxisbeispiele geben einen Eindruck davon:

Ethische und religiöse Erziehung
Verschiedene Religionen kennen eine Zeit des Fastens. Diese Gemeinsamkeit kann in konfessionellen Kitas während der christlichen Fastenzeit vor Ostern

für verschiedene anregende Angebote im religiösen und kulturellen Kontext genutzt werden:

Das Fastentuch: Unter dem Motto »Erzähl mir von Gott« lässt sich durch Einbindung der Eltern ein konfessionsübergreifendes Fastentuch gestalten. Ein großes, weißes Laken wandert mit einem bei Bedarf mehrsprachigen Brief, Geschichten aus der Bibel und einer Packung Filzstifte durch die Familien und lädt dazu ein, sich für Gott, Jesus, Allah, Mohammed und ihre Botschaften zu interessieren – gerne auch unter Berücksichtigung der Erzählungen aus dem Koran, der Thora etc. – und ein Bild dazu auf dem Fastentuch zu gestalten. Daraus ergeben sich Kunstwerke, die zeigen, dass Gott und der Glaube seinen Platz im Leben, im Alltag haben: eine Gemeinsamkeit, die emotional verbindet, auch wenn man unterschiedlichen Religionen und Kulturen angehört. Öffentlichkeitswirksam wird diese Arbeit, wenn man ihr Raum zur Aufbereitung und Ausstellung gibt: zum Beispiel in der Kita, den Kirchen und Glaubenshäusern vor Ort, sodass sich ein »konfessionsübergreifender Rundgang« ergibt.

Die Fasten-Stafette: Eine Fasten-Stafette unter dem Motto »Gemeinsam stark sein!« lädt ebenfalls zur Beschäftigung mit den unterschiedlichen Religionen ein. Nicht »Einer allein« fastet 40 Tage lang, sondern 40 Tage lang fastet täglich »Einer«! In einem Ringbuch wird für jede Familie eine Seite vorbereitet. Darin kann sie eintragen oder einkleben, worauf das Kind/die Familie einen Tag lang verzichtet (z.B Fernsehen, Konsolenspiele, Streiten, Naschen) oder was es/sie Gutes tun möchte (z. B. helfen, trösten, jemanden besuchen, aufräumen) und wie dieses »kleine Fasten« erlebt und empfunden wird. Viele verschiedene Fasten-Eindrücke – katholischer, muslimischer, orthodoxer, lutherischer, freikirchlicher, konfessionsloser Art, Teilhabe, Verständnis und Verständigung sind die Ziele einer solchen Aktion.

Mutter- und Vatertag
Kindliches Vertrauen bildet sich gerade durch eine wertschätzende und akzeptierende Haltung zu den Eltern. Wenn Kindern Unterschiede oder besondere Merkmale auffallen (z. B. das Kopftuch einer muslimischen Frau) gilt es, die Gelegenheit wahrzunehmen, um andere Brauchtümer kennenzulernen. Fotos der Eltern, die einen Platz im Gruppenraum finden, geben Anlass zu

beeindruckenden Gesprächen über die individuellen Aussagen der Bilder, wie Haarfarben, Frisuren, Kopftücher, Namen, Oberlippenbärte etc. Schnell wird als gemeinsame Grundlage klar, dass alle Kinder ihre Eltern lieb haben und umgekehrt. Natürlich sollten die Fotos später ihren Platz im »ICH-Ordner« des Kindes finden.

Welt-Kinder-Tag
Aktionen zum jährlichen Welt-Kinder-Tag am 20. September sind stets eine gute Gelegenheit, um gemeinsam mit der regionalen und/oder überregionalen Presse Verantwortliche aus Kirche und Kommune auf die Bedürfnisse von Kindern vor Ort und/oder global aufmerksam zu machen. Parallel können die Kinder und ihre Eltern in die Gestaltung des Welt-Kinder-Tages eingebunden werden: Jedes Kind gestaltet seinen Wimpel mit dem persönlichen Handabdruck, und die Eltern formulieren (in ihrer Muttersprache) ihre Wünsche und Hoffnungen für ihre Kinder. So entsteht eine sehr ausdrucksvolle Wimpelkette, die berührt und auch noch über den Welt-Kinder-Tag hinaus nachwirkt. Sehr deutlich wird, dass sich die Wünsche und Hoffnungen von Eltern – die der behinderten, nicht-behinderten, fremdsprachlichen oder einheimischen Kinder – sehr stark ähneln. Dieses Bewusstsein schafft Verbindung, senkt Hemmschwellen und macht stark. Die Wimpelkette dann unter Pressebegleitung dem Bürgermeister oder Pfarrer zu überreichen oder die Träger in die Kita einzuladen, um die Eindrücke wirken zu lassen, richtet den Blick der Öffentlichkeit auf den Stellenwert der elementarpädagogischen Arbeit.

Teilnahme an kulturellen Festen
Viele Kirchen und konfessionelle Vereine feiern ihre religiösen Feste oder Wohltätigkeitsbasare. Besuche der Kita-MitarbeiterInnen drücken Interesse und Wertschätzung an den Familien, ihren Festen und kulturellen Riten aus und festigen das gegenseitige Verhältnis von Vertrauen und Akzeptanz.

Aus der Praxis für die Praxis – Material zur Förderung von Teilhabe
Kindern durch frei zugängliches Material Selbstbildungsprozesse zur Ausprägung einer wertschätzenden Weltanschauung zu ermöglichen, sollte Aufgabe aller Erziehenden einer Kita sein und durch senso-motorische Angebote, die alle Sinnes- und Wahrnehmungsbereiche ansprechen, ergänzt werden.

Kinder-Bibliothek
Das bereits erwähnte zweisprachige Bücherangebot wird selbstverständlich auch im pädagogischen Alltag genutzt. Besonders die Wörterbücher können als »Übersetzungshilfe« gerne und oft im Einsatz sein und durch weiteres integrationsförderndes Buchmaterial ergänzt werden.

Puppenhaus »Spielscheune« & die Puppenkinder dieser Welt
Die Spielscheune ist »möbliert«. Die »Bewohner«, einer davon im Rollstuhl, sind sechs Freunde – allesamt Sympathieträger, haptisch und optisch sehr ansprechend gestaltet und wunderbar für Rollenspiele geeignet. Ergänzend dazu zahlt sich die Anschaffung von Puppen unterschiedlichen ethnischen Aussehens aus. Asiatische, afrikanische und europäische Puppenkinder erweitern die kulturelle Akzeptanz der »Puppeneltern«.

Rollstuhl
Fahrzeuge im Innen- und Außenbereich sind bei Kindern jeden Alters beliebt. Eine besondere Faszination übt ein Rollstuhl aus, der wie andere Fahrzeuge im Einsatz ist und beeindruckende Reaktionen auslöst: So ergibt sich fast automatisch ein Spiel zu zweit (oder mehreren), die Wahrnehmung verändert sich (der Rolli-Nutzer nimmt Unebenheiten oder Bremsungen anders wahr, muss unerwartete Erschütterungen mit dem Körper abfangen und ausgleichen etc.), und auch die Perspektiven ändern sich (aus der Sitzposition erscheint alles höher, sind Dinge schwieriger zu erreichen etc.). Der Rollstuhl sensibilisiert im Spiel für die Lebenssituation behinderter Menschen.

Aus der Praxis für die Praxis – Räume zur Förderung von Teilhabe
Vorhandene Räume nach den Kriterien Teilhabe, Barrierefreiheit und Interkulturelle Arbeit zu nutzen, ist dann nur noch ein Kinderspiel für die Profis in den Kitas. Malen mit den Füßen, der Nase oder mit dem Mund im Atelier, Wahrnehmungsspiele in der Turnhalle, Geruchs- und Geschmacksimpulse im Cafe etc. sind gut umsetzbar und nachhaltig in ihrer Wirkung. Wer ein Bällebecken in der Einrichtung hat, weiß um den hohen Aufforderungscharakter der bunten Bälle und ihren senso-motorischen Nutzen für Kinder mit Empfindungsstörungen. Bällebecken können von allen Kindern mit und ohne Behinderung genutzt werden.

Ein Snoezelen-Raum, weiß und reizarm mit Wasserbett, Soundanlage und diversen Licht- und Musikeffekten, die zur Entspannung einladen oder zur Stimulation durch multisensorische Reizeinwirkung genutzt werden, rundet ein ganzheitliches Förderangebot ab. Besonders Kinder mit Behinderungen und/oder Wahrnehmungsstörungen erhalten einen Ort, der Sicherheit, Ruhe und Rückzug und/oder Anregung, Förderung und Unterstützung bietet.

Diese Anregungen zur barrierefreien und interkulturellen Arbeit sind nur ein Bruchteil dessen, was im pädagogischen Alltag auf niedrigschwelliger Ebene umsetzbar und nahezu endlos erweiterbar ist, und bildet die natürliche Konsequenz aus einem lebensbejahenden und gleichberechtigten Menschenbild ab. Ist diese Haltung erst im Kita-Team verankert, überträgt sie sich automatisch auf die Kinder und wirkt sich nachhaltig auf deren Entwicklungsprozesse aus. Sie schafft eine für alle spürbare, von Respekt und Toleranz geprägte Atmosphäre und entlässt, trotz der mitunter suboptimalen Rahmenbedingungen in den Kitas, Kinder in unsere Gesellschaft, die ihre positiven Erfahrung im Umgang mit Vielfalt und Einzigartigkeit in ihr Lebensumfeld hinaustragen und an andere weitergeben. Schon deshalb ist es unsere Aufgabe, von Beginn an Lebensräume zu schaffen, die sich den Kindern anpassen und nicht umgekehrt – ganz gleich, welches Tempo sie gehen und welchen Weg sie für sich wählen (können).

> In der von der Katholischen Kirche getragenen KiTa Sonnenland leben, spielen und bilden sich 57 Kinder in einer Regelgruppe, einer Integrationsgruppe und einer integrativen Krippengruppe. Das pädagogische Team verfügt über ganz unterschiedliche Professionen und Zusatzqualifikationen, wie Dipl. Sozialarbeiterin/Sozialpädagogin, Staatlich Anerkannte(r) ErzieherIn/KinderpflegerIn und Staatl. Anerk. heilpädagogische Fachkraft (HEP, Heilpädagogin). Schwerpunktthema ist die inklusive Arbeit mit dem Fokus auf Vielfalt & Teilhabe. Seit April 2011 ist die KiTa Sonnenland auch Schwerpunkt-KiTa Sprache & Integration, gefördert durch die Bundesinitiative »Frühe Chancen« des Bundesministeriums für Familie, Senioren, Frauen und Jugend.

Inklusion durch Partizipation – zur vielfältigen Mitwirkung unserer Kinder

Angelika Oest

VOLLER STOLZ UND TATENDRANG übernahm ich vor über zehn Jahren die Leitung einer nagelneuen Kindertagesstätte: ein wunderschöner Klinkerbau mit großzügigen und lichtdurchfluteten Räumen, versehen mit Fenstererkern aus Naturholz in Kinderhöhe und einer Hochebene in jedem Gruppenraum. Ein Haus, das erst einmal wenige Kinderträume offen ließ!

Das Konzept der offenen Arbeit und die gemeinsame Erziehung von Kindern mit und ohne Behinderung waren die letzten ausschlaggebenden Punkte, um meinen Traum, in dieser Kindertagesstätte arbeiten zu dürfen, zu verwirklichen. Mir zur Seite stand ein hoch motiviertes und engagiertes Team, bestehend aus weiblichen Kolleginnen – und völlig ungewöhnlich – auch einem Anteil an männlichen Kollegen.

Die Bezeichnungen Partizipation und Inklusion waren zum damaligen Zeitpunkt für meine KollegInnen und mich noch Fremdworte. Uns war gar nicht klar, dass wir schon von Beginn an wichtige und bedeutsame Grundsteine für eine Inklusion gelegt hatten. Anfangs waren es die Philosophie und das Konzept unserer Einrichtung, in der wir den Kindern vermittelten, dass es normal ist, verschieden zu sein und jedes Kind sich integriert und als Teil der Gruppe angenommen und wohl fühlen kann.

Schon damals erlebte ich es als etwas ganz Besonderes, dass sich die Kinder in unserer Einrichtung entsprechend ihrer Bedürfnisse und Befindlichkeiten eigenverantwortlich für Räume und Angebote entscheiden konnten. Die Kinder zeigten uns aber noch viel mehr: Wir lernten von ihnen, dass sie unabhängig von ihrem Alters- und Entwicklungsstand sehr wohl in der Lage sind, verantwortlich mit sich selbst und anderen umzugehen und ihre Bedürfnisse einfordern können. Wir lernten, uns immer stärker zurückzunehmen, sensibler hinzuschauen, uns auf ihre Welt einzulassen und ihre Träume mitzuträumen, gemeinsam mit ihnen Antworten auf ihre Fragen zu suchen und ihren Stolz und ihre Erfolge mit ihnen teilen zu dürfen. Unsere pädagogische Arbeit veränderte sich. Wir wurden BegleiterInnen und Unterstützer unserer Kinder, aber auch Herausforderer, Berater und Beobachter.

Heute erlebe ich sich beteiligende Kinder mit und ohne Behinderungen während des gesamten Tagesablaufes. BesucherInnen werden von Kindern empfangen, Kinder gestalten verantwortlich Morgenrunden und Angebote, Kinder bieten Kindern Hilfestellungen in fast jeder Lebenslage, Kinder übernehmen verschiedene Dienste wie Blumen gießen, kleine Reinigungsdienste, Tischdecken und -abräumen, Frühstück einkaufen und zubereiten, »Erste Hilfe«- Maßnahmen, Telefondienste ... Kinder mischen sich ein, sie wollen mitreden, miteinbezogen werden, Partner sein: *Es geht nicht über sie, es geht nur noch mit ihnen.*

Bei meinen Streifzügen durch die Einrichtung erlebe ich mich des Öfteren als heimliche Beobachterin von respektvoll und wertschätzend geführten Aushandlungsgesprächen zwischen MitarbeiterInnen und Kindern oder zwischen Kindern untereinander.

Es sind für mich bedeutungsvolle Augenblicke, miterleben zu dürfen, mit wie viel Begeisterung und Motivation die Kinder in unserer Einrichtung ihre Ideen verantwortlich planen, aushandeln und in den Alltag integrieren. Der respektvolle und wertschätzende Umgang unserer MitarbeiterInnen gegenüber unseren Kindern berührt mich immer wieder aufs Neue. Im Laufe der Jahre ist die Inklusion durch Partizipation für uns in der Kindertagesstätte zu einer Lebensphilosophie und einer ständigen Herausforderung geworden. Einige Beispiele sollen das deutlich machen:

Herzlich willkommen in der Kita Nimmerland, heute begrüßt Sie ...
Unser Empfangsdienst besteht jeweils aus drei Kindern. Ihre Namen stehen mit Kreide geschrieben – manchmal gut leserlich, hin und wieder als geheime Kürzel – auf einer Tafel über dem Empfangstresen unseres Eingangsbereichs. Beim Eintritt in unsere Kindertagesstätte werden alle BesucherInnen von einem Kinderempfangsdienst zwischen 8.00 und 8.30 Uhr herzlich begrüßt. Was ist ein Kinderempfangsdienst? wird sich jetzt vielleicht der eine oder die andere fragen. Es sind Kinder, die voller Stolz täglich hinter einem selbstgebauten Tresen stehen und Eltern, Kinder und uns MitarbeiterInnen empfangen, um die Anwesenheitsliste zu führen, wichtige Infos von den Eltern in schriftlicher Form in den Empfangsordner zu kleben und alle wichtigen Telefonate entgegenzunehmen und entsprechende Infos weiterzuleiten. Die Qualifikation haben unsere Kinder in freiwilligen Angebotsschulungen

im Umgang mit dem Telefon und den Begrüßungsabläufen in unserer Einrichtung erworben.

Die Rettungsmäuse

»Erste Hilfe« leisten, dass können wir auch! Und dass unsere Kinder das wirklich können, haben sie uns seit vielen Jahren bewiesen. Ausgestattet mit einem roten »Rettungsmaus« T-Shirt versorgen die geschulten Ersthelfer voller Stolz und hoch motiviert je nach Verletzung die anderen Kinder mit Kühlkissen, holen Hilfe, kleben Pflaster oder trösten. Auf einem Dienstplan gekennzeichnet, wissen die Rettungsmäuse genau, an welchem Tag sie »Dienst« haben. Kein einfacher Job! Die Rettungsmäuse werden überall gebraucht. Weint ein Kind, weil es sich wehgetan hat, flitzt sofort die diensthabende Rettungsmaus los, um in der Küche ein Kühlkissen zu besorgen, saust zurück zum Verletzten, um die Verletzung zu kühlen und tröstende Worte auszusprechen. Ist die Verletzung größer, wird sofort Alarm bei einem Erwachsenen geschlagen und die notwendigen Informationen werden weitergeleitet. Pflaster kleben gehört aber auch zu den ehrenvollen Aufgaben der Rettungsmaus. Damit der Spaß an der Sache nicht verloren geht, werden in regelmäßigen Abständen »Erste-Hilfe-Maßnahmen« in Rollenspielen geprobt. Dabei darf es dann auch mal schwerverletzte MitarbeiterInnen geben, die an fast allen Körperteilen verbunden werden müssen. Unsere Rettungsmäuse haben für ihre ehrenvolle Aufgabe einen Kursus absolviert. Die anschließend verliehene Urkunde befähigt sie als ausgebildete Rettungsmaus, diesen besonderen Dienst leisten zu dürfen.

Werkstattführerschein

In unserer Werkstatt ist fast immer Betrieb. Was passiert mit dem kaputten Trecker aus dem Bauraum oder mit dem abgebrochenen Fuß des Puppenbetts? Auch der Holzhammer ist beim letzten Schlag während des Hammerspiels abgebrochen. Wegschmeißen und neu kaufen? Bei uns erst einmal nicht! Die Kindergarten-HandwerkerInnen müssen her. Die Kinder zeigen, dass es Spaß macht, das Spielzeug zu reparieren. Dies gelingt natürlich nicht immer, aber der Versuch zählt, und von den Kindern repariertes Spielzeug gewinnt enorm an Wert und Achtung. Ausrangierte Haushaltsgeräte laden aber auch dazu ein, sie aufzuschrauben und einmal einen Blick hineinzuwerfen. Spannend, was sich da so alles dahinter verbirgt. Vielleicht kann man ja noch irgendetwas davon gebrauchen? Um ein richtiger Kindergartenhandwerker zu werden, lernen unsere fleißigen Handwerker vorab den sachgemäßen Umgang mit Werkzeug und die entsprechenden Verhaltensregeln in der Werkstatt und erhalten abschließend die Auszeichnung zum Gesellen durch einen Werkstattführerschein. Somit werden auch schon einmal die Gesellen zum Ausbilder für die nächste Generation.

Kinderbeirat und Kinderversammlung
»Wir wollen uns einmischen und mitreden!« Kinderparlament, Kinderversammlungen und KindersprecherInnen kannten wir damals nur aus der Schule. KlassensprecherInnen setzen sich für die Bedürfnisse ihrer MitschülerInnen ein. Geht so etwas auch im Kindergarten? Diese Frage stellten wir uns vor vielen Jahren. Da wir aber zu diesem Zeitpunkt schon unsere verantwortungsvollen und selbstbewussten Kinder erlebten, die mitreden und sich einmischen wollten, gestalteten wir diesen Prozess mit den Kindern gemeinsam. Einmal im Jahr werden in unseren Basisgruppen zwei Gruppensprecher gewählt. Das allein ist schon eine spannende Angelegenheit. Jede Gruppe wählt ihren Sprecher individuell, aber auf jeden Fall streng geheim. So werfen die Kinder zum Beispiel eine Murmel in ein Glas mit dem Kandidaten-Porträt oder machen ein Strich auf einem Blatt neben dem Foto der KandidatInnen. Die Bekanntgabe der Wahlergebnisse ist dann immer eine hoch spannende Angelegenheit und erfüllt die neu gewählten GruppensprecherInnen mit besonderem Stolz.

Unsere GruppensprecherInnen haben eine besondere Aufgabe im Kindergarten: Sie notieren sich mit ihren eigenen Symbolen in einem Gruppenordner die Belange ihrer Gruppe und tragen diese im Kinderbeirat vor. Der Kinderbeirat tagt einmal wöchentlich am »Runden Tisch«, eine enorm wichtige Angelegenheit. Der Kinderbeirat wird von einer Kollegin und mir begleitet. Die GruppensprecherInnen tragen hier ihre Ideen aus der Gruppe vor, machen Vorschläge für Veränderungen und treffen dann mit uns gezielte Vereinbarungen, die schriftlich in ihren Gruppenordnern festgehalten werden.

Mit wachsendem Selbstbewusstsein tragen sie anschließend auf einer Bühne während der Kinderversammlungen unsere Vereinbarungen, Bekanntmachungen und Ideen über ein Mikrophon vor.

Unser Frühstücksbuffet

Verantwortung erleben unsere Kinder auch bei der Gestaltung unseres Frühstücksbuffets. Wenn anfangs die Kinder sich noch damit zufrieden gaben, den Servierwagen in unser Bistro zu schieben und die Speisen nett auf dem Buffetwagen zu drapieren, so forderten sie über die Jahre hinweg eine andere Beteiligung ein. Sie brachten ihre Speisewünsche ein, wollten sich an der Zubereitung beteiligen und interessierten sich dafür, wo unsere Speisen herkamen. Gemeinsam sitzen MitarbeiterInnen und Kinder am Tisch in einem sogenannten Küchengremium und planen das wöchentliche Buffet. Einkaufslisten müssen geschrieben und Überlegungen getroffen werden: Wo kaufen wir was?

Einmal wöchentlich wird der große Wochenmarkt besucht. Man kennt uns dort schon. Für die Kinder ist es immer wieder ein besonderes Erlebnis, die Vielfalt der Lebensmittel an den Marktständen vorzufinden. Sie zeigen sich interessiert und neugierig. Sie wollen ihre Fragen stellen, probieren, anfassen, riechen, für unser Frühstücksbuffet auswählen und bezahlen. Aber auch verschiedene Supermärkte in der Umgebung werden angesteuert, um die gesamte Ideenvielfalt der Kinder auf unser Frühstücksbuffet zu zaubern.

Es gibt eine Reihe von Kindern, die es kaum abwarten kann, morgens umgehend in unsere Kinderküche zu stürmen, um bei der Zubereitung der Speisen für das Frühstück tatkräftig mitwirken zu können. Ich erlebe Kinder, die sich inzwischen für bestimmte Quarkspeisen alleine verantwortlich fühlen und vom Pürieren bis hin zum Abschmecken alles eigenständig zubereiten.

Unser Frühstücksbuffet ist der Hammer! Es geht um die Vielfalt und die Auswahl des täglich wechselnden Angebotes. Neben selbst zubereiteten Quarkspeisen und Joghurts gehören verschiedene Brotsorten, Obstsalate, überbackene Pizzabrötchen, Bretzeln, Bruschetta, Fisch oder Krabben zum selber pulen und Eierspeisen zu unseren Angeboten. Auch ein Müslibuffet mit verschiedenen Sorten steht den Kindern täglich zur Selbstbedienung zur Verfügung.

So ist vielleicht nachzuvollziehen, dass gleich nach der Morgenrunde der Kinder die große Schlacht am Buffet beginnt. Das ist die Zeit des Hauptandranges, anschließend wird es überschaubarer und ruhiger. Unsere Kinder bestimmen für sich, ob, wann und mit wem sie frühstücken möchten, was und wie viel sie essen möchten und an welchem Tisch sie an welchem Platz sitzen wollen.

Die Frühstückszeit gehört bei fast allen Kindern zur beliebtesten Zeit im Tagesgeschehen. In unserem Bistro wird in gemütlicher Atmosphäre geklönt, gelacht, sich verabredet, probiert und vieles Neue kennengelernt. Die leckeren und vielseitigen Speisen wecken jeden Tag nicht nur die Neugier und den Appetit der Kinder. Es gibt mitunter selbst gewählte Jungentische und natürlich auch Mädchentische, oder eine Paarkonstellation im Separée, Einzeltische oder gemischte Gruppentische.

Der Jungs-Club
Der Jungs-Club ist eine Initiative unserer selbstbewussten »Racker«: »Warum werden immer so viele Mädchensachen gemacht?« »Das nervt, wir wollen mal echte, coole Jungs-Angebote.« Das war die Aussage von zwei Wortführern einer älteren Jungs-Gruppe gegenüber einem unserer männlichen Mitarbeiter. Gemeinsam mit seiner Unterstützung wurde ein erstes Treffen einberufen, um Ideen und Wünsche zu sammeln, aber auch Aufnahmekriterien und Regeln zu verabreden und festzulegen. Mit Gründung des Jungs-Clubs wurde auch ein entsprechender Club-Ausweis gefordert. Dazu wurden Bilder gesammelt und ausgewertet, bis man sich auf ein Motiv einigen konnte. Anschließend ging es an die Gestaltung bis hin zur Fertigstellung und Laminierung der neuen Ausweise. Diese gelten künftig als Eintrittskarte für diese besonderen Club-Treffen.

Die ersten Ideen für Angebote wurden von den Kindern schnell genannt. Das Kräftemessen war der gemeinsame Dreh- und Angelpunkt der Jungs. So zählten zu den Hauptwünschen des neu gegründeten Jungs-Clubs anfangs Angebote wie Catchen, Ringen, Boxen, Armdrücken und Kämpfen. Die Regeln wurden mit den Kindern gemeinsam erarbeitet, abgestimmt und festgelegt: nicht beißen, kratzen oder schlagen, Zuordnung starker und schwächerer Kinder zu zweit in einer Mannschaft, immer zwei gegen zwei oder alle gegen den Mitarbeiter. Jeder hat das Recht »Stopp« zu sagen und damit den Kampf zu beenden (auch der Mitarbeiter).

Inzwischen erweitern sich die Interessen und es entstehen neue Ideen wie Fußballturniere ausrichten, Carrerabahnen bauen, Rennautocollagen erstellen. Seit der Gründung zeigen unsere Jungen große Begeisterung für den Jungs-Club und genießen die Angebote. Den Jungen geht es in erster Linie um das Abgrenzen ihres Geschlechtes sowie darum, Kräfte einzubringen, sich in Wettbewerben zu messen und um ihre Identifikation in der Gruppe. Das

Erkennen und Nutzen von Schwächen und Stärken ist dabei eine wichtige und nachhaltige Erfahrung. Schwächere Kinder erhalten mehr Anerkennung und stärken zunehmend ihr Selbstbewusstsein.

Bewegungsbaustellen – Spiel als Erfahrungs- und Lernraum
Vielfältige Materialien, bestehend aus Brettern, Baumstämmen, Reifen, Töpfen, Seilen, Fässern, Getränkekisten, Steinen etc. laden die Kinder ein, ihre Fantasiewelt in unseren Bewegungsbereichen drinnen und draußen zu bauen und gestalten. Dabei machen die Kinder mit ihren besonderen Fähigkeiten wichtige Erfahrungen im Spielgeschehen: Dinge aushandeln, Kompromisse schließen, Ideen einbringen, Rollen verteilen, gegenseitige Hilfestellungen geben, Erfolge und Misserfolge erfahren.

Während dieser bedeutungsvollen Spielzeiten stärken unsere Kinder nicht nur ihr Wir-Gefühl, sondern machen auch für sie wichtige und bedeutsame Erfahrungen bei ihrer Ich-Identifikation. Sie lernen ihre Stärken kennen und schätzen und diese gezielt einzubringen. Bei Wind und Wetter nutzen unsere Kinder mit unterschiedlichsten Fähigkeiten und in unterschiedlichstem Alter das Außengelände, um auf Entdeckungsreise zu gehen.

Während des lernenden Spiels wählen sich die Kinder Tätigkeiten in freier Selbstbestimmung und können spontanen Spielbedürfnissen nachgehen. Sie wählen eigenständig ihren Spielbereich, ihren Spielpartner und ihr Spielmaterial, setzen selbst Ziele und Spielaufgaben und bestimmen Verlauf und Dauer ihres Spiels.

Seit über einem Jahr stehen den Kindern zum fantasievollen Spielen und Gestalten auch überdimensionale Baumstämme auf unserem Außengelände zur Verfügung. Diese laden täglich aufs Neue ein, sie zu erklimmen, mit Brettern zu verbinden oder zu einer Höhle umzugestalten. Der Höhlenbau findet fast täglich statt. Wir beobachten, dass die Kinder in ihr Spiel fast immer mehrere Altersgruppen mit einbeziehen. Es gibt immer einen Anführer, mehrere Ideengeber und die Verteilung und Festlegung der unterschiedlichen Rollen. Dabei erleben wir, dass auch Kinder mit Integrationshintergrund in das Spiel einbezogen werden. Je nach Spielidee wechseln auch die Anführer ihre Rollen. Die verschiedenen Rollenspiele finden daneben auch in unseren Büschen, im Steinkreis und in der Sandkiste statt. Wichtig sind den Kindern vor allem Ecken und Nischen, in denen sie unbeobachtet ihren Spielideen nachgehen können.

Für uns ist es normal, verschieden zu sein. Kinder mit ihren unterschiedlichsten Fähigkeiten und Fertigkeiten erleben sich als Teil eines »Ganzen«, ohne Besonderung und ohne Ausgrenzung. Sie lernen in der Gemeinschaft, im Ausprobieren und im Aushandeln ihre Fähigkeiten und die der anderen Kinder kennen und schätzen. Auch unter Einbeziehung von TherapeutInnen findet im Alltag eine begleitende Förderung und Unterstützung statt.
Mit der Offenen Arbeit vertreten wir eine Pädagogik, in der allen Kindern die Chance gegeben werden soll, sich nach ihren Bedürfnissen zu entwickeln und sich mit ihren Stärken, Auffälligkeiten und Eigenschaften als Persönlichkeiten anzuerkennen.

> Die integrative Kindertagesstätte Nimmerland in Langen gehört zu den Elbe-Weser Werkstätten Gemeinnützige GmbH in Bremerhaven und wurde im Oktober 1999 eröffnet. Sie befindet sich am Rande des Ortskerns in der Stadt Langen, mitten in einem Neubaugebiet von Reihen- und Mehrfamilienhäusern.
> Die Stadt Langen grenzt an die Stadt Bremerhaven. Das Einzugsgebiet wird überwiegend als soziale Mittelschicht und obere Mittelschicht beschrieben. Mittlerweile umfasst die Stadt Langen 19.000 Einwohner. Außer unserer Integrativen Kindertagesstätte gibt es noch sechs weitere Kindertageseinrichtungen in der Stadt. Die Einrichtung wird überwiegend von Kindern aus der Stadt Langen und vereinzelt aus den dazugehörigen Ortschaften besucht.
> Wir arbeiten und leben nach dem »Integrativen, angebotsorientierten Konzept« (angelehnt an das Konzept der »Offenen Arbeit«).
> Zusätzlich ist in unserer Einrichtung die Hausfrühförderung integriert. In der Hausfrühförderung begleiten, betreuen und fördern wir Kinder unter drei Jahren mit Behinderungen, Entwicklungsverzögerungen oder Entwicklungsauffälligkeiten in den Familien oder als Kleinstgruppen in psychomotorischen Angeboten in der Kindertagesstätte.
> Insgesamt setzt sich das Team aus 17 MitarbeiterInnen mit heilpädagogischen, pädagogischen, ergotherapeutischen, heilerzieherischen und hauswirtschaftlichen Qualifikationen zusammen.

Irgendwo zwischen Inklusion und Exklusion – Aspekte zur vorschulischen Bildung tauber und schwerhöriger Kinder
Bengt Förster

ALS »SELBSTBETROFFENER« – ich bin von Geburt an fast taub – fällt mir in vielen Fachdiskussionen auf, dass sehr selten Ansichten und Meinungen Selbstbetroffener miteinbezogen werden, wenn es um Inklusion von Menschen mit Behinderungen geht. Daher ist es mir ein besonderes Anliegen, taube und schwerhörige Menschen, die selbst Erfahrungen mit Inklusion bzw. Integration gemacht haben, mit ihren persönlichen Aussagen in diesem Beitrag zu Wort kommen zu lassen. Des Weiteren soll am Beispiel der Inklusion in der Hörgeschädigtenpädagogik deutlich werden, dass ein Umdenken in konzeptioneller und struktureller Hinsicht notwendig ist. Einleitend wird die Struktur der bisherigen Arbeit in der Hörgeschädigtenpädagogik von der Frühdiagnostik bis zur Einschulung im Überblick vorgestellt, um die Komplexität des Themas auch im Rahmen einer Inklusionsdebatte zu verdeutlichen.

Förderangebote für taube und schwerhörige Kinder
Seit 1. Januar 2009 haben Eltern nach der Geburt ihres Kindes einen Anspruch auf Überprüfung des Hörens durch das Neugeborenen-Hörscreening (NHS). Mittels eines OAE-Verfahren und einer Überprüfung der akustisch evozierten Hirnstamm-Potenziale wird die Hörüberprüfung durchgeführt. Mit diesem völlig schmerzfreien Verfahren kann festgestellt werden, ob ein Hörverlust ab 35 dB vorliegt.

Nach Bestätigung des Befundes werden erste Maßnahmen in Form von Beratungsangeboten zur Frühförderung eingeleitet. In der Regel sind diese den sogenannten Pädoaudiologischen Beratungszentren der Schulen für Hörgeschädigte angeschlossen. Hier werden audiometrische Messungen zum Zweck der Überprüfung des Hörens durchgeführt, Eltern hinsichtlich der technischen Hörhilfen und der hörgeschädigtenspezifischen Erziehung beraten und die Frühförderung tauber sowie schwerhöriger Kinder umgesetzt.

Die praktische Arbeit der Frühförderung findet zumeist im häuslichen Rahmen der Eltern und unter Anleitung der Hörgeschädigten-PädagogInnen statt. Schwerpunkte sind Anbahnung der Sprache bzw. Kommunikation, Hörübungen, aber auch Hilfen bei alltäglichen Problemen sowie allgemeine Beratung, wie zum Beispiel die Beantragung des Behindertenausweises.

Während der Phase der Frühförderung müssen Eltern mehrere wichtige Entscheidungen treffen, die sich auf die konzeptionelle Ausrichtung (siehe »Bilinguales versus Audiopädagogisches Förderkonzept?«) und den Besuch einer Kindertagesstätte beziehen.

Hierbei gäbe es grundsätzlich zwei Möglichkeiten: Entweder entscheidet man sich für eine Kita, die einer Hörgeschädigten-Schule angeschlossen ist und für eine Peergroup-Ausrichtung sorgt. Oder die Entscheidung fällt auf eine Regel-Kita ohne besondere sonderpädagogische Förderung, die lediglich durch einen Mobilen Dienst begleitet wird.

Ähnlich wie in der Schule kam es in den letzten Jahren in den Kindertageseinrichtungen zu strukturellen und inhaltlichen Veränderungen: Immer mehr taube und schwerhörige Kinder besuchen eine wohnortnahe Regel-Kita und lösen damit einen erhöhten Bedarf nach einer Unterstützung durch den Mobilen Dienst aus. Auf der anderen Seite werden die Gruppen in den Kitas der Hörgeschädigten-Einrichtungen immer heterogener, da zum Beispiel sprachstarke und sprachschwache Kinder oder Kinder mit einer guten auditiven Erreichbarkeit mit völlig tauben und gebärdensprachorientierten Kindern zusammenkommen. Auch die auditive Verarbeitungs- und Wahrnehmungsstörung (AVWS) steht immer mehr im Fokus der hörgeschädigtenpädagogischen Förderung.

Der Übergang von der Kita zur Schule ist eine kritische Phase, die besondere Aufmerksamkeit erfordert. Gerade die Hörbehinderung und ihre Auswirkungen müssen auf verschiedenen Ebenen ausgelotet werden. Gelingt es dem Kind, die Beiträge der LehrerInnen und der anderen SchülerInnen zu verstehen? Kann es sich kommunikativ soweit in den Unterricht einbringen, dass das Lernen nicht gestört wird? Als Selbstbetroffener ist es mir auch immer wieder wichtig zu fragen: Kann im Unterricht in einer entspannten Kommunikationsumgebung gelernt werden? Aber auch: Ist soziales Lernen ohne Assistenz, wie zum Beispiel durch den Einsatz von GebärdensprachdolmetscherInnen, möglich?

Alle diese Punkte müssen in der Kita – und zwar spätestens vor der Anmeldung zur Einschulung – abgeklärt werden, damit auch die Rahmenbedingungen für die spätere Beschulung geschaffen werden können. Für schwerhörige Kinder bedeutet dies, dass rechtzeitig entsprechende schalldämmende Materialien beantragt und bestellt werden müssen, bei tauben Kindern der Kostenantrag auf GebärdensprachdolmetscherInnen bzw. Gebärdensprachkurse für die zukünftigen LehrerInnen im Rahmen einer Weiterbildung.

Dies alles abzuklären, ist sicherlich in einer Kita einer Hörgeschädigten-Einrichtung einfacher als in einer Regel-Kita, in der MitarbeiterInnen ohne hörgeschädigtenspezifische Ausbildung oder Qualifikation tätig sind.

Bilinguales versus Audiopädagogisches Förderkonzept?
Im Rahmen der Hausfrüherziehung als ganzheitliche Förderung und Erziehung des tauben und schwerhörigen Kleinkindes im Elternhaus hält Leonhardt folgendes Vorgehen für erforderlich: »Eine Information und Beratung der Eltern bzgl. verschiedener aktueller methodischer Föderansätze sollte selbstverständlich sein« (2002, S. 101).

Frühförderung mit audiopädagogischer Ausrichtung umfasst alle Maßnahmen, die eine Hör- und Lautsprachentwicklung durch Einsatz von Hörgeräten und Cochlear Implantat (CI) anstreben. Hören und Sprechen könne bei Kindern mit Taubheit und Schwerhörigkeit dann erfolgreich sein, so die gängige Annahme, je früher die Kinder mit technischen Hörhilfen versorgt werden und entsprechend rein lautsprachlich bzw. hörgerichtet gefördert werden (Bogner/Diller 2009). Dadurch sei ein sich Beteiligen am Leben in der Gesellschaft und in der Familie leichter. Darüber hinaus ist die Mehrheitssprache die deutsche gesprochene Sprache; das Nichtbeherrschen des Sprechens führe dann quasi zur Isolation.

Statistisch gesehen werden heute in Deutschland mehr als 90 Prozent aller tauben und schwerhörigen Kinder in der Früherziehung nach audiopädagogischen Methoden gefördert und über 90 Prozent aller tauben Kinder mit einem CI versorgt (Hennies 2010, S. 6). Taube und schwerhörige Kinder nach bilingualen Methoden zu fördern heißt, sowohl die deutsche Sprache als auch die Deutsche Gebärdensprache in der Erziehung mit einzubeziehen. Die Deutsche Gebärdensprache ist eine visuelle Sprache, die vor allem die Hauptkomponenten der Hände und non-manuelle Mittel wie Mimik oder Mundgestik zur Kommunikation einsetzt. In den 1960er Jahren und Ende der 1970er wurden in verschiedenen linguistischen Studien die Existenz einer Grammatik und regelhafte Strukturen der Gebärdensprache der tauben Menschen festgestellt (Stokoe 1960; Prillwitz et al. 1985). Erst 1990 war es in Deutschland möglich, erste bilinguale praktische Erfahrungen im Bildungsbereich tauber und schwerhöriger Kinder in einer Hamburger Schule zu sammeln.

Grundgedanke des bilingualen Ansatzes ist, dass taube und schwerhörige Kinder zunächst in eine Sprache, nämlich die Gebärdensprache, hineinwachsen sollen, in der sie sich leichter verständigen können. In der weiteren Phase wird dann die Lautsprache nach und nach eingeführt. Mit Lautsprache sind insbesondere das Artikulieren und das Fingeralphabet, in der jeder Buchstabe mit einem Gebärdenzeichen ausgeführt wird, gemeint.

Der Schriftspracherwerb hat im Rahmen einer bilingualen Erziehung eine besonders wichtige Rolle. Es gibt für das Jahr 2011 nur vereinzelte Angebote mit Gebärdensprache. Insbesondere sind »Gib Zeit« aus Nordrhein-Westfalen und »Quietschehände«, ein deutschlandweites Netzwerk von gebärdensprachkompetenten FrühförderInnen, zu nennen. Auch in Hörgeschädigten-Einrichtungen wie im Berliner »Sinneswandel e.V.« wird Früherziehung nach dem bilingualem Modell angeboten.

Auf den ersten Blick scheint das bilinguale Fördermodell ein Gegenstück zum audiopädagogischen Förderansatz zu sein. Tatsächlich ist das bilinguale Modell eine Erweiterung des audiopädagogischen Arbeitens, da die Lautsprache auch zum Bildungsinhalt gehört. Mehrere Probleme in der Förderung nach dem bilingualen Modell konnten bislang noch nicht gelöst werden: Wie werden hörende Eltern mit tauben und schwerhörigen Kindern in Gebärdensprache fit gemacht? Wer übernimmt die Förderkurs-Kosten? Dazu kommt der Einsatz von Fachkräften, die selbst taub sind und somit eine ideale Vorbildfunktion sowohl in psychologischer als auch in sprachlicher Hinsicht darstellen.

Resümierend lässt sich feststellen, dass beide Förderansätze nicht gleichberechtigt angeboten werden können. Zum einen liegt die überwiegende pädagogische Grundüberzeugung auf einer rein lautsprachlichen Erziehung (Hennies 2011). Auf der anderen Seite wurde strukturell nicht dafür gesorgt, dass sowohl in der Ausbildung als auch in der Weiterbildung von Fachkräften der vorschulischen Bildung regelmäßige Seminare in Gebärdensprache und bilingualer Erziehung angeboten werden. Wie sonst soll dann ein Förderangebot mit Einbezug der Gebärdensprache unterbreitet werden?

Im Rahmen einer Inklusion im vorschulischen Bereich lassen sich aber Tendenzen einer Öffnung hin zur Gebärdensprache und den hörgeschädigtenspezifischen Anforderungen feststellen. In Hannover-Mitte und Laatzen haben sich zum Beispiel bereits zwei Regel-Kitas, eine davon mit Integrationsgruppe, auf die Kommunikation der tauben Kinder bzw. eines sprachbehinderten Kindes eingestellt. MitarbeiterInnen und Kinder lernten Gebärden und setzen diese in vielen Situationen ein, um eine Kommunikation in vielfältiger Weise zu ermöglichen.

Dennoch muss man insbesondere hier den Gebärdenspracherwerb unter sozialen Gesichtspunkten betrachten. Taube Kinder befinden sich alleine unter hörenden Kindern und unter hörenden ErzieherInnen, die nur aufgrund dieser Situation Gebärdensprache erlernen. Daher sind Sprachkontakte mit anderen tauben Kindern, aber auch tauben Erwachsenen wichtig. Hier setzt eine kommunikative Situation ein, die mit dem Sprachenlernen unter Hörenden vergleichbar ist und entspannter verläuft. Dies gilt ebenso für jene schwerhörigen Kinder, die zwar auditiv über Hörgeräte oder Cochlear Implantat erreichbar sind, aber in Gruppengesprächen und Unterhaltungen in großer Runde enorme Verstehensschwierigkeiten haben.

Lebenserfahrungen tauber und schwerhöriger Erwachsener und ihre Implementierung in der vorschulischen Bildung
Anhand der persönlichen Berichte zweier tauber bzw. schwerhöriger Erwachsener sollen die Entscheidungen für die Sprachenwahl sowie die sozialen und kommunikativen Erfahrungen mit Hörenden aufgezeigt werden, aus denen sich die Anforderungen an die vorschulische Erziehung ableiten lassen:

»Im Alter von drei Jahren wurde bei mir eine hochgradige Schwerhörigkeit festgestellt. Es erfolgte sofort eine Versorgung mit Hörgeräten, Förderung durch Sprachheilkindergarten, Frühförderung und Logopädie. Nach dieser umfangreichen Förderung erfolgte mit sieben Jahren die Einschulung in eine Regelschule vor Ort. In der Schule wurde ich vom Mobilen Dienst betreut und es gab eine enge Zusammenarbeit mit meinen Eltern, dem Lehrer bzw. der Schule und dem Mobilen Dienst. Die ersten beiden Schuljahren waren kein Problem. [...] Doch mit der dritten Klasse änderte sich alles. Auf einmal gab es Ausgrenzung durch die MitschülerInnen – Mobbing. Zudem verschlechterte sich schon seit dem dritten Lebensjahr mein Hörvermögen kontinuierlich, das Verstehen im Unterricht

wurde also auch schwieriger. Da half auch der Teppich als Schalldämpfer nicht. So kam es, dass die Schule sehr anstrengend für mich war, dass ich Aufgaben falsch verstand und außerhalb des Unterrichts nur begrenzt Kontakt zu den Mitschülern hatte. [...] In der siebten Klasse kam ich mit meinen Freundinnen aufs Gymnasium. Hier hatte ich von Anfang an eine tolle, junge, engagierte Lehrerin und eine super Klasse. Dank der Lehrerin akzeptierte die Klasse schnell meine Andersartigkeit und integrierte mich gut. Doch es wurde alles schwieriger. Es gab weniger Frontalunterricht, der Unterricht lebte viel von den Schülerbeiträgen, die ich jedoch nie verstand. Ich wusste oft gar nicht mal, wer überhaupt sprach« (Knack 2010, S. 182).

»*Ich bin mit einer beidseitigen Innenschwerhörigkeit auf die Welt gekommen. [...] Frühzeitig wurde ein Termin bei der Akademie M. vereinbart, um eine Diagnose stellen zu lassen. So wurde meine mittelgradige Schwerhörigkeit früh erkannt. [...] Die Entscheidung, dass ich denselben Kindergarten wie mein Bruder besuchen soll, war schnell und bewusst getroffen. Ich sollte zu Hause aufwachsen und nicht schon mit frühen Jahren in ein Internat. Meine Mutter hat mit ihrem persönlichen Engagement damals alles für meinen Lautspracherwerb getan. [...] Für viele Eltern ist die Entscheidung, auf welche Schule ihr Kind eingeschult werden soll, eine schwere Entscheidung. Auch für meine Eltern war das so. Weil ich den Lautspracherwerb soweit gut gemeistert hatte, versuchten sie es zunächst mit einer hörenden Schule. Meine Unsicherheit blieb in dieser neuen Umgebung. Ich kopierte das Verhalten der anderen Schulkinder und habe im Unterricht die Inhalte größtenteils nicht verstanden. Am Nachmittag wurde nachgeholt, was ich in der Schule nicht verstanden hatte. Meine Mutter hat auch hier wieder mit großem Einsatz den Unterricht mit mir nachgearbeitet, wiederum sehr konsequent, weil sie das Ziel hatte, dass ich mit den hörenden Schulkindern mithalte. [...] Für meine Eltern war [...] klar, dass ich in der Schule für Hörende kommunikativ einfach überfordert bin wie die anderen Kinder. Es fehlte etwas, nur wusste ich nicht, was mir fehlte... [...] Mein langjähriger Hals-, Nasen- und Ohrenarzt riet zu einem Wechsel auf die Schule für Hörgeschädigte. Das war damals die Erlösung, und ich bin bis heute dankbar für diesen Schulwechsel. [...] Mit dem Wechsel auf die Schule für Gehörlose und Schwerhörige war ich zum ersten Mal unter Gleichgesinnten. Zum ersten Mal sah ich Schulkinder, die mit den Händen etwas mitteilten. Ich fand das von Anfang an spannend und war neugierig auf diese visuelle Sprache. [...] Meine Neugierde war stärker und ich plauderte trotzdem mit den gehörlosen Schulkindern und freute mich über jede neu erlernte Gebärde. So entstanden die ersten Freundschaften auf dem Schulhof und im Internatsleben, eine wichtige Erfahrung für meine weitere psychosoziale Entwicklung. Ich lernte mit der Trennung von meinen Eltern unter der Woche umzugehen, baute meine freundschaftlichen Kontakte aus und hatte plötzlich positive Erlebnisse, die ich aus meiner früheren Kindheit nicht kannte. Die Kommunikation hatte endlich eine Bedeutung für mich! Ich verstand immer mehr Zusammenhänge und erschloss mir meine Umgebung. Zudem kam ich mit einer kleinen Klasse in der Schule und in einer kleinen Gruppe im Internat viel besser zurecht als an einer Regelschule mit Klassen von über 25 hörenden Schulkindern« (Helke 2010, S. 99ff.).*

Diese sehr persönlichen Erfahrungen zeigen: Der Bildungserfolg darf nicht durch vorbestimmte Lebenswege gekennzeichnet sein, ebenso wie die Entscheidung für eine Sprachgruppenwahl. Interessant ist auch, dass die Betroffenen zwar lautsprachlich kompetent sind, aber dennoch eine gebärdensprachliche Kommunikation in ihre Lebensplanung mit einbeziehen. Gruppengröße, Akzeptanz und auch Unterrichts(Lern-)formen sind weitere Faktoren, die in diesen Erfahrungsberichten angesprochen werden.

Schlussfolgerungen für eine inklusiv ausgerichtete Vorschulerziehung
Wie die biografischen Reflexionen zeigen, müssen beide Förderansätze von Anfang an bereitgestellt werden – unabhängig davon, welchen Hörstatus ein taubes bzw. schwerhöriges Kind hat und in welchem Umfeld es aufwächst. Des Weiteren ist es wichtig, dass sowohl gegenüber der Gebärdensprache als auch der Lautsprache eine positive Haltung eingenommen wird, da sonst eine gestörte Sprachentwicklung droht. In verschiedenen Studien konnte dies auch bei Kindern mit Migrationshintergrund bestätigt werden (Tracy 2008).

Die Erfahrungen verdeutlichen, dass die Kommunikation mit Hörenden häufig nicht einwandfrei verläuft und sehr belastend sein kann. Daher ist davon auszugehen, dass taube und schwerhörige Kinder im Vorschulalter ähnliche Erfahrungen machen. Es muss vor allem berücksichtigt werden, dass bei schwerhörigen Kindern andere Wahrnehmungsvoraussetzungen vorliegen als bei Kindern, die nicht schwerhörig sind. Alltägliche Dialoge, Informationen aus einem Hörbuch und viele andere gesprochene Situationen können hörende Kinder nebenbei wahrnehmen. Nicht so verhält es sich bei schwerhörigen Kindern und erst recht nicht bei Kindern, die taub sind. Vieles wird falsch verstanden oder muss mühsam vom Mund abgesehen werden.

Und noch ein weiterer Aspekt dürfte von Relevanz sein: Der Wechsel von Regelschulen in Hörgeschädigtenschulen ist auch ein Wechsel mit völlig neuen Kommunikationsbedingungen. Wenn vorher nur mit großer Anstrengung und Konzentration Unterrichtsgespräche zu verstehen waren, so sind nun die Lehrer-Schüler-Gespräche plötzlich gut zu verstehen. Wenn vorher die Klassen mit 25 bis 30 SchülerInnen groß waren, sind die Klassengrößen in Hörgeschädigteneinrichtungen oftmals an zwei Händen abzuzählen. Und auf einmal sind dort ganz viele Kinder, die selbst taub und schwerhörig sind. Eine besondere Peergroup-Erfahrung, die in der Einzelintegration so niemals auftreten kann und für eine gesunde Entwicklung zum selbstbewussten Leben wichtig ist.

Ein inklusiv ausgerichtetes Bildungssystem für Kinder im vorschulischen Alter muss deshalb dafür sorgen, dass zum einen die Sprachangebote in vielfältiger Weise mit hoher Kompetenz angeboten werden. Zum anderen müssen auch entspannte und somit entwicklungsfördernde Kommunikationssituationen – beim Spielen zu zweit ebenso wie bei Gruppenaktivitäten (etwa Stuhlkreis) – stattfinden. Eine ernstzunehmende Inklusion gelingt erst, wenn tatsächlich solche Peergroup-Situationen bewusst angelegt und pädagogisch gefördert werden, die im Kontext einer Entwicklungsförderung tauber und schwerhöriger Kinder unumgänglich sind. Hierzu gehört die Bildung von Gruppen mit tauben und schwerhörigen Kindern ebenso wie der Einsatz von pädagogischen Fachkräften, die selbst taub sind.

Literatur

Bogner, B. / Diller, G. (2009): Hörschädigung: Prävalenz, Frühdiagnostik, technische Versorgung. In: Frühförderung interdisziplinär, 4/2009, S. 147-157.

Förster, B. (2010): »Warum kommst du am Donnerstag und nicht mehr am Mittwoch?« Reflexionen über die Arbeit mit Vorschulkindern in Gebärdensprache. In: hörgeschädigte kinder – hörgeschädigte erwachsene, 1/2010, S. 37-41.

Förster, B. (2011): Bilinguale Frühförderung – Ansichten, Einsichten, Aussichten. Unveröffentlichtes Manuskript zum Vortrag vom 02.04.2011 in der Immenhoferschule Stuttgart.

Helke, I. (2010): Mit bunten Hörgeräten durchs Leben. In: C. Tsirigotis / M. Hintermair: Die Stimme(n) von Betroffenen. Empowerment und Ressourcenorientierung aus der Sicht von Eltern hörgeschädigter Kinder und von erwachsenen Menschen mit Hörschädigung. Heidelberg: Median, S. 99-107.

Hennies, J. (2010): Frühförderung hörgeschädigter Kinder – Ein aktueller Überblick. In: hörgeschädigte kinder – hörgeschädigte erwachsene, 1/2010, S. 5-7.

Knack, S. (2010): »Über Stock und Stein«. In: hörgeschädigte kinder – hörgeschädigte erwachsene, 4/2010, S. 182-184.

Leonhardt, A. (2002): Einführung in die Hörgeschädigtenpädagogik. Weinheim/Basel: Beltz.

Prillwitz, S. et al (1985): Skizzen zu einer Grammatik der Deutschen Gebärdensprache. Hamburg: Forschungsstelle Deutsche Gebärdensprache.

Stokoe, W. (1960): Sign Language Structure: An Outline of the Visual Communication System of the American Deaf. University of Buffalo: Occasional Paper 8.

Szagun, G. (2010): Einflüsse auf den Spracherwerb bei Kindern mit Cochlear Implantat: Implantationsalter, soziale Faktoren und die Sprache der Eltern. In: hörgeschädigte kinder – hörgeschädigte erwachsene.

Tracy, R. (2008): Wie Kinder Sprachen lernen. Tübingen: Francke.

Voit, H. (1999): Sprach- und Bezugsgruppenwahl hörgeschädigter Erwachsener – eine Herausforderung für die Hörgeschädigtenpädagogik. In: Th. Kaul / C. Becker: Gebärdensprache in Erziehung und Unterricht. Hamburg: Verlag hörgeschädigte Kinder, S. 49-67.

Internet-Adressen

Gib Zeit:
http://web.me.com/barbaramekhneche/Website/Startseite.html [Stand: 19.06.2011].
Quietschehände:
http://www.quietschehaende.de [Stand: 19.06.2011].
Früherkennungsuntersuchung:
http://www.g-ba.de/downloads/83-691-7/RL_Kinder-Anlage-6-2008-06-19.pdf [Stand: 19.06.2011].

Inklusive Genderpädagogik in einer Elterninitiative

Thekla Bergen

»HARIBO MACHT KINDER FROH UND ERWACHSENE EBENSO« trällern unsere Kinder fröhlich durch den Flur. Gemeint ist Harry, der als Pädagoge seit 13 Jahren mit einer jungen Kollegin die Betreuung der Drei- bis Sechsjährigen bei uns übernommen hat. Die Kinder wissen, dass Harry eine unendliche Geduld hat, dass sie ihm Frisuren machen können, dass er rosa Turnschuhe hat, sich gerne verkleidet, viel über Cowboys weiß und gerne mit ihnen Kinderlieder singt. Dafür und für vieles andere lieben sie ihn und kommen auch nach Jahren immer wieder vorbei, um ihn zu besuchen.

Harry war der erste von mittlerweile sechs männlichen Mitarbeitern in der Rübe. Damals war es eher ungewöhnlich, einen Mann in der Kita zu beschäftigen. Heute arbeiten in unseren Einrichtungen 40 Frauen und Männer unterschiedlichen Alters in fünf Teams miteinander. 34 Frauen und sechs Männer aus insgesamt zehn Ländern, drei MitarbeiterInnen mit Schwerbehindertenstatus, 22 Praktikantinnen (davon 9 Männer).

Als *Elterninitiative* entwickeln wir unser pädagogisches Konzept im Dialog mit den Müttern und Vätern der uns anvertrauten Kinder. Gemeinsam diskutieren wir darüber, was Kinder heute brauchen und schaffen den strukturellen und organisatorischen Rahmen für eine gelingende Pädagogik.

ErzieherInnen und Eltern verbindet das Ziel, einen guten Lebensraum für Kinder zu schaffen. Und es verbinden uns die gemeinsamen Ideale: *Freiheit, Toleranz und Offenheit* für Neues. Wir sehen Kinder als eigenständige Persönlichkeiten, die wir in ihrem Selbstbildungsprozess behutsam und liebevoll unterstützen. Wir begegnen ihnen und ihren Eltern mit Wertschätzung und Respekt und begleiten sie auf ihrem Bildungsweg. Wir unterstützen ihre Lernprozesse, philosophieren mit ihnen und lassen sie an der Gestaltung des Alltags partizipativ teilhaben.

Unser Grundprinzip ist es, unterschiedliche Lebensformen, Kulturräume, Fähigkeiten und Möglichkeiten bei Kindern, MitarbeiterInnen und bei Müttern und Vätern zu akzeptieren und zu tolerieren. Dies resultiert aus einer ausgeprägten geschlechtsgemischten Dialog-Kultur in unseren Einrichtungen. In vielen unserer Gespräche und Diskussionen waren so auch Männer und Frauen beteiligt, die ihre unterschiedlichen weiblichen und männlichen Sichtweisen vertreten haben und vertreten sehen wollten. Das Ergebnis waren ErzieherInnen und auch Eltern, die sehr viel bewußter mit Rollenzuschreibungen und eigenen Rollenbildern umgehen und eine Pädagogik, die beide Sichtweisen einbezieht.

Wir glauben, dass Geschlechtsidentität nicht einfach weitergegeben werden kann, sondern von Kindern durch die Auseinandersetzung mit möglichst vielfältigen weiblichen und männlichen Rollenmodellen selbstständig entwickelt wird. Kinder brauchen verschiedene Männer und Frauen, damit sie ein breites Spektrum an Rollenvorbildern kennenlernen und eigene Geschlechteridentität entwickeln können. Aber wie können wir Gender-Mainstreaming im Alltag der Kitas umsetzen?

Das vorurteilsbewußte Kita-Team
In den meisten Kita-Teams arbeiten in der Regel Frauen. Es hat sich so über Jahre eine Frauenkultur entwickelt, in der Männer allenfalls als Leitung oder in der Hausmeisterfunktion tätig waren. Mädchen und Jungen brauchen aber beide Geschlechter, um ihre Identitäten zu entwickeln. Und sie benötigen geschlechtergerechte Verhaltensvarianten, aus denen sie wählen können. Neben den klassischen Geschlechterrollen sollten sie auch Frauen kennenlernen, die gerne raufen und toben und etwas reparieren, und Männer, die gerne philosophieren, musizieren oder malen.

Aber wie schaffen wir es, mehr Männer für den Erzieherberuf zu begeistern, und sie auch zu behalten? Um sich diesen Fragen zu nähern, ist es hilfreich, einige Fragen im Kita-Team zu diskutieren und das eigene Selbstbild als Frau/Mann zu reflektieren:
- Wie ist mein Bild von Mann oder Frau? Was ist für mich typisch weibliches oder männliches Verhalten?
- Wie wirke ich selbst als Frau oder Mann auf Jungen oder Mädchen?
- Wie gehe ich damit um, wenn sich Männer oder Frauen eher nicht rollentypisch verhalten? Kann ich das akzeptieren? Was löst das aus?
- Was biete ich den Jungen und Mädchen an Spielmöglichkeiten an? Ist das Fußball spielen offen für Mädchen, und spiele ich als Frau auch mal mit? Biete ich auch den Jungen das Spiel in der Puppenecke an?

- Wie gehen wir damit um, das wir uns mehr Männer in der Kita wünschen, aber in den Medien oft über Kindesmissbrauch durch Männer berichtet wird? Wie kommunizieren wir unsere Haltung hierzu mit den Eltern?
- Wie sähe eine Kita aus, in der ausschließlich Männer arbeiten? Was wäre dort anders?
- Ist Fürsorge weiblich? Oder trauen wir auch Männern zu, Kinder trösten zu können?
- Wieviel Aufmerksamkeit schenken wir Mädchen oder Mädchenaktivitäten (Basteln, Malen etc.) und wieviel den Jungen beim Bauen von Piratenschiffen, Papierfliegern oder beim Toben und Raufen?
- Welche Spielbereiche werden besonders von Mädchen und Frauen genutzt, welche von Jungen und Männern?
- Wieviele eigene Rollenerwartungen oder Zuschreibungen äußere ich den Kindern gegenüber? Spreche ich mit Jungen anders als mit Mädchen?
- Und nicht zuletzt: Was brauchen Männer und Frauen, Jungen und Mädchen, um sich in der Einrichtung wohl und zugehörig zu fühlen?

Inklusive genderbewußte Personalplanung

Die Einführung von Gender Mainstreaming–Strategien in der Kita ist in erster Linie die Aufgabe von Trägern und Leitungen. Männer und Frauen sollen sich mit der Einrichtung identifizieren, sich wohl fühlen und in partizipativen Strukturen mit entscheiden können. Vertraute und neue Geschlechterrollen prägen nachhaltig das Miteinander der MitarbeiterInnen, eröffnen z.T. neue Horizonte und erzeugen eine »Sogwirkung«. So können Sie in der Elterninitiative Rübe Männer treffen, die putzen oder musizieren, Frauen in Leitungspositionen, Hausmänner, die Teilzeit arbeiten etc. Um attraktive Arbeitsplätze für Frauen und Männer zu schaffen, sind aus unserer Sicht folgende Punkte zentral:

- Die Ausschreibungen für freie Stellen so gestalten, dass beide Geschlechter sich angesprochen fühlen
- Bei Personaleinstellungen neben der beruflichen Qualifikation besonders auf Menschen mit ungewöhnlichen Lebensläufen oder Lebensformen, anderer Herkunft oder mit Handicaps achten und das als Chance für neue Sichtweisen und Entwicklungen sehen
- Erwartungen klar benennen (Veränderungsbereitschaft, Offenheit, Toleranz etc.)

- In der Öffentlichkeit häufig Fotos benutzen, auf denen auch Männer im Spiel mit Kindern zu sehen sind
- Stellen für Reinigungskräfte auch mal an Männer vergeben oder den Hausmeisterposten an Frauen
- Voll-und Teilzeitarbeitsplätze schaffen, um die Vereinbarkeit von Familie und Beruf zu gewährleisten
- Durch Hospitationen von SchülerInnen der Fachschule für Sozialpädagogik spätere Bewerbungen insbesondere von Männern erleichtern
- Sich als Praxisstelle für den Zukunftstag von Jungen und Mädchen anbieten, was besonders von ehemaligen Jungen unserer Einrichtung wahrgenommen wird
- Ein Programm zu MitarbeiterInnenförderung erarbeiten
- Den Etat für Fortbildung und Supervision erhöhen
- Ressourcen geschlechtergerecht verteilen (Etats)
- Die Zusammenarbeit mit Netzwerken und Institutionen intensivieren.

Umgang mit Unterschieden und Gleichheiten von Jungen und Mädchen
Im Alltag der Kita sprechen wir oft über *Kinder* und vergessen die geschlechtliche Identität als Junge oder Mädchen. Durch Beobachtung der unterschiedlichen Themen und Anforderungen, mit denen sich die Jungen und Mädchen auseinandersetzen, bekommen wir eine Vorstellung von ihren Rollenerfahrungen und Zuschreibungen und können uns im Dialog mit ihnen ihre Erfahrungen erschließen und Anregungen zum Nachdenken geben. Die Aneignung vielfältiger Bildungsthemen ist dabei Voraussetzung und Ziel für eine Kompetenzerweiterung der Jungen und Mädchen. Nachhaltige Bildungserfolge werden erzielt, wenn Mädchen und Jungen mitgestalten und an der Gemeinschaft im Kindergarten gleichberechtigt mit ihren Möglichkeiten und Einschränkungen teilhaben können. Mädchen und Jungen, jüngere oder ältere Kinder, kommunizieren auf unterschiedliche Weise, deshalb sollten sie auch die Möglichkeit haben, sich in gleichgeschlechtlichen Gruppen auseinandersetzen zu können. Ihre Selbstbestimmung und Gemeinschaftsfähigkeit brauchen unsere Unterstützung, zum Beispiel durch Kinderkonferenzen, Auseinandersetzungen mit dem Körper oder beim Artikulieren von Gefühlen und Bedürfnissen.

Die Aufgabe der PädagogInnen ist es, diese Bedürfnisse sensibel wahrzunehmen und entwicklungsfördernd zu handeln.

Wenn PädagogInnen genderbewusst arbeiten, sollten sie
- geschlechtsstereotype Zuschreibungen der Kinder untereinander thematisieren
- darauf achten, wie bewertend sie mit den Kindern sprechen (wird das Mädchen anerkennend gelobt, weil es im Kleid so hübsch aussieht, der Junge aber nicht?)
- geschlechtsbezogene Fragen auch mit Müttern und Vätern thematisieren
- beiden Geschlechtern eine Erweiterung des Verhaltensrepertoires anbieten
- die Bedürfnisse von Jungen und Mädchen bei der Raumplanung berücksichtigen
- in Kinderbesprechungen dafür sorgen, dass alle Kinder, die etwas sagen möchten, dies auch können (z. B. durch einen wandernden Redestein)
- mit den Kindern auch Bücher lesen, die Mädchen und Jungen in anderen Rollen zeigen.

Geschlechterbewußte Beziehungsgestaltung mit den Eltern

ErzieherInnen und Eltern diskutieren bei uns gleichberechtigt die pädagogischen Schwerpunkte der Einrichtung. Die Auseinandersetzung über konzeptionelle Inhalte mit Frauen und Männern wie die Reflexion von Geschlechterrollen, Stereotypen und Rollenerwartungen von MitarbeiterInnen und Eltern ergänzt die Diskussionen des pädagogischen Teams und eröffnet neue Sichtweisen für die MitarbeiterInnen.

Auf Elternabenden oder in AG's sind regelmäßig auch viele Väter anwesend, die aktiv mitwirken. Bei Hausbesuchen oder Elterngesprächen lernen wir Familienstrukturen und Lebensformen kennen. Die Auseinandersetzung mit gleichgeschlechtlichen Ehepaaren, alleinerziehenden Vätern und Müttern oder Eltern in Patchworkfamilien erweitert den Horizont und gibt uns wertvolle Einblicke und Hinweise für die Arbeit mit den Kindern. Der ständige Austausch mit den Eltern bereichert und fordert die MitarbeiterInnen der Elterninitiative Rübe gleichermaßen durch:
- *Erfragen der Kompetenzen und Bedürfnisse* der Eltern im Aufnahmegespräch.
- *Elternarbeit während des Betriebes:* Die Kinder erleben durch die Aufgaben der Eltern im Alltag, dass ihre und andere Mütter und Väter häufig anwesend sind und zuschauen oder mithelfen. Dadurch erleben die Mädchen und Jungen Frauen und Männer bei den unterschiedlichsten, auch rollenuntypischen Tätigkeiten.

- *Ermutigung:* Wir ermutigen auch Väter, die Eingewöhnung ihrer Kinder zu begleiten.
- *Gespräche:* Wir versuchen Müttern und Vätern Ängste zu nehmen, wenn sie sich zum Beispiel Sorgen machen, dass ihre Tochter sich wie ein Junge verhält oder ihr Sohn sich als Mädchen verkleidet.
- *Aktivitäten:* Die Eltern haben beim Sommerfest ein geschlechtsgemischtes Fußballspiel organisiert.

> Geschlechtergerechte Pädagogik in der Kita sollte durchgängig von allen Beteiligten immer wieder diskutiert und von Trägern und Leitungen auf den Weg gebracht werden. Besonders die Jungen im Kindergarten haben auch ein Recht auf adäquate Vorbilder. Deshalb ist die Forderung »Mehr Männer in die Kitas« nur folgerichtig. Ich habe in diesen Diskussionen viel gelernt, viel über mich als Frau, über meine Wirkung als Vorbild und Toleranz anderen Menschen gegenüber, und das wünsche ich auch den LeserInnen dieses Artikels. Vielleicht müssen wir unsere Frauenkultur neu denken, um uns einer Frauen-Männer-Kita-Kultur zu nähern und die Mädchen und Jungen auf dem Weg zu selbstbewussten, positiven Männern und Frauen zu begleiten. Der Weg ist lang, aber er lohnt sich!

Inklusion durch sprachliche Bildung und Elternbildung – am Beispiel des Programmes *Griffbereit*

Livia Daveri | Miriam Weilbrenner

WESENTLICHES PRINZIP PÄDAGOGISCHER Inklusion ist die Wertschätzung der Vielfalt (Diversity) in Erziehung und Bildung. Vielfalt ist kein gesellschaftliches Sonderphänomen, sondern mittlerweile seit Jahrzehnten Normalität. Auch ist endlich von der Politik erkannt worden, dass Bildung und Erziehung – auch im Elementarbereich – nicht ohne die Eltern gelingen kann. Und auch gesetzlich sind Zusammenarbeit mit Eltern und individuelle Förderung mittlerweile kein Novum mehr.[20]

Daher sind heute Programme, die Sprachbildung und Elternbildung vereinigen, gefragter denn je. Jedoch wird nach wie vor der Aspekt der interkulturellen Sensibilisierung vernachlässigt. Es ist bekannt, dass die Bildungschancen von Kindern von der sozialen Lage der Familien, vom Bildungsstand der Eltern und der wirtschaftlichen Situation abhängen. Frühe familienbildende Ansätze, die die Faktoren Migration und Mehrsprachigkeit berücksichtigen, gibt es selten.

Die Regionalen Arbeitsstellen zur Förderung von Kindern und Jugendlichen aus Zuwandererfamilien (RAA) in Nordrhein-Westfalen[21] spielen in diesem Feld seit 30 Jahren eine Vorreiterrolle und entwickeln Programme und Konzepte, die Inklusion, Integration, sprachliche Bildung und Erziehung entlang der Bildungsbiografie fördern.

Im Elementarbereich ragen besonders die Programme *Griffbereit* und *Rucksack Kita*[22] heraus. Bei *Griffbereit* handelt es sich um ein Sprach- und Förderprogramm für Eltern mit und ohne Zuwanderungsgeschichte und Kinder im Alter von ein bis drei Jahren. *Rucksack Kita* richtet sich an Eltern und ihre Kinder im Alter von vier bis sechs Jahren und an die Kindertageseinrichtung, die diese Kinder besuchen.

---

[20] Vgl. z. B. das Gesetz zur frühen Bildung und Förderung von Kindern (Kinderbildungsgesetz – KiBiz) aus Nordrhein-Westfalen vom 30.10.2007.
http://www.mfkjks.nrw.de/web/media_get.php?mediaid=14550&fileid=41306&sprachid=1
[21] Weitere Informationen unter: www.raa.de
[22] Weitere Informationen unter: www.rucksack-griffbereit.raa.de

Das Programm *Griffbereit*

Das Erlernen grammatischer Strukturen der Erstsprache[23] wird bereits in den ersten drei Lebensjahren grundgelegt. Von dieser ersten Phase hängt das erfolgreiche Erlernen weiterer Sprachen ab. Für viele Kinder aus Familien mit Zuwanderungsgeschichte ist Deutsch die Zweitsprache[24], die sie allerdings für das Bestehen ihrer Schullaufbahn so sicher wie die Erstsprache beherrschen müssen.

Im Jahr 1999 hat der Arbeitskreis IKEEP (Interkulturelle Erziehung im Elementar- und Primarbereich) der RAA in NRW das aus den Niederlanden stammende Programm »Bij de Hand« als *Griffbereit* für die Nutzung in Deutschland adaptiert. Später wurde das Programm durch weitere Materialien ergänzt und weiterentwickelt. Seit 1999 wird *Griffbereit* umgesetzt. Bundesweit gibt es bereits mehr als einhundert *Griffbereit*-Gruppen. Das Programm wird auch in weiteren europäischen Ländern erfolgreich umgesetzt.

Griffbereit ist ein Programm, das die Erstsprachenkompetenz, erste Deutschkenntnisse und die Allgemeinentwicklung bei ein- bis dreijährigen Kindern fördern will. Die Akteure im *Griffbereit*-Programm sind die Eltern selbst: Sie sind die ersten Sprachvorbilder und haben den engsten Bezug zu ihren Kindern im Alltag. Mit *Griffbereit* können sie erfahren, wie sie ihre Kinder beiläufig und regelmäßig in entwicklungsfördernde Kommunikations- und Sprachspiele verwickeln können. *Griffbereit* ist daher auch ein Elternbildungsprogramm, das jedoch nicht auf die Schwächen der Eltern setzt und diese verbessern will, sondern auf Empowerment. Neues Wissen stärkt die Eltern, damit sie sicherer, feinfühliger und zielgerichteter in der (Sprach-)Erziehung ihrer Kinder werden.

In der Regel werden durch *Griffbereit* Eltern mit Zuwanderungsgeschichte, die einen geringen persönlichen Zugang zu Bildung aufweisen, angesprochen. Diese Eltern sind sehr an Bildungsinhalten interessiert, hatten jedoch in ihrer bisherigen Lebensbiografie wenig Gelegenheit erhalten, an pädago-

---

23 Mit »Erstsprache« ist die Sprache gemeint, die ein Kind als erste erwirbt. Im Falle von Kindern aus Familien mit Zuwanderungsgeschichte handelt es sich dabei um die Sprache des Herkunftslandes der Eltern (oder um die Sprachen des Herkunftslandes der Eltern/Großeltern).

24 Mit »Zweitsprache« ist die Sprache gemeint, die als zweite im Lebensverlauf gelernt wird. In der Realität kann es sich jedoch auch um die »Drittsprache« handeln, also die Sprache, die als dritte gelernt wird. Ebenso ist es möglich, dass Deutsch und die Familiensprache (das ist die Sprache, die in der Familie gesprochen wird) beide Erstsprachen sind, falls sie gleichzeitig und parallel erworben werden.

gischen Angeboten teilzunehmen und Anregungen für Erziehung, Bildung, Sprachbildung und Familienentwicklung zu nutzen.

Häufig leben große Gruppen einer Ethnie in einem Lebensumfeld, sodass sie von Menschen der gleichen Ethnie umgeben sind – ein möglicher Grund dafür, dass noch immer vorwiegend die Herkunftssprache gesprochen wird. Zwar beherrschen Menschen mit Zuwanderungsgeschichte in zweiter oder dritter Generation durchaus auch die Umgangssprache Deutsch, jedoch sind oft sowohl die Erst- als auch die Zweitsprache nicht auf hohem Stand entwickelt, so dass sie sich nicht adäquat an Bildungsprozessen beteiligen können. Vielen Eltern ist es jedoch sehr wichtig, ihren Kindern eine gute, solide, kompetente Zwei- oder Mehrsprachigkeit zu ermöglichen.

Im Programm *Griffbereit* werden Eltern und Kinder sowohl in ihrer Erstsprache als auch in Deutsch angesprochen und begleitet. Die Erstsprache bildet dabei die Basis für eine Kommunikation, die Sicherheit gibt: Das ist die Sprache, in der Eltern und ihre Kinder von Geburt an eine feste Beziehung aufbauen und die dem Kind Zuneigung, Bindung und Sicherheit vermittelt. Es gilt, diese Sprache zu fördern und zu festigen, denn die fundierte und sichere Beherrschung der Erstsprache bildet eine optimale Grundlage für den Erwerb weiterer Sprachen. »So dockt auch die Fremdsprache in den ersten Lernjahren an die Muttersprache bzw. deren neuronale Strukturen an. […] Es ist die muttersprachliche Grammatik, die uns das Tor zu allen anderen Grammatiken aufstößt. Es gilt deshalb, sich von einem mehr als hundertjährigen Irrtum zu befreien, der darin besteht, die Muttersprache als Lernhindernis für weitere Sprachen zu betrachten« (Butzkamm/Butzkamm 2008, S. 326f.).

Ziel des *Griffbereit*-Programmes ist es, die Grundlage für eine solide Mehrsprachigkeit zu bilden. Dies ist ein Ziel, dass auch die Europäische Union bereits seit 2002 verfolgt: Das Unterrichtsangebot von mindestens zwei Fremdsprachen soll ab der frühen Kindheit gefordert werden. Darüber hinaus soll langfristig das Ziel verfolgt werden, die individuelle Mehrsprachigkeit zu fördern, bis alle BürgerInnen zusätzlich zu ihrer Muttersprache über praktische Kenntnisse in mindestens zwei weiteren Sprachen verfügen.[25] Und da-

---

25 Mitteilung der Kommission an den Rat, das Europäische Parlament, den Europäischen Wirtschafts- und Sozialausschuss und den Ausschuss der Regionen – Eine neue Rahmenstrategie für Mehrsprachigkeit (2005).

mit sind nicht nur prestigeträchtige Sprachen wie Englisch oder Französisch gemeint. Auch die Sprachen, die Familien mit Zuwanderungsgeschichte mit sich bringen, bilden ein enormes Potenzial, das es unbedingt zu fördern gilt. In diesem Zusammenhang spielt die Förderung der deutschen Sprache ebenfalls eine wesentliche Rolle: Sie ist die Sprache der Gesellschaft, die Sprache der Bildungsinstitutionen, die eine Voraussetzung für Integration und gesellschaftlichen Erfolg ist.

Mit *Griffbereit* haben Kleinkinder aus Familien mit Zuwanderungsgeschichte die Möglichkeit, bereits ganz früh auf spielerische, kindgerechte Weise mit der deutschen Sprache in Kontakt zu kommen. Kinder aus Familien ohne Zuwanderungsgeschichte haben dabei die Möglichkeit, ganz früh eine weitere Sprache und eine weitere Kultur zu erleben. Ein interkulturelles Lernen, wie es Griffbereit ermöglicht, zeigt das Zusammenleben in einer multikulturellen Gesellschaft.

Im Spiel und in der interkulturellen Interaktion, erkennen die Eltern und Kinder Parallelen zwischen den Kulturen. Kulturell geprägte Selbst- und Weltbilder werden so hinterfragt, mit Selbst- und Weltbildern aus anderen Kulturen abgeglichen und eventuell auch verändert.

Das Angebot von *Griffbereit*
Griffbereit wird optimalerweise als familienbildendes Angebot in Kindertageseinrichtungen durchgeführt. So haben Familien mit und ohne Zuwanderungsgeschichte früh die Möglichkeit, eine deutsche Bildungsinstitution kennenzulernen. Dabei werden folgende Ziele verfolgt:
- Verbesserung der Interaktion Eltern-Kind
- Qualifizierung von Eltern mit Zuwanderungsgeschichte als Gruppenleiterinnen (Elternbegleiterinnen)
- Parallele Förderung der Erstsprache und der deutschen Sprache
- Förderung der allgemeinen Entwicklung der Kinder im Alter von ein bis drei Jahren
- Stärkung der familiären Ressourcen
- Stärkung des Selbstwertgefühls der Eltern und Kinder
- Stärkung der Erziehungs- und Sozialisationskompetenz der Eltern
- Interkulturelle Öffnung der Institution.

Eltern und Kinder treffen sich einmal in der Woche für zwei Stunden unter der Leitung von zwei Elternbegleiterinnen. Die Doppelbesetzung der Gruppenleitung hat den klaren Vorteil, nach dem Prinzip »eine Person – eine Sprache« arbeiten zu können: So spricht die eine Elternbegleiterin immer Deutsch und die andere immer in der weiteren Sprache. Aus diesem Grund ist es wichtig, bei der Auswahl der Elternbegleitung auf die sprachliche Kompetenz zu achten. Durch vorbereitende und begleitende Schulung der Elternbegleiterinnen ist die Qualität der *Griffbereit*-Umsetzung gesichert (RAA 2006a, S. 18).

Während der *Griffbereit*-Stunde führen Eltern und Kinder gemeinsam mit den Elternbegleiterinnen Aktivitäten durch, die sie in der darauffolgenden Woche zuhause wiederholen können. Als Grundlage für die Gruppenarbeit dienen 64 *Griffbereit*-Bausteine: Diese bilden die Basis für die Kursgestaltung der Elternbegleiterinnen und gleichzeitig die Kursunterlagen für die Eltern. Dabei handelt es sich um kleinkindgerechte Aktivitäten, die ein »Lernen mit allen Sinnen«[26] ermöglichen.

Neben den Spielaktivitäten für und mit den Kindern haben Eltern in der *Griffbereit*-Gruppe Zeit und Raum, sich über erzieherische Themen auszutauschen. Hierbei spielen die Elternbegleiterinnen eine wichtige Rolle: Sie sind nicht nur Gruppenleiterinnen, sondern auch vertraute Ansprechpartnerinnen und Vorbilder.

»*Griffbereit* ist für die Eltern oft Aufforderung und Ermutigung für eine selbst bestimmte Suche nach weiteren (sprachlichen, aber nicht nur sprachlichen) Bildungsanregungen, die sich für sie selbst auszahlen« (RAA 2006a, S. 11). Durch die Aktivitäten, die in der *Griffbereit*-Gruppe vorgeschlagen und angeregt werden, setzen sich die Eltern mit den Erziehungsvorstellungen und -zielen der Aufnahmegesellschaft auseinander. Auf diese Weise haben sie die Möglichkeit, ihre eigenen und andere Erziehungsvorstellungen zu vergleichen und zu reflektieren. Aus diesem Grund bietet es sich – wenn möglich – an, *Griffbereit* als gemischte Gruppe anzulegen, an der Eltern und Kinder mit demselben Migrationshintergrund und einheimisch-deutsche Eltern und deren Kinder teilnehmen. Somit stellt das Programm ein Integrationsangebot dar, das die Chance einer »gelebten Integration« bietet. Eine homogene Zusammensetzung der *Griffbereit*-Gruppe ist jedoch – soweit

---

26 Vgl. Handbuch für Griffbereit-Elternbegleiterinnen (2006, S. 19).

erwünscht oder nur als solche verfügbar – ebenfalls eine mögliche Variante. Auch in diesem Fall erfolgen die Anleitung und die Durchführung der Aktivitäten immer zweisprachig.

Die Gruppengröße beträgt in der Regel zwischen sieben und zwölf Eltern mit ihren Kindern, hängt jedoch auch von den zur Verfügung stehenden Räumlichkeiten und den Gegebenheiten vor Ort ab. Nach Möglichkeit sollten die Kinder etwa im gleichen Alter sein, um miteinander die nächste Entwicklungsphase anstreben zu können. Die Bausteine 1-32 eignen sich eher für jüngere, die Bausteine 33-64 eher für ältere Kinder. Es ist somit möglich, das Programm über zwei (Kindergarten-)Jahre laufen zu lassen. Die *Griffbereit*-Materialien bestehen aus:

- Elternmaterialien – 64 Bausteine für die mehrsprachige Arbeit der Eltern mit den Kindern in der Gruppe und zuhause; die Elternmaterialien liegen zurzeit in Englisch, Deutsch, Türkisch, Russisch, Arabisch, Vietnamesisch und Albanisch vor, weitere Übersetzungen werden angestrebt
- Einem Handbuch für Elternbegleiterinnen für die grundlegende Vorbereitung und Einführung in die *Griffbereit*-Arbeit
- Ergänzenden Materialien zur gezielten Planung und Vorbereitung der zweisprachigen Arbeit in der *Griffbereit*-Gruppe.

Organisatorische Rahmenbedingungen für die Programmweitergabe
Die RAA schließen mit allen Trägern, die zukünftig *Griffbereit* durchführen wollen, eine Vereinbarung ab. Nachdem diese Vereinbarung vom Träger des *Griffbereit*-Projektes und – bei Kommunen ohne RAA – von der Hauptstelle der RAA bzw. von der örtlichen RAA für ihre Kommune unterzeichnet und ausgetauscht worden ist, erhalten die Träger kostenfreien Zugang zu dem *Griffbereit*-Materialpaket, das sich auf der passwortgeschützten programmeigenen Internetseite befindet.[27]

Durch die Vereinbarung verpflichten sich die Träger, bestimmte Qualitätsstandards einzuhalten und die Finanzierung des Programmes zu sichern. Wie hoch die Kosten für die Durchführung einer *Griffbereit*-Gruppe sind, hängt stark von den Gegebenheiten vor Ort ab. Durchschnittlich kann man von circa 2.000 bis 3.000 Euro für eine Gruppe ausgehen. Folgende Posten müssen vom Träger organisiert und finanziert werden:

---

[27] http://www.rucksack-griffbereit.raa.de.

- Honorare der Elternbegleiterinnen (empfohlen wird die Anwendung des Volkshochschulsatzes für ungelernte bzw. gelernte Kräfte)
- Schulung, Fort- und Weiterbildung sowie regelmäßige Begleitung der Elternbegleiterinnen
- Personalkosten der Projektleitung (AnleiterIn)
- Spiel- und Bastelmaterialien sowie mehrsprachige Bilder- bzw. Kinderbücher
- Kopierkosten für die Bereitstellung der *Griffbereit*-Materialien
- eventuell die Räumlichkeiten.

Ausbildung von Multiplikatoren und Praxisbegleitung
Die Elternbegleiterinnen sind im Optimalfall eine zweisprachige Mutter und eine zweisprachige professionelle Fachkraft mit Zuwanderungsgeschichte. Sie sollten gute Sprachkenntnisse sowohl in ihrer Muttersprache als auch in der Zweitsprache Deutsch aufweisen.

Die Vorbereitung der Elternbegleiterinnen findet circa vier Wochen vor Beginn des *Griffbereit*-Projektes statt. Zuerst werden Konzept, Ziele und Inhalte des Programms vermittelt. Später wird die Arbeit durch weitere begleitende Fortbildungen unterstützt. Folgende Fortbildungsthemen sollten angeboten werden:
- Interkulturelle Sensibilisierung
- Entwicklungspsychologie der frühen Jahre der Kindheit
- Sprachliche Entwicklung von Kindern
- Förderung von Mehrsprachigkeit und des Deutschen als Zweitsprache
- Interkulturelle Kommunikation und interkulturelle Konfliktbearbeitung
- Methoden der Gruppenleitung und -führung.

Auch eine regelmäßige Begleitung der Elternbegleiterinnen ist erforderlich, um Austausch, Reflexion und Auswertung sowie Vor- und Nachbereitung der Gruppenarbeit zu ermöglichen. Eine ungelernte Elternbegleiterin benötigt eine wöchentliche Anleitung für die gesamte Durchführung des Programms. Professionelle Elternbegleiterinnen haben nach der Einführung in das Programm mindestens alle sechs Wochen die Gelegenheit zum Erfahrungsaustausch – wenn möglich, mit anderen Elternbegleiterinnen.

Die Anleitung für ungelernte Elternbegleiterinnen erfolgt durch eine professionelle Fachkraft, die pädagogisch und interkulturell qualifiziert, kompetent in Theorie und praktischer Arbeit der Mehrsprachigkeit ist und über Erfahrungen und Kenntnisse in der Arbeit mit Frauen mit Zuwanderungsgeschichte verfügt.

Die Anleitung übernimmt die Einweisung in das Programm, die Begleitung bei der Ansprache und Zusammensetzung einer *Griffbereit*-Gruppe, ggf. die Ansprache und Absprache mit den Erzieherinnen und Erzieher der Einrichtung, die wöchentliche Anleitung der (ungelernten) Elternbegleiterinnen und die Fortbildung von Elternbegleiterinnen und Erzieherinnen und Erzieher, sowie die Supervision und Intervention im Bedarfsfall.

Literatur

Butzkamm, W. / Butzkamm, J. (2008): Wie Kinder Sprachen lernen – Kindliche Entwicklung und die Sprachlichkeit des Menschen. Tübingen: Francke.

Chilla, S. / Rotweiler, M. /Babur, E. (2010): Kindliche Mehrsprachigkeit. Grundlagen, Störungen, Diagnostik. München/Basel: Ernst Reinhardt.

Kobelt Neuhaus, D. (2010): Partnerschaftlich mit Eltern zusammenarbeiten. In: kindergarten heute, 8, S. 28-31.

Largo, R. N. (2010): Kinderjahre. München: Piper.

Mitteilung der Kommission an den Rat, das Europäische Parlament, den Europäischen Wirtschafts- und Sozialausschuss und den Ausschuss der Regionen – Eine neue Rahmenstrategie für Mehrsprachigkeit (2005). http://eur-lex.europa.eu/smartapi/cgi/sga_doc?smartapi!celexplus!prod!DocNumber&lg=de&type_doc=COMfinal&an_doc=2005&nu_doc=596 (Stand: 24.02.2011).

Nitsch, C. (2007): Mehrsprachigkeit: Eine neurowissenschaftliche Perspektive. In: T. Anstatt (Hrsg.): Mehrsprachigkeit bei Kindern und Erwachsenen – Erwerb, Formen, Förderung. Tübingen: Attempto, S. 47-78.

RAA – Regionale Arbeitsstellen zur Förderung von Kindern und Jugendlichen aus Zuwandererfamilien (Hrsg.) (2006a): Handbuch für *Griffbereit*-Elternbegleiterinnen. Essen (passwortgeschützte Veröffentlichung).

RAA – Regionale Arbeitsstellen zur Förderung von Kindern und Jugendlichen aus Zuwandererfamilien (Hrsg.) (2006b): *Griffbereit* – Elternmaterial. Essen (geschützte Veröffentlichung).

RAA – Regionale Arbeitsstellen zur Förderung von Kindern und Jugendlichen aus Zuwandererfamilien (Hrsg.) (2006c): Ergänzende Planung zu den Original-Bausteinen des Konzeptes *Griffbereit*. Essen (passwortgeschützte Veröffentlichung).

Schlösser, E. (2004): Zusammenarbeit mit Eltern. Münster: Ökotopia.

Taeschner, T. (2002): L'insegnate magica. Roma: Borla.

Textor, M. R. (2009): Bildungs- und Erziehungspartnerschaft in der Schule. Gründe, Ziele, Formen. Norderstedt: BoD.

Textor, M. R.: Erziehungspartnerschaft – notwendig zum Wohle des Kindes. http://www.kindergartenpaedagogik.de/988.html (Stand: 03.05.2010).

Wagner, P. et al. (2006): Macker, Zicke, Trampeltier. Vorurteilsbewusste Bildung und Erziehung in Kindertageseinrichtungen. Weimar/Berlin: verlag das netz.

Eine Kita macht sich auf den Weg zur Inklusion – eine Einzelintegration für Jakob [28]

Erika Schußmann | Hans Peter Schmidtke

ANFANG 2010 BEANTRAGTE EIN ELTERNPAAR die Aufnahme ihres behinderten Sohnes Jakob bei uns in der evangelischen Kindertagesstätte Petersfehn. Der ältere Sohn der Familie besuchte zu dieser Zeit bereits unsere Einrichtung, und nun wünschten die Eltern, dass auch Jakob in seinem sozialen Umfeld mit Kindern aus dem Sportverein und der Nachbarschaft bleiben sollte.

Wie alles begann …
Da wir kein »Integrationskindergarten« sind, überlegten wir, eine Einzelintegration für Jakob zu beantragen. Bei unserem Träger fanden wir auch sofort ein offenes Ohr, weil hier die Behindertenrechtskonvention bereits bekannt war und man sie so ernst nahm wie auch wir in unserem Team. Aber die Stadt winkte ab: In zwei der drei Integrationseinrichtungen seien noch Plätze frei und es könne nicht sein, dass die teuren Integrationsplätze frei blieben und zusätzlich weiteres Geld für Zusatzkräfte und die Reduzierung der Kinderzahl in einer Regel-Gruppe bereitgestellt würde.

Wir trugen das Anliegen der Eltern dann in den Kita-Ausschuss der Stadt, um eine Lösung für Jakob zu erreichen. Von Trägerseite wurde die Frage gestellt, ob und warum ein Down-Syndrom per se immer als eine Behinderung angesehen werden müsse. Es könnte ja bestenfalls als eine Schädigung betrachtet werden (wenn es schon nicht als eine der Varianten des Menschseins schlechthin verstanden wird). Eine ausgrenzende Behinderung würde diese Schädigung erst dadurch, dass Jakob nicht in unsere Einrichtung aufgenommen und so von seinem älteren Bruder und all seinen Spielkameraden aus der Nachbarschaft getrennt werden würde. So betrachtet, müssten wir alles versuchen, dass Jakob zu uns käme. Ein sonderpädagogischer Fachmann des Trägers gab den Hinweis, dass eine Kindergartenleitung eigentlich nirgendwo dazu verpflichtet sei, festzustellen, ob ein Kind eine solche Schädigung habe. Warum sollte es dann unbedingt sein, dass Jakob

---

28 Der Name wurde geändert.

eine Sondereinrichtung besuchen müsse und nicht wie die anderen Kinder auch in unsere Einrichtung aufgenommen werden könne?

Bei diesem Gespräch im Kita-Ausschuss war auch der Vater von Jakob anwesend, sodass diese Überlegungen gleich mit ihm diskutiert werden konnten. Fest stand dabei, dass viele der Vergünstigungen, die einem behinderten Kind in einer Sondereinrichtung oder einer Integrationsgruppe zustehen (z. B. Reduzierung der Gruppenstärken, spezialisiertes Personal, Beitragsfreiheit für das betroffene Kind), nicht gegeben sind, wenn eine Behinderung nicht festgestellt wird. Doch Eltern, Kita-Leitung, MitarbeiterInnen und Träger waren bereit, dieses Neuland zu betreten und den Versuch zu wagen.

Kommunikation und Vertrauen als Voraussetzung
Vorweg ein kleiner Exkurs zu einigen zentralen Aspekten, die wir in unserer Arbeit gelernt haben, und die auch für den Prozess der Inklusion unabdingbar sind: Grundlage unserer Arbeit ist eine verlässliche und offene Kommunikation auf einer vertrauensvollen Basis. Unsicherheiten – wie Ängste oder Probleme, die sich im alltäglichen Miteinander auftun – müssen angesprochen werden können, ohne dass damit leichtfertig eine Bewertung einhergeht. Inklusion ist bisher noch ein Sonderweg in unserer Gesellschaft. Deshalb sind Zweifel auch an der eigenen Arbeit als Normalfall zu sehen, die nur durch permanente vertrauensvolle Kommunikation ausgeräumt werden können.

> Kommunikation zwischen allen Beteiligten ist die Basis der Arbeit. Unsicherheiten müssen thematisiert – alle Fragen gestellt werden.

Für Eltern ist die Geburt eines Kindes mit einem Down-Syndrom eine schwierige Herausforderung, bei der sie in vielen Situationen Hilfe von außen benötigen. Der Familie von Jakob stand eine Diplom-Pädagogin zur Seite, die Kind und Eltern in ihrem familiären Umfeld betreute. Sie war es, die ihre Arbeit in unserer Kita weiter fortsetzte und so – wie in der Familie – jetzt auch den Fragen, Ängsten und Sorgen, die im Team entstanden waren, im Gespräch und teilweise auch durch direkte Unterstützung begegnete und half, die Unsicherheiten langsam abzubauen. Wir mussten uns darüber klar werden, dass selbst die zunächst probeweise Aufnahme von Jakob in unsere Kita auch für die Eltern nicht stressfrei war und ebenfalls erhebliche Anspannungen bedeutete.

> Inklusion ist eine Aufgabe, an der auch die Eltern erst wachsen müssen. Sie lernen, ihr Kind aus ihrer Behütung heraus der Einrichtung anzuvertrauen.

Wer Inklusion bejaht, muss offen sein für Fragen, was eine Behinderung oder eine Schädigung wie das Down-Syndrom für ein Kind bedeutet und wie sehr es in seinem Lernen und in seinen individuellen Fähigkeiten beeinträchtigt ist:
- Wie sieht es mit Jakobs Belastbarkeit aus, wie mit seiner Frustrationstoleranz oder Aggressivität?
- Sind wir tatsächlich bei der Größe unserer Gruppen und in Anbetracht unseres »Offenen Konzepts« befähigt, den Bedürfnissen aller – den Bedürfnissen von Jakob und denen der anderen Kinder – gerecht zu werden?
- Bietet nicht eine spezialisierte Einrichtung mit weniger Kindern in der Gruppe einen viel größeren Schonraum für Jakob?
- Erreicht Jakob eine viel speziellere Förderung durch geschultes Personal nicht intensiver?
- Reicht unsere geringe Vor- und Nachbereitungszeit aus, um den Anforderungen gerecht zu werden?

Es waren durchaus schwierige, ungewohnte Aufgaben, die auf unser Team zukamen, auch wenn wir zwei KollegInnen haben, die auf Erfahrungen in der Arbeit mit Kindern mit Behinderungen verweisen können. Wir waren beruhigt, dass der Träger der Einrichtung voll hinter unserem Vorhaben stand und uns die Zusage gab, bei größeren Problemen auch weitere Unterstützung durch ExpertInnen anzubieten. Zudem konnte für die spezielle Sprachförderung eine Logopädin gewonnen werden, die zwei Stunden für die gezielte Arbeit mit Jakob bei ihm zuhause zur Verfügung steht.

Vom ersten (Schnupper-)Tag zum Gruppenalltag
Wie alle neuen Kinder wurde Jakob zunächst zu einem Schnuppertag in unsere Kita eingeladen. Da er bereits beim Abholen und Bringen des Bruders einen kleinen Einblick gewonnen hatte, kam er sehr entspannt und neugierig zu uns. Aber wie würde er die Menge der Kinder (120) und die Geräuschkulisse erleben? Würde Jakob es schaffen? Würden wir die angemessenen Worte und Verhaltensweisen finden, um ihn zu motivieren und auch die an-

deren Kinder soweit zu beeinflussen, dass sie Jakob annehmen, sich nicht über ihn lustig machen? Waren wir offen genug trotz aller Vorstellungen, die wir über Behinderte hatten?

Wenn wir es ganz genau nehmen: Nicht wir waren es, die Jakob an diesem ersten Tag bei uns halfen zurechtzukommen, sondern er half uns zu erkennen, dass er zuallererst Kind ist – ein Kind, das spielen will, das mit den anderen zusammen sein will, mit seinem Bruder, mit den Kindern, die er schon aus seiner Umgebung kannte, in den Räumen, die er bisher nur von außen hatte bestaunen können. Auch die anderen Kinder schauten zunächst darauf, wie sie mit ihm spielen konnten. Für die Kinder und für Jakob selbst stand sein Down-Syndrom jedenfalls nicht im Vordergrund.

Der Schnuppertag war für uns alle aufregend. Jakob fühlte sich nicht fremd und war gleich mitten im Geschehen. Wir im Team hatten den Eindruck, dass er glücklich war, endlich mit den Dingen spielen zu können, die er schon immer von der Tür aus morgens beim Bringen des großen Bruders hatte bewundern können. Jetzt konnte er endlich mitspielen! Als die Mutter Jakob an diesem Tag mittags wieder abholte, waren wir alle erleichtert und froh, dass der Schnuppertag so gut verlaufen war. Es war klar, dass wir die Generalprobe – die Dreimonatsfrist, die wir uns gesetzt hatten – mit gutem Gefühl angehen konnten.

Die schwierige Interpretation von Verhaltensweisen
Die Erfahrung eines einzelnen Tages kann zwar die ersten Ängste nehmen, aber es braucht schon eine längere Zeit, um Vorurteile abzubauen. An erster Stelle stand, das neue Kind wie jedes andere auch mit seinen Stärken und Schwächen kennenzulernen und zu erfahren, dass auch bei einem Kind mit Behinderung immer das Kind im Vordergrund steht. Das erweist sich im Alltag immer wieder als schwierige Abwägung: Zeigt zum Beispiel der plötzliche Gefühlsausbruch nicht doch die eingeschränkte Fähigkeit zur Selbstkontrolle des behinderten Jakob, oder versteckt sich dahinter eher eine »normale« Reaktion im Rahmen kindlicher Verhaltensmöglichkeiten? Wie weit muss die Toleranz bei den ErzieherInnen reichen?

Diese Frage stellte sich wieder neu, als sich ein Kind nach etwa drei Wochen bei den ErzieherInnen beschwerte, dass Jakob es gebissen hätte. War das bei Jakob anders zu bewerten als das Verhalten eines nicht behinderten Kindes, das am Tag zuvor ein Mädchen so gekratzt hatte, dass es blutete?

War die Sache anders einzuordnen als das Verhalten eines nicht behinderten Jungen, der einen Bauklotz nach einem anderen Kind geworfen hatte? Natürlich handelte es sich hier insgesamt um drei Verhaltensweisen, die bearbeitet werden mussten. Aber gibt es behinderten-typische Verhaltensweisen, die das Zusammensein in der Gruppe so beeinflussen können, dass die ErzieherInnen die Situation mit den ihnen geläufigen Mitteln nicht mehr auffangen können? Uns fehlten die Erfahrungen.

Jakob war häufig Thema in unseren Teambesprechungen. Wir arbeiten nach dem Offenen Konzept, und das bedeutet, dass nicht nur die beiden ErzieherInnen der Gruppe, der Jakob angehört, mit ihm zu tun haben. Alle ErzieherInnen und Kinder hatten bei der Vielfalt der Angebote, aus denen die Kinder auswählen können, Kontakt mit ihm und lernten ihn kennen. Deutlich wurde dabei, dass Jakob besonders in der Anfangszeit von allen ErzieherInnen stärker beobachtet wurde als die anderen Kinder und insbesondere Probleme des Kindes oder mit dem Kind deutlich verbalisiert wurden. In den Besprechungen wurde gerade durch den Vergleich mit anderen Kindern sehr schnell deutlich, dass auch Jakobs Verhalten immer in einem bestimmten Kontext zu interpretieren ist – nicht nur von den Spezifika seiner Behinderung her. Wir versuchten entsprechend, zunächst Jakobs Gesamtverhalten, seine Integration in der Gruppe, seine Interaktionen mit den anderen Kindern im Allgemeinen zu klären. Jakob sollte nicht nur dann beobachtet werden, wenn es um ihn herum Auffälligkeiten gab.

Jakob ist ein Junge, der, wie es scheint, seine Umgebung sehr genau beobachtet und alles in sich aufsaugt wie ein riesiger Speicher. Er nimmt mit großem Eifer an allen Aktivitäten teil und ist oft der Mittelpunkt in Spielsituationen. Man spürt, dass er von Zuhause eine großartige Förderung genießt, was insbesondere auch in seinem Sozialverhalten und seiner Selbstständigkeit zum Ausdruck kommt. Viele der andern Kinder spüren, dass Jakob dennoch in vielen Dingen Hilfe braucht: Hilfe beim alltäglichen Spielen, beim Bauen und manchmal selbst beim Rennen. Deutlich wird, wie die anderen Kinder ihm zu helfen versuchen, ihn in ihre Mitte nehmen, auf ihn einreden, ihn anfassen, um seine Aufmerksamkeit zu erlangen, um ihn herum sind – manchmal auch bis zur Unerträglichkeit. Und es war genau in einem solchen Moment, als sich Jakob nicht mehr der vielen, gut gemeinten »Freundlichkeiten«

zu erwehren wusste und eines der Kinder in den Arm biss – eine durchaus kritische Situation, die schnell die bisherigen guten Erfahrungen von einem auf den anderen Augenblick ins Wanken brachte. In diesem Moment waren wir erleichtert, dass wir die im sonderpädagogischen Bereich spezialisierte Diplom-Pädagogin zur Unterstützung in unserem Team hatten, die nicht nur die Situation zwischen den Kindern entschärfen konnte, sondern auch den ErzieherInnen half, das Verhalten richtig einzuordnen.

Reflexion durch Video-Dokumentation
Zur Verbesserung der Situation trug auch bei, dass die Diplom-Pädagogin es gewohnt war, mit Videos zu arbeiten, mit denen sie manche Situationen in der Kita dokumentiert hatte. In der Interpretation solcher Filmausschnitte wurden wir auf Besonderheiten unseres eigenen Verhaltens, in unserer Interaktion mit den Kindern und des Verhaltens der Kinder untereinander aufmerksam und konnten erkennen, dass viele der Dinge, die wir bei Jakob als besonders empfunden hatten, bei einer Menge anderer Kinder in gleicher Weise auftreten. Diese Methode half uns, ganz langsam unsere Vorurteile zurückzufahren und nicht jede Besonderheit immer wieder sofort über die Behinderung zu interpretieren.

Am Ende der »Probezeit« war für alle klar: Jakob bleibt bei uns, und diese Entscheidung fiel einstimmig. Das hieß allerdings noch nicht, dass damit nun alle Probleme gelöst, alle Fragen beantwortet wären. Nach wie vor gab es Unsicherheiten, und auch einige Eltern bewerteten unser Engagement zwar positiv, hatten aber Angst, dass Jakob zuviel Aufmerksamkeit auf sich zieht, die den anderen Kindern dann fehlen könnte. Doch es ist ja einer unserer Grundsätze, dass all dies ernst genommen werden muss und wir nur durch permanente Kommunikation zwischen allen Beteiligten weiterkommen. Nur so können wir letztlich unserem Versuch der Inklusion zum Erfolg verhelfen und deutlich machen, dass Vielfalt als eine Chance zu begreifen ist.

Wie werden Aufmerksamkeit und Ressourcen gerecht verteilt?
Oft sind es keine großen Dinge, die guter Praxis im Wege stehen, sondern die kleinen Alltäglichkeiten, Halbinformationen, Unsicherheiten. Jakob hatte zum Beispiel spezifische Probleme im Aufbau der Sprache, insbesondere bei der Lautbildung und Grammatik. Das überforderte uns als nicht spezifisch ausgebildete ErzieherInnen. Ein Teil der Eltern befürchtete zudem, dass die

der Kita zustehende Sprachförderung für Kinder mit Sprachproblemen oder mit Migrationshintergrund wegen Jakob nicht allen zugute kommen könnte, auch wenn sich eine Logopädin seiner Probleme ganz spezifisch annahm. Wichtig war für uns, dass die Extraförderung für Jakob nicht den anderen Kindern verloren geht. So stellten wir einen Antrag auf Weiterführung von zwei Stunden Frühförderung über die Probezeit hinaus. Zu unserer Freude wurden uns sogar vier Stunden bewilligt – eine Zeit, die natürlich Jakob in erster Linie zugute kommt. Vieles ist besser, wenn es nicht in Einzelförderung geschieht, sondern in Kleingruppen, sodass letztlich noch viel mehr Kinder durch unsere neue Vielfalt ihre Chance bekamen.

Lernerfahrungen im Team und Ausblick
Unsere Einrichtung hat bereits seit langer Zeit den Glauben an eine wie auch immer geartete Homogenität von Kindergruppen verloren. Wir wissen, dass Kinder gleichen Alters sehr große Unterschiede mitbringen. Der familiäre Hintergrund ist bei jedem Kind anders, die Wahrnehmungsmöglichkeiten, die Aufnahme- und Lernfähigkeiten sind selbst in einer bestimmten Altersgruppe komplett unterschiedlich. Die Familienformen weisen die gleiche Vielfalt auf, und all das schlägt sich im Erfahrungs- und Erlebnishorizont auch schon der Kleinen und selbst Kleinsten nieder. Wir wissen darum, dass nicht alle Kinder die gleichen Interessen haben, aber bei allen noch viele Interessen geweckt werden können, wenn man ihnen ein entsprechendes Angebot unterbreitet. Natürlich greifen auch die unterschiedlichen Formen der Geschlechtererziehung in früher Kindheit, was sehr rasch zu einem deutlichen Geschlechtsbewusstsein und unterschiedlichen Spielformen führen kann – ganz zu schweigen von den verschiedenen kulturellen Erfahrungen, die Kinder in der Auseinandersetzung mit der sie umgebenden Welt zu verarbeiten haben.

Wir haben uns für das »Offene Konzept« entschieden, in dem die Vielfalt der Kinder als eine Chance für ihr Zusammenleben angesehen wird. Die Kinder wählen zum großen Teil ihre Aktivitäten selbst und wissen, welche Aufgaben sie mit welchen anderen Kindern am besten angehen können. Unsere Arbeit findet in alters- und geschlechtsübergreifenden Gruppen statt. Bei Kindern mit Migrationshintergrund bewerten wir ihre Muttersprachen gleich hoch wie die deutsche Sprache und unterstützen die Eltern darin, zuhause auch ihre Muttersprachen zu gebrauchen.

Nur die Erfahrung, einen Lebensabschnitt eines behinderten Kindes zu begleiten, war unserer Einrichtung bisher verschlossen geblieben: Als die Eltern von Jakob uns um die Aufnahme ihres Kindes mit Down-Syndrom baten, haben wir uns dazu entschlossen, eine neue Vielfalt in unserer Einrichtung zu wagen. Klar war uns dabei, dass dazu alle in der Kita einen eigenen Beitrag leisten müssen: die ErzieherInnen, die anderen Kinder, aber auch die Eltern, der Träger und selbst die Kommune, zu der wir gehören. Durch Kommunikation, Offenheit und viel Verständnis für alle Fragen und Probleme konnten wir erreichen, dass auch dieser Teil der Vielfalt des Menschseins selbstverständlich in unserer Einrichtung zum Wohle aller Beteiligten geworden ist.

Diese Haltung bedeutete einen sehr großen Energieaufwand mit dem Gefühl, vieles alleine »stemmen« zu müssen. Damit sich das Thema Inklusion weiter in den Einrichtungen verbreiten kann und in der Praxis eine Chance hat, muss von den Verantwortlichen mehr geleistet werden, als ein neues Gesetz zu schaffen. Alle Beteiligten benötigen aktive Hilfe von Fachkräften und finanzielle Unterstützung, um Inklusion professionell zu gestalten und dem einzelnen Kind gerecht zu werden.

Die hiesige Grundschule wird an unserem Beispiel erkennen können, welche Chancen für den Erziehungsprozess bestehen, wenn die Vielfalt von Menschen zum selbstverständlichen Bestandteil der Arbeit in den Einrichtungen wird. Doch die Umsetzung geht nicht zum Nulltarif: Vielfalt ist eine wunderbare Chance, nur müssen die Bedingungen dafür geschaffen werden!

> Der evangelisch-lutherische Kindergarten Peterfehn liegt am Stadtrand des niedersächsischen Oldenburgs. Die Einrichtung gliedert sich in zweieinhalb Vormittagsruppen mit 61 Kindern, eine Ganztagsgruppe mit 33 Kindern sowie eine Hortgruppe mit 20 Kindern.
> Zwölf Erzieherinnen plus Kindergartenleitung arbeiten nach der offenen Konzeption. Die Kinder haben die Möglichkeit, neben dem täglichen Zusammentreffen in den Stammgruppen in zehn verschiedenen Aktionsräumen ihren eigenen Interessen nachzugehen.

Kreativer Tanz für Kinder mit und ohne Behinderung – auf gleichberechtigter Ebene treffen

Tamara McCall

BEWEGUNGSEXPERIMENTE, TANZIMPROVISATION, Wahrnehmungsübungen, Körperarbeit und erste Tanztechnikübungen ermöglichen Kindern im Vorschulalter, sich besser kennen und einschätzen zu lernen und ihren Gefühlen Ausdruck zu verleihen. Dadurch können das Selbstvertrauen und Selbstbewusstsein eines jeden Kindes enorm gesteigert werden. In einem kreativen Tanzangebot sammeln Kinder wichtige, elementare Erfahrungen, die für ihre geistige, seelische und motorische Entwicklung von größter Bedeutung sind: den eigenen Körper spüren, die eigenen (Körper-)Grenzen und die der anderen wahrnehmen und einschätzen können, verschiedene Bewegungsqualitäten und Kraftniveaus kennenlernen, vielfältige tänzerische Ausdrucksmöglichkeiten erproben und in einen achtsamen Umgang und nonverbalen Dialog mit den MittänzerInnen finden. Kinder, die sich ihren Mitmenschen nicht in erster Linie auf verbaler Ebene mitteilen, können im kreativen Tanz vielfältige Ausdrucks- und Kommunikationsmöglichkeiten kennenlernen.

In der Regel werden aber kreative Tanzangebote für homogene Gruppen (meistens Kinder ohne Behinderung) angeboten, zum Beispiel an Musik- und Tanzschulen. Nicht selten stellen schon die Treppen zum Tanz- oder Bewegungsraum ein Hindernis für Kinder im Rollstuhl dar. Inklusiv ausgerichtete Kindertageseinrichtungen, bei denen man von einer räumlichen Barrierefreiheit ausgehen dürfte, haben hier die besondere Chance, dieses Missverhältnis durch selbst ausgeführte Tanzangebote auszugleichen. Für Kinder mit und ohne Behinderung bietet ein kreatives Tanzangebot die Möglichkeit, schnell miteinander auf gleichberechtigter Ebene in Kontakt zu treten (oder zu rollen!). Berührungsängste sollen so gar nicht erst entstehen, oder können unmittelbar abgebaut werden, denn kreative Ideen und vielfältige Ausdrucksmöglichkeiten stehen im Mittelpunkt!

> Welche Besonderheiten kennzeichnen ein inklusives Tanzkonzept? Es geht nicht darum, eine bestimmte tänzerische Norm festzulegen, nach der sich alle richten sollen, sondern um die für alle Kinder fühlbare Wertschätzung ihrer Individualität und die Gelegenheit für jedes Kind, sich mit seinen besonderen Fähigkeiten einzubringen. Spezielle Tanztalente und Bewegungseigenarten eines jeden Kindes werden erkannt, wertgeschätzt und gefördert. Doch welches Bild, welche innere Vorstellung vom tanzenden Kind haben wir eigentlich?

Eigenerfahrung und Fachkompetenz als Voraussetzung

Bevor es an die inklusive Tanzvermittlung geht, ist es für eine pädagogische Fachkraft wichtig, Eigenerfahrung mit inklusivem Tanz gesammelt zu haben.

Durch das Zusammentreffen von Menschen mit den unterschiedlichsten Körpern, Ideen, Wahrnehmungs- und Sichtweisen sowie technischen Hilfsmitteln werden tänzerische und persönliche Herausforderungen entstehen. Die zu deren Bewältigung notwendige Sicherheit und Kompetenz können nur durch die Auseinandersetzung mit dem eigenen Körper und dessen bewegungstechnischen Möglichkeiten *in Beziehung* zu Menschen mit ganz anderen tänzerischen Fähigkeiten und Ausdrucksweisen gewonnen werden. Die Erfahrung, sich im Tanz auf gleichberechtigter Ebene zu treffen und gemeinsam in einen Tanz zu finden, ebnet den Weg in die inklusive tanzpädagogische Praxis.

Teamteaching

Heterogene Tanzgruppen mit Kindern mit den unterschiedlichsten Begabungen stellen für pädagogische Fachkräfte eine enorme Herausforderung dar: Immer wieder ist es erforderlich, näher auf die Bedürfnisse eines einzelnen Kindes einzugehen und trotzdem die gesamte Gruppe nicht aus dem Blickfeld zu verlieren. Was passiert, wenn ein Kind nicht alleine zur Toilette kann oder ein anderes unterstützende Ideen zur Fortbewegung im Raum wünscht? Unter Umständen müssen ganz neue tanztechnische Möglichkeiten, zum Beispiel für ein tanzendes Kind im Rollstuhl, gefunden werden, was die volle Aufmerksamkeit einer pädagogischen Fachkraft erfordert.

Diese Beispiele verdeutlichen, dass für ein inklusives kreatives Tanzangebot mindestens zwei pädagogische Fachkräfte eingesetzt werden sollten, und falls notwendig, noch weitere unterstützende HelferInnen. Im Idealfall ist auch im Team eine Fachkraft oder eine Tanzassistenz mit Behinderung – somit hätten alle Kinder ein Vorbild, an dem sie sich orientieren können.

Jedes Kind fühlt sich in seiner Einzigartigkeit wertgeschätzt

Jedes Kind soll sich in seiner Einzigartigkeit von der gesamten Gruppe wertgeschätzt und akzeptiert fühlen. In einem Bewegungsangebot teilen sich die Kinder den anderen mit ihrer Bewegungssprache mit:

Alle Kinder stellen sich nicht nur mit ihrem Namen vor, sondern finden auch ein ganz individuelles Bewegungszeichen, das in den folgenden Tanzangeboten immer wieder aufgegriffen werden kann. Wertschätzung und Akzeptanz des individuellen Bewegungsausdrucks können auch in Tanzaufgaben erreicht werden, in denen reihum immer ein Kind in der Kreismitte tanzt oder eine Fortbewegungsart mit einer Haltung (oder dem Bewegungszeichen) verbindet. Livemusik (Bewegungsbegleitung) oder ein anderes geeignetes Musikstück unterstützt die Kinder in ihrer individuellen Bewegungsweise. Die pädagogische Fachkraft sorgt dafür, dass die Kindergruppe durch die Kreisform und wohlwollendes Zuschauen dem Kind in der Kreismitte Sicherheit und Geborgenheit vermittelt und dadurch einen geschützten Raum zum Experimentieren ermöglicht. Nicht selten bestechen hier Kinder mit Lernschwierigkeiten durch ihre Kreativität und ihren Mut zum Ausdruck und sind dadurch Vorbild für andere Kinder, die sich genieren, wenn sie etwas solistisch präsentieren sollen.

Zudem teilt jedes Kind oder, falls notwendig, deren unterstützende Begleitung zu Beginn des Angebots mit, ob es wichtige Informationen für den gemeinsamen Tanz gibt: Kippt zum Beispiel der Rollstuhl leicht, wenn man sich nach hinten abstützt? Dürfen bestimmte Körperteile nicht berührt werden? Diese Offenheit bestärkt auch Kinder, die keine Körperbehinderung haben, zu sagen, dass sie heute müde sind oder ihnen ihr Knie nach einem Sturz weh tut. Werden für den gemeinsamen Tanz wichtige Informationen nicht ausgetauscht, ist unter Umständen die Sicherheit einzelner Kinder gefährdet. Darüber hinaus erschweren Unwissenheit und Unsicherheiten im Umgang miteinander den zwischenmenschlichen Kontakt.

Kreative Techniken, um niemanden auszuschließen
Wenn Kinder mit ganz unterschiedlichen Fähigkeiten und Fertigkeiten zusammen tanzen, bedarf es kreativer Techniken, um niemanden auszuschließen. Tanzangebote leben unter anderem vom Vor- und Nachmachen.

Wenn zum Beispiel eine pädagogische Fachkraft im Rollstuhl eine Kippbewegung vormacht, sollten die Kinder, die nicht im Rollstuhl sitzen, diese Bewegung in ihre eigene Bewegungssprache »übersetzen« können. Gibt eine andere Fachkraft einen Sprung vor, sind die Kinder im Rollstuhl gefragt, wie sie diese Bewegung in ihre Bewegungssprache »übersetzen« können. Richtung, Kraft und Tempo einer Bewegung werden übernommen, und somit bleiben Gehalt und Ausdruck dieser Bewegung erhalten. Ein pfeilschneller Schwung der Arme nach oben mit gleichzeitiger Aufrichtung des Oberkörpers und des Kopfes muss nicht weniger intensiv und ausdrucksstark sein als ein Sprung. Das Übertragen einer Bewegung in andere Körperteile ist eine spannende Herausforderung für alle Kinder und erweitert in hohem Maße das Bewegungsrepertoire. Dadurch kann eine pädagogische Fachkraft die Freude am kreativen Umgang mit Bewegungsvorgaben vermitteln und kein Kind fühlt sich übergangen, weil es eine Vorgabe nicht 1:1 umsetzen kann.

Zudem eignen sich die Kinder ein vielfältiges kreatives Bewegungsrepertoire an, um genügend »Vokabular« für den kreativen Umgang mit der eigenen Bewegungssprache zur Verfügung zu haben: Verschiedene Tanzthemen, wie zum Beispiel unterschiedliche Bewegungsqualitäten, Tempo-, Richtungs- und Raumebenenwechsel und das Kennenlernen verschiedener Spannungszustände werden intensiv und kindgerecht vermittelt. Livemusik, d.h. spontane

Bewegungsbegleitung bzw. Bewegungsanregung, unterstützt die Bewegungen der Kinder und sorgt für Mut, die eigene Idee zum Ausdruck zu bringen.

Ganz bewusst einen Tanzkonsens herstellen
Neben der Ausdrucksvielfalt im Tanz sollte aber auch ganz bewusst ein Tanzkonsens hergestellt werden. Im Tanz können alle Kinder zum selben Thema eine andere Bewegungsidee haben und diese in einer Improvisation gleichzeitig zeigen. Es entsteht aber auch das Bedürfnis, Möglichkeiten für einheitliche Bewegungsabfolgen oder Fortbewegungsformen in der Gruppe zu finden.

Wie kann das gelingen? Wenn ein Kind eine Gruppe anführt und die Gruppe dann zum Beispiel wie einen Vogelschwarm durch den Raum führen soll, sind Einfühlungsvermögen und genaue Bewegungsbeobachtung gefordert: Das anführende Kind darf als Vogel nicht zu schnell davonflattern, sondern wählt ein Fortbewegungstempo, das für alle Kinder machbar ist. Falls diese Übung noch weiter ausgearbeitet wird, kann darauf geachtet werden, dass sich alle Kinder mit derselben Bewegungsqualität bewegen.

Weitere Feinheiten: Die gehenden Kinder können die Armbewegung übernehmen, die die Kinder im Rollstuhl ausführen, um die Räder zu bewegen. Flügelbewegungen der Arme werden in die Fortbewegung so integriert, dass auch Kinder im Rollstuhl mit den Armen flattern und sich dennoch fortbewegen können. So ergibt sich eine gleichförmige Fortbewegung im Raum. Indem Bewegungen am Ort ergänzt werden, kann jetzt ein synchroner Bewegungsablauf entstehen.

Für Kinder mit Behinderung ist es ganz besonders wichtig, dass sie erleben dürfen, eine Gruppe anzuführen und die pädagogische Fachkraft darauf achtet, dass die Kindergruppe die Bewegungsqualität des führenden Kindes übernimmt. Denn in ihrem Alltag erfahren Kinder mit Behinderung nur allzu oft, dass sie sich an die Welt der Nicht-Behinderten anpassen müssen. Nun erleben sie, dass ihr Tanz eine genauso hohe Qualität wie der Tanz der Kinder ohne Behinderung hat.

Auf gleichberechtigter Ebene begegnen
Kinder mit und ohne Behinderung sollen sich auf gleichberechtigter Ebene begegnen können. In tänzerischen Partner- und Gruppenaufgaben kann eine vielschichtige Kommunikation stattfinden: Mal führt das eine, mal das andere Kind, mal tanzen alle gleichzeitig, mal nacheinander. Eine besondere

Rolle im Tanz nimmt das Führen und Folgen ein: Ein Kind führt und gibt Bewegungen vor, die vom anderen Kind zeitgleich gespiegelt werden. Danach wird gewechselt.

Hier lernen die Kinder viel voneinander: Welche Bewegungen kann mein Gegenüber spiegeln? Was kann ich vorgeben? Wie kann ich meine Bewegungen oder Gesten interessant gestalten, wenn zum Beispiel mein Bewegungsradius eingeschränkt ist? Mit älteren Kindern kann schließlich, darauf aufbauend, Führen und Folgen mit Körperkontakt und das Verlagern des Körperschwerpunkts thematisiert werden. Der bewusste Wechsel der Raumebenen (Boden, Mitte und Stand) und das Einbeziehen von Hockern sind für eine Kindergruppe, in der RollstuhlfahrerInnen oder gehbehinderte Kinder sind, sehr wichtig.

Für jede Gruppe ein angemessenes Körpertraining entwickeln
Körperarbeit, Sensibilisierung der unterschiedlichen Wahrnehmungskanäle und die Schulung der koordinativen und konditionellen Fähigkeiten müssen für Kinder mit unterschiedlichen körperlichen Voraussetzungen ganz individuell gestaltet und entwickelt werden. Die Reaktionsfähigkeit und die Gleichgewichtsfähigkeit werden unter anderem durch Stopptänze trainiert. Die Rhythmisierungs-, Orientierungs- und Kopplungsfähigkeit werden intensiv durch rhythmische Spiel- und Bewegungslieder gefördert.

Haltungsschulung nimmt eine zentrale Rolle im Aufwärmtraining ein (aktiver Sitz und aufrechte Haltung im Stand). Die Entspannung am Ende darf natürlich auch nicht fehlen. Bei einer Partnermassage ist darauf zu achten, dass sich die Kinder so platzieren, dass sie für den anderen gut erreichbar sind. Die pädagogische Fachkraft kann auch die Aufgabe übernehmen, ein Angebot zur differenzierten Entspannung zu geben (z. B. einzelne Körperteile der Kinder tragen, lockern und ausstreichen).

> **Tanz und Musik**
> Kinder im Vorschulalter erleben den Umgang mit Musik, Stimme und Bewegung als elementare Einheit. Daher ist es wichtig, Kindern vielfältige und elementare Erlebnisse in diesen Bereichen zu ermöglichen und sie miteinander zu verknüpfen. So spielen auch Gesang, rhythmische Sprechverse, Bodypercussion und Livemusik im kreativen Tanz für Vorschulkinder eine wichtige Rolle.

> **Flexibilität**
> Das pädagogische Konzept, die Inhalte und die Art der Vermittlung dürfen für inklusive Gruppen niemals starr sein. Je nach Gruppenzusammensetzung werden die pädagogischen Fachkräfte flexibel reagieren und die Aufgaben bzw. die Aufgabenstellung variieren.

Durch inklusive Tanzangebote und Präsentationen können ästhetische Sichtweisen geändert sowie interessante und feinsinnige Begegnungen ermöglicht werden. Der inklusive Gedanke wird erlebbar und sichtbar – ein wertvolles Signal für eine inklusive Gesellschaft!

> Unter www.kitaundco.de findet sich das kreative Tanzangebot *Karajukra und Karajukre*, ein indianisches Märchen mit vielen Musik- und Tanzaktionen für inklusive Gruppen – neu erzählt und konzipiert von Tamara McCall.

Inklusion aus der Sicht der Eltern – der lange Weg zur gemeinsamen Erziehung

Stefanie Lüpke / Heide Tremel

MIT DER RATIFIZIERUNG der Behindertenrechtskonvention (Artikel 24) erkennt die Bundesrepublik Deutschland die Verpflichtung der öffentlichen Träger auf ein inklusives Bildungssystem auf allen Ebenen an. Jedes Kind mit einer Behinderung hat – wie alle anderen Kinder auch – einen Rechtsanspruch auf einen Krippenplatz (ab 2013), einen Kindergartenplatz und integrative Beschulung. Um die Betreuung, Bildung und Erziehung aller Kinder sicherzustellen, haben Kinder mit einer anerkannten Behinderung zusätzlich einen sozialhilferechtlichen Anspruch auf Eingliederungshilfe, um die Teilhabe des Kindes am gesellschaftlichen Leben zu ermöglichen.

Eltern eines Kindes mit einer drohenden Behinderung wünschen sich im Grunde das Gleiche wie Mütter und Väter von Kindern ohne Behinderung: Ihr Kind soll wohnortnah mit anderen Kindern zusammen aufwachsen, durch liebevolle und erfahrene Fachkräfte in seiner Entwicklung unterstützt werden und gerne in die Einrichtung gehen. Und sie wünschen sich für sich selbst eine Kita, in der sie andere Familien kennenlernen können, und die ihnen auch bei Berufstätigkeit eine verlässliche Betreuung bietet.[29] Was so selbstverständlich klingt, ist aber für Kinder mit Behinderungen keineswegs die Realität.[30]

Das Recht auf einen inklusiven Kita-Platz und integrative Beschulung ist »individualisiert«

Die Teilhabe der Kinder mit Behinderungen am gesellschaftlichen Leben setzt notwendige Unterstützungsmaßnahmen im Bildungssystem voraus, die durch die individuell zu beantragende Eingliederungshilfe finanziert werden.

---

29 Vgl. nifbe-Transferprojekt »Integrative Tageseinrichtungen für Kinder als Schlüssel zur gleichberechtigten Teilhabe« (2009–2011). Alle kursiv gedruckten Zitate in diesem Beitrag stammen aus den Projekt-Interviews.
30 In der neueren Debatte für eine Pädagogik der Vielfalt wird der Begriff der »Behinderung« vermieden, da der Blick auf Defizite nicht dem Inklusionsgedanken entspricht. Stattdessen wird von Kindern mit besonderen Bedürfnissen gesprochen. Wir haben uns hier dennoch für die Bezeichnung »Kinder mit Behinderungen« entschieden, da dies nach wie vor der in den Gesetzen und Anerkenntnissen für eine Eingliederungshilfe verwendete Terminus ist.

Hierfür muss das Kind auf Antrag der Eltern begutachtet und seine Behinderung oder drohende Behinderung durch das örtliche Gesundheits-, Sozial- und Jugendamt anerkannt werden. Eine integrative Beschulung muss von den Eltern an der Schule beantragt werden, die erneut eine individuelle Begutachtung und die Einrichtung einer schulischen Förderkommission veranlasst.

Für Eltern ist es oftmals eine schwere Entscheidung, für ihr Kind den offiziellen »Status der Behinderung« zu beantragen. So behalten manche Mütter und Väter ihre Kinder länger zuhause, oder es kommt zu der sogenannten »grauen« Integration, indem das Kind in Regelgruppen ohne spezifische Förderung mitbetreut wird. Oft kann auch bei vielen Krippenkindern wie bei einem Teil der älteren Kinder noch keine eindeutige Diagnose gestellt werden, was die Gewährung einer Eingliederungshilfe für unbestimmte Zeit infrage stellt, obwohl Entwicklungsrückstände auffallen. Außerdem ist vermutlich ein nicht unerheblicher Teil der Eltern mit der Kita-Platzsuche und der Beantragung der Eingliederungshilfe überfordert. Zwar liegen uns hierzu keine Zahlen vor; es ist aber davon auszugehen, dass längst nicht alle Kinder mit Behinderungen eine individuelle Förderung und Teilhabechancen im vorschulischen Alter erhalten.

Die im Rahmen des im Jahr 2011 abgeschlossenen nifbe-Transferprojektes »Integrative Tageseinrichtungen für Kinder als Schlüssel zur gleichberechtigten Teilhabe« befragten, sehr engagierten Eltern haben sich persönlich für die Integration ihres Kindes eingesetzt und gegen die Betreuung in einer Sondereinrichtung entschieden. Sie wünschen sich ein wohnortnahes Angebot und lehnen für ihr Kind die Homogenisierung in Sondergruppen ab – manchmal auch, um ihr behindertes Kind in die gleiche Einrichtung wie die Geschwister schicken zu können.

Natürlich gibt es auch für einen Teil der Eltern gute Gründe, ihr Kind in einer Sondereinrichtung anzumelden – zum Beispiel, weil die anerkannten integrativen Kita-Gruppen oder integrativen Schulklassen nicht immer für jedes Kind die bestmöglichsten Entwicklungsbedingungen vorhalten können.

Fast alle befragten Eltern von Kindern mit Behinderung schildern persönlich belastende Erfahrungen bei ihrer Anfrage für einen Kita-Platz oder die Einschulung. Die Reaktionen von Ämtern und auch von Kita- und Schulleitungen reichen vom entrüsteten *»Sie wollen arbeiten, obwohl Sie ein behindertes Kind haben?«* über *»Ein Kind mit einer Behinderung nehmen wir grundsätzlich nicht«* bis hin zu *»So etwas gibt es nicht!«* Den Eltern wird vermittelt, dass sie etwas wollen, was nicht vorgesehen ist. Nicht nur das Kind, sondern auch die Eltern und die ganze Familie machen so alltägliche Exklusionserfahrungen und fühlen sich nur selten in ihrem Wunsch und ihrem Recht auf eine Teilhabe ihres behinderten Kindes in einem inklusiven Bildungssystem unterstützt (vgl. hierzu auch die Erfahrungsberichte von Eltern in Lüpke/Tremel 2009). Stattdessen sind die Eltern durch die bestehenden Rahmenbedingungen gezwungen, das »Problem«, das Recht auf Teilhabe ihres Kindes in der Gesellschaft, selbst individuell zu lösen, oder aber die ihnen angetragene Exklusion ihres Kindes in einer Sondereinrichtung hinzunehmen.

Recht auf Integration bzw. Inklusion – in Jugendhilfe- und Schulplanung nicht ausreichend umgesetzt

In Niedersachsen besteht weder ein bedarfsdeckendes Angebot noch ein auch vor Ort anerkanntes Recht auf einen integrativen Kita-Platz. Der Rechtsanspruch auf einen Kindergartenplatz beinhaltet nicht den individuellen Anspruch auf einen integrativen Platz. Oftmals haben die Eltern daher keine Wahlmöglichkeit, sodass immer noch fast 60 Prozent der Kindergartenkinder mit einer anerkannten Behinderung in heilpädagogischen Sondereinrichtungen betreut werden. Für Kinder, bei denen erst im Verlauf der Betreuungszeit in einer Kita die Behinderung festgestellt und anerkannt wird, ist nur der Weg des Einrichtungswechsels in eine anerkannte integrative Kita oder in eine Sondereinrichtung vorgesehen – unabhängig davon, wie schwer dem Kind und der Familie dieser Wechsel fällt. Die notwendigen Maßnahmen kommen also nicht zum Kind (dorthin, wo sie gebraucht werden), sondern Kind und Eltern müssen sich den vorgegebenen Angeboten anpassen.

Einen integrativen Krippen- oder Hortplatz für ihr Kind zu finden, ist für die betroffenen Eltern noch sehr viel schwieriger. Zwar läuft derzeit ein Modellversuch für integrative Krippen; gesetzliche Rahmenbedingungen und eine Betriebserlaubnis für eine integrative Krippe oder einen integrativen Hort gibt es aber bisher nicht. Hoffentlich bringt die Auswertung des »Nds. Modellvorhaben zur gemeinsamen Betreuung von Kindern mit und ohne Behinderung im Alter von unter drei Jahren« endlich eine Regelung, nach der integrativ arbeitende Krippen als teilstationäre Einrichtungen anerkannt werden können.[31]

---

[31] Ausführlicher in: lagE e.V. (Hrsg.) (2008): Kitas für alle.

Bisher ist die integrative Betreuung von unter Dreijährigen in Krippen bei den zuständigen Behörden und Kostenträgern umstritten. Für diese Altersgruppe sei die ambulante Hausfrühförderung (zwei Stunden wöchentlich) oder eine stundenweise begrenzte heilpädagogische Förderung ausreichend. Dagegen haben in der Vergangenheit einzelne Eltern geklagt.

So entschied das Sozialgericht Hannover 2007 im Sinne der Elternklage: »Da vorliegend die gewünschte Förderung in der Krabbelgruppe für den Antragsteller die bessere Eingliederungshilfe darstellt, die Frühförderung dieses Ziel nicht im gleichen Umfang erreichen kann, sind die entstehenden Mehrkosten hier zu akzeptieren« (vgl. lagE e.V. 2008, S. 26).

Im Schulbereich ist Niedersachsen das Schlusslicht in Sachen Integration. Hier werden bislang nicht einmal fünf Prozent der betroffenen Kinder integrativ beschult. Das Verfahren, in Einzelintegration oder in eine integrative Schulklasse aufgenommen zu werden, ist aufwändig, und die Eltern müssen noch bis kurz vor der Einschulung mit einer Ablehnung ihres Integrationsantrages durch die Landesschulbehörde oder das Lehrerkollegium rechnen (ebd., S. 32). Für die in integrativen Kitas betreuten Kinder ist mit dem Übergang zur Schule daher fast immer ein schmerzlicher Bruch der bisherigen integrativen Bildungsbiografie vorgegeben.

Der Ausbau der integrativen Kita-Plätze wird in den meisten niedersächsischen Kommunen nur sehr zögerlich betrieben. Integrationsgruppen verursachen durch die gesetzlich vorgeschriebene Gruppenreduzierung, durch zusätzliches Personal und eine angepasste räumliche Ausstattung zusätzliche Kosten, für die die verschiedenen Kostenträger der Jugendhilfe und der Sozialhilfe sowohl auf Landes- als auch auf der örtlichen Ebene aufkommen müssen. Der Ausbau scheitert allzu oft an den engen Vorgaben durch die kommunalen Haushalte und die jeweils zuständigen Verwaltungen.

Viele integrativ arbeitende Kitas haben daher jedes Jahr das Problem, dass sich mehr Eltern für die neu zu belegenden integrativen Plätze bewerben, als sie zur Verfügung haben.

Eltern – »Kämpfer« für die Teilhabe ihres Kindes am gesellschaftlichen Leben
Noch immer müssen die Eltern »Kita-Profis« werden und sich juristische Kenntnisse erarbeiten, um für das Recht ihres Kindes auf Teilhabe eintreten zu können. In den Interviews hieß es: »*Für mich ist es normal zu kämpfen*« oder: »*Ohne Kampf wird das nicht gehen.*« Der Kampf um einen Platz für ihr

Kind wird dabei nicht nur einmal ausgefochten, sondern droht bei jedem Institutionswechsel wieder: der Krippenplatz, der Kindergarten, der Hort, die Schulen. Und dazwischen liegen die Schwierigkeiten bei der Suche nach Ärzten, der Realisierung von Therapien, bei der Aufnahme in Sportvereine etc.: »*Jeder Übergang ist wie ein Einbruch.*«

Für die Integration ihres Kindes nehmen die befragten Eltern in Kauf, dass sie ärztlich verordnete Therapien und Hilfen, die ihnen in den Sondereinrichtungen zur Verfügung gestellt würden, fast immer selbst organisieren müssen. Im Alltag bedeutet dies einen nicht unerheblichen Aufwand (z. B. durch zusätzliche Termine am Nachmittag), den die Eltern in integrativen Einrichtungen für die Teilhabe ihres Kindes zusätzlich investieren.

Alle Eltern betonen jedoch die Erleichterung, wenn die Suche nach einem integrativen Platz erfolgreich war. Besonders entlastend war für sie die selbstverständliche und gelassene Atmosphäre, die sie – endlich – erleben durften, wenn sie mit ihrem behinderten Kind das erste Mal die integrative Kita besuchten.

Die integrative Betreuung ist auch eine Herausforderung für die ganze Familie. Integration bedeutet für die betroffenen Eltern, dass sie sich der Auseinandersetzung mit der Behinderung ihres Kindes stärker stellen müssen als Mütter und Väter mit Kindern in Sondereinrichtungen. Sie haben tagtäglich den Vergleich mit Kindern ohne Behinderung, die Besonderheit des eigenen Kindes wird ihnen immer wieder vor Augen geführt. Je jünger die Kinder sind, umso leichter finden sich Gemeinsamkeiten zwischen den Kindern mit und ohne Behinderung. Wenn die Kinder älter werden, werden die Entwicklungsunterschiede deutlicher, und die Besonderheit der Kinder mit Behinderung wird auch von den anderen Kindern wahrgenommen, die jetzt nicht unbedingt mehr die gleichen Interessen verfolgen.

In Deutschland wird der Umgang mit Menschen mit Behinderungen immer noch tabuisiert, die Eltern erleben im Alltag stets wieder Berührungsängste. Es gibt Mütter und Väter, die aktiv von sich aus die Behinderung ihres Kindes thematisieren, andere möchten das nicht. Eine Frühförderin formulierte es daher als eine ihrer Aufgaben, den Eltern Mut zu machen, die »nicht gestellten Fragen« der anderen Mütter und Väter, der Nachbarn oder der Familien auf dem Spielplatz zu beantworten.

»Das ist immer so eine Gratwanderung, finde ich eben. Du hast da schon eine Sonderstellung, und wie breitest du dich damit aus? Das finde ich auch ganz schwierig. Ich merke, dass ich auf den Elternabenden ein ganz normales Elternteil sein möchte, auch um in dieser Gruppe drin zu sein.³²«

Die Sichtbarkeit von Kindern mit Behinderung in integrativen Einrichtungen und im Stadtteil hat eine Vorbildfunktion und ermutigt immer häufiger Eltern, sich selbst für mehr integrative Kita-Plätze und eine integrative Beschulung einzusetzen. Insgesamt hat die öffentliche Debatte um Inklusion durch das Engagement von Eltern und Fachkräften für eine integrative – und für die Zukunft erwünschte inklusive – Betreuung an Gewicht gewonnen und kann von Politik und Verwaltung kaum mehr ignoriert werden.

Eltern benötigen vertrauensvolle Erziehungspartnerschaft und professionelle Begleitung

Wie alle Eltern sind auch die Mütter und Väter von Kindern mit Behinderungen sehr unterschiedlich. Die im Transferprojekt befragten HeilpädagogInnen schildern Eltern, die sie davon überzeugen möchten, dass ihr Kind von einer zusätzlichen Therapie profitieren würde. In anderen Fällen versuchen sie, sehr besorgten Eltern mehr Vertrauen in die Stärken ihres Kindes zu vermitteln oder wieder andere davon zu überzeugen, das Kind nicht zu überfordern. Die Fachkräfte beschreiben es als eine ihrer wichtigsten Aufgaben, das Vertrauen der Eltern in ihre Kinder zu stärken und die Perspektive für deren weitere Entwicklung erweitern zu können. Und viele Eltern schildern, wie überraschend und schön sie es empfunden haben, wenn die ErzieherInnen ihr Kind beschreiben und positiv auf seine Entwicklung schauen.

Das Vertrauen der Eltern in die Fachkräfte ist die Grundlage für eine Erziehungspartnerschaft. In den am Projekt beteiligten Einrichtungen wird viel Zeit für die Besprechung der individuellen Förderpläne und den Austausch über das Kind aufgewendet, aber den Eltern auch Raum für ihre Belastungen oder Trauer gegeben. Ziel einer professionellen Begleitung ist die aktive Beteiligung der Eltern an der Hilfeplanung und der Blick auf die besonderen Stärken des Kindes. Durch die enge Zusammenarbeit mit den Eltern ist es auch

---

32 Die Zitate stammen aus Interviews, welche die Autorinnen im Rahmen des nifbe-Transferprojektes »Integrative Tageseinrichtungen für Kinder ...« 2009 geführt haben.

möglich, dass bestimmte Entwicklungsschritte (z. B. das Kind nicht mehr zu füttern oder zu tragen) in der Kita und zuhause in gleicher Weise unterstützt werden. In einzelnen Situationen helfen die Fachkräfte den Eltern auch bei Anträgen oder Behördengängen – oftmals eine große Unterstützung.

Die Sorgen der Eltern behinderter Kinder unterscheiden sich in verschiedenen Punkten von denen anderer Mütter und Väter. So beschreibt eine Mutter ihre Sorge damit, ob sich ihr Kind überhaupt mitteilen kann und von den ErzieherInnen verstanden wird. Gleichzeitig wolle sie aber als Mutter das Team nicht nerven oder überängstlich sein. Aber sie sehe es als ihre Aufgabe an, Übersetzerin für ihr Kind, das sie selbst am besten verstehe, und seine Umwelt zu sein:

> »Wie halte ich die Waage, dass ich einerseits was mitteile an das Team, ohne zuviel Einzel-Aufmerksamkeit zu haben. ... etwas mitzuteilen, wo ich das Gefühl habe, dass Anna das wichtig ist, dass das alle wissen sollen in dem Team, dass die das eben auch übersetzen können, wenn Anna irgendwie was zeigt in einer Gebärde oder durch eine Lautäußerung, und dann aber auch mich zurückzunehmen, dass ich eben auch tatsächlich eine Mutter unter vielen bin.«

Die Eltern machen sich auch Sorgen, ob es ihrem Kind gelingt, mit anderen Kindern in Kontakt zu treten und haben Angst vor Ausgrenzungen. Schwierigkeiten ihres Kindes in der Kommunikation mit den anderen Kindern lösen Ängste aus:

> »Natürlich ist Anna da mittendrin, aber sie ist auch außen vor, weil sie dann durch ihre Behinderung nervt und anstrengend ist. Und Kinder sind eben Kinder, und wenn die da zusammen spielen, dann schubsen sie eben doch ganz gerne mal Anna zur Seite. (...) Ich denke, das ist ganz normal – bloß schwer finde ich, dass sie mir das nicht erzählen kann!«

Das Geschehen in der integrativen Gruppe ist ein wichtiger Lernort für alle Kinder. Dass die Eltern der Kinder mit Behinderung ihre Kinder mit einem guten Gefühl dort »abgeben« können, setzt voraus, dass die pädagogischen Fachkräfte nicht nur die individuelle heilpädagogische Förderung des Kindes unterstützen, sondern auch die Bedingungen für eine gute Lernumgebung für alle Kinder schaffen. Dazu gehört, dass sie die vielfältigen Situationen im Alltag aller Kinder sensibel beobachten und nach Bedarf zwischen den Kindern vermitteln, moderieren oder zusammen mit den Kindern neue Situationen initiieren.

Einige Eltern scheinen sich von der integrativen Betreuung zu erhoffen, dass ihr Kind wieder zum »Regel-Kind« wird und ganz normal eingeschult werden kann. Auf manche Integrations-Kinder trifft dies ja auch tatsächlich zu. Bei manchen Eltern deutet diese Haltung aber darauf hin, dass sie den Schweregrad der Behinderung ihres Kindes nicht wirklich realisieren. Eine Heilpädagogin berichtet:

> »... Sodass wir uns wirklich schon angewöhnt haben, Dinge, die eigentlich für uns nicht so eine Bedeutung haben, also eben die Unterschiede, die Defizite, wirklich frühzeitig auch immer mal zu thematisieren in den Elterngesprächen. Weil wir oft erlebt haben, dass die dann wirklich geschockt waren und gesagt haben: ›Das kann doch jetzt nicht sein, hier ist doch alles, und sie spielt doch und sie macht doch.‹ (...) Wir haben gedacht: ›Packen wir die zu sehr in Watte? Ist das so eine künstliche heile Welt, die wir hier leben?‹«

Eltern wie pädagogische Fachkräfte erleben unter den gegebenen Rahmenbedingungen immer wieder, dass auch die positiven Erfahrungen in einer integrativen Kita nicht davor schützen, wenn im Verlauf des weiteren Bildungswegs der Kinder nicht die individuellen Fortschritte und sozialen Beziehungen, sondern die am Altersdurchschnitt gemessenen Defizite maßgeblich für die weitere Beschulung sind. Entsprechend werden die meisten Kinder nicht gemeinsam (bei zieldifferenten Leistungsanforderungen) beschult. Die vertrauensvolle Erziehungspartnerschaft und die professionelle Begleitung der Eltern und Kinder in der integrativen Kita werden in der Regel ohne jede Weiterführung oder Übergabe abgebrochen.

> »Und immer wieder erleben wir, dass Eltern so traurig sind, wenn diese Worte wirklich – Behinderung und Förderbedarf, alles, was so Richtung Schule dann kommt – ja, wenn diese Worte dann auf ihr Kind zutreffen sollen. Und bei uns war es eben eins von 18 und wurde so mit seinen Besonderheiten geliebt von den Kindern und auch von uns. Es hatte einfach seinen Platz und durfte so sein, wie es ist, und wenn es dann Richtung Schule geht, dann sind das andere Normen, die gelten, und dann kommt es oft so heftig für die Eltern.«

Wie kann es weitergehen? – Ein Ausblick

Das Aufwachsen von Kindern mit Behinderungen ist in Deutschland geprägt durch Exklusionserfahrungen. Die den Kindern zustehende, besondere Förderung und Sicherung der Teilhabe am »normalen« gesellschaftlichen Leben wird in einem Prozess der Begutachtung, Beantragung und notfalls sogar durch Klagen vor Gericht auf die Feststellung von kostenrelevanten Defiziten reduziert. Die Betreuung, Bildung und Erziehung der Kinder wird nur in Sondereinrichtungen oder in Kitas und Schulen mit gesonderter Betriebserlaubnis für Integration zugelassen.

Inklusion bedeutet aber, dass jedes Kind wohnortnah eine Kita und Schule besuchen könnte, die so ausgestattet ist, dass die jeweils notwendigen Hilfen nach Bedarf direkt für das Kind bereitgestellt werden.

Den Eltern wird die schwierige Rolle zugeschrieben, die Hilfen für ihr Kind selbst individuell beantragen zu müssen. Das Angebot an integrativen Kitas und Schulklassen ist in Niedersachsen aber so erschreckend niedrig, dass selbst die sehr bemühten Eltern fast immer auf Widerstände treffen. So fühlen sich auch die Eltern mit ihrem behinderten Kind mit jedem Übergang immer wieder neu vom »normalen« Leben ausgeschlossen.

Die integrativ arbeitenden Einrichtungen zeigen seit vielen Jahren, dass eine gemeinsame Erziehung für alle Kinder möglich und sehr bereichernd ist (lagE e.V./Uni Hannover 2011), die Schulen müssten diese Arbeit fortführen. Gesetzgeber, Kostenträger und Leistungserbringer stehen vor der großen Herausforderung, die Förderrahmenbedingungen der Eingliederungshilfen so umzugestalten, dass insbesondere die Kitas als ein System der gemeinsamen frühen Förderung und Prävention tätig werden können.

Literatur

lagE e.V. (2008): Kitas für alle. Hannover.

lagE e.V. / Uni Hannover (Hrsg.) (2011): Kitas als Türöffner. Abschlussbroschüre zum nifbe-Projekt. Hannover.

Lüpke, S. / Tremel, H. (2009): Unter Dreijährige mit Behinderung – der lange Weg zur Gemeinsamen Erziehung. In: C. Bethke / S. A. Schreiner (Hrsg.) (2009): Die Jüngsten kommen. Berlin/Weimar: verlag das netz, S. 104ff.

Inklusion mit Namen Olga – ein Integrations-Arbeitsplatz entsteht

Susanne Waller

INKLUSION KANN AUF VIELEN VERSCHIEDENEN Wegen stattfinden – dies zeigt auch das Beispiel der Kindertagesstätte Christ König in Lingen Darme, in der ein Arbeitsplatz für die halbseitig gelähmte Olga eingerichtet wurde.

Wie alles begann...
Ausgangspunkt war unsere Suche nach einer zusätzlichen hauswirtschaftlichen Unterstützung für unsere Kita. In einem Gespräch stellte ein Mitarbeiter des Christophorus-Werkes Lingen e.V. das hauseigene Projekt »Arbeit nach Maß« vor. Ziel dieses Projektes ist es unter anderem, für MitarbeiterInnen mit Handicap einen Außenarbeitsplatz zu finden, der ihren Bedürfnissen und Anforderungen gerecht wird.

Schnell stellte sich heraus, dass unsere Suche nach einer hauswirtschaftlichen Unterstützung über dieses Projekt gelingen könnte. Es bot sich eine Mitarbeiterin an, die schon in hausinternen Einrichtungen des Christophorus-Werkes praktische Erfahrungen mit Kindern im Elementarbereich sammeln konnte. In ihrem Praktikum war sie auch mit hauswirtschaftlichen Tätigkeiten betraut worden. Durch die Vorgespräche angeregt, überprüften wir im Team unseren genauen Bedarf an Hilfe, um herauszufinden, ob die dafür vorgesehene Mitarbeiterin für diese Tätigkeit infrage käme.

Parallel setzten wir uns in Teamsitzungen mit diesem Thema und den damit verbundenen Fragen auseinander: Können wir uns vorstellen, mit Menschen zu arbeiten, die ein Handicap haben? Wird es eine Entlastung oder eine Belastung geben? Sind wir dieser Herausforderung gewachsen? Tragen alle MitarbeiterInnen diesen erstmaligen Versuch mit? Ziel war es, eine bewusste und einstimmige Entscheidung mit dem gesamten Team zu treffen.

Bevor es nun mit einem Praktikum beginnen sollte, wurde uns Olga[33] vorgestellt. Und wie so oft im Leben, sind die ersten Augenblicke eines Kontaktes entscheidend. Hier waren wir uns alle gemeinsam einig: Olga ist eine

---

33 In unserer Kita werden wir von den Kindern mit Vornamen angesprochen, und auch die Mitarbeiterinnen untereinander duzen sich.

Sympathieträgerin! Wir kannten sie kaum und wussten doch gleich, dass sie eine liebenswürdige und engagierte Persönlichkeit ist.

Olga ist heute 34 Jahre alt und stammt aus Russland. Mit 15 Jahren ist sie mit ihrer Familie nach Deutschland gekommen. Sie hat seit einer schweren Erkrankung in früher Kindheit eine rechte Halbseitenlähmung. Mit diesem Handicap geht sie im Alltag souverän um.

Olga beginnt ihr Praktikum

Im Januar 2010 beginnt Olga in unserem Haus ihr Praktikum, das von einem Inklusionsbegleiter des Christophorus-Werkes begleitet wird. Wir sind alle freudig aufgeregt, und der erste Tag startet mit einem gewinnenden Lächeln von Olga. Zunächst laden wir sie ein, die Kinder und uns kennenzulernen. In dieser Phase besucht Olga die Gruppen der Kinder, spielt und spricht mit ihnen, und ein erstes vertrautes Verhältnis baut sich auf. Zeitgleich lässt sie sich die hauswirtschaftlichen Tätigkeiten zeigen.

Ihren Arbeitstag beginnt Olga mit der Vorbereitung des Cafés, das allen am Vormittag zur Verfügung steht. Sie deckt die Tische ein, bereitet die Getränke zu, sorgt dafür, dass alles auf seinem Platz steht und einladend wirkt. Im Anschluss kümmert sie sich im Hauswirtschaftsraum um die zu reinigende Wäsche. Diese fällt seit einem Umbau im Jahr 2007 durch ein verändertes Modell in den Waschräumen der Kinder in großem Umfang an. Seit dieser baulichen Veränderung sind die Kinder am Ablauf des Reinigungsprozesses der Wäsche beteiligt. Sie fahren die benutzten Handtücher mit Rollwägen in den Hauswirtschaftsraum zur Waschmaschine, befüllen diese, geben nach Maß das Waschmittel ins vorgesehene Fach und dürfen zur großen Freude das Knöpfchen drücken. Das gleiche gilt für den Trockner. Die gesäuberte Wäsche wird von Olga und den Kindern gefaltet und an ihren Bestimmungsort zurückgebracht.

Wechselseitige Bereicherung

Diese Interaktion ist beispielhaft für viele weitere Aktivitäten zwischen Olga und den Kindern. Durch die tägliche Wiederholung werden diese Handlungen zu einem Ritual und somit für die Kinder zu einer Gewissheit, die beiderseitiges Vertrauen aber auch Verantwortung schafft. Die so aufgebaute Beziehung stabilisiert die Bindung zu den Kindern und lässt grundsätzliches Lernen zu. In diesem Prozess findet eine wechselseitige Bereicherung durch unterschiedliche, teils unbewusste und teils bewusste Erfahrungen statt. Die Gespräche zwischen Olga und den Kindern, das gemeinsame Handeln und Tun, das Lachen und Scherzen führen zu einer Form von Nähe, von der alle profitieren. Die Kinder schwingen sich zum Beispiel in Olgas Tempo ein, sie gehen langsamer, damit Olga Schritt halten kann. Und wenn doch gerannt wird, so bittet Olga um Nachsicht. Allein dieser Augenblick des Verstehens, dass wir alle verschieden sind, lässt die Kinder aufmerksam werden: Es gibt Große und Kleine, Dicke und Dünne, Schnelle und Langsame – und natürlich alle Zwischentöne. Die Kinder verharren einen Moment, nehmen wahr und agieren. Sie lernen zu differenzieren, und gewiss schauen sie auch genauer hin: Und jetzt? Wie gehe ich mit Olga um? Wie verhalte ich mich? Soll ich wirklich warten oder ihr zeigen, wie schnell ich bin? Mit diesem impliziertem Wissen findet beim Kind eine wichtige innere Auseinandersetzung statt, die vielleicht bis zur Empathie geht.

Die Krippenkinder aus der Gruppe »Wolkennest« gehen auf Olga ganz unbefangen zu. Sie beobachten sich gegenseitig, kommunizieren miteinander, und es folgen Spielprozesse des Gebens und Nehmens. Durch den regelmäßigen Besuch im Wolkennest baut sich auch hier ein vertrautes Verhältnis von Olga zu den Kindern auf. Wir beobachten, wie Olga am Morgen von den Kleinsten begrüßt wird. Sie begibt sich ganz selbstverständlich auf Augenhöhe der Einjährigen, wenn diese die Kita mit noch unsicheren Schritten betreten, und wenn sie Olga nicht gleich sehen, rufen sie sie beim Namen. Die Kinder und Olga begrüßen sich, lächeln sich an; die Kinder nehmen ihre Hände oder werden von Olga lieb über den Rücken gestreichelt. Allein diese Begebenheit rührt an und lässt einen als Beobachter für einen kurzen Augenblick innehalten. Auch aus der Beobachtung heraus spürt man, dass hier etwas Wesentliches im kleinen Menschen passiert. Auch das Leuchten in Olgas Augen macht deutlich, wie viel es ihr bedeutet, von den ganz Kleinen so wahr- und angenommen zu werden.

Aber nicht alle Kinder reagieren so wohlwollend und natürlich auf Olga. Insbesondere einige ältere Kinder (im Alter von fünf bis sechs Jahren) verhalten sich verunsichert. Sie meiden Interaktionen, beobachten Olga eher aus der Entfernung oder hänseln sie, wenn sie annehmen, sie seien unbeobachtet. So geht Olga zunächst auf das Reimspiel »Olga-Bolga« ein, merkt jedoch zunehmend, dass der Spaß auf ihre Kosten geht. Wenn sie spürt, dass ihre Ermahnungen bei den Kindern nicht ankommen, holt sie sich bei uns Hilfe und Unterstützung. Und auch uns hat dieses Verhalten der Kinder zuerst verunsichert.

Für einen kurzen Moment stellte sich für uns die Frage, ob dieses Projekt tatsächlich umsetzbar und solch ein Verhalten für Olga tragbar ist. Doch ja, wir wollen dieses Projekt! Und ja, jetzt erst recht! Zeigt uns doch dieses Verhalten, das von Unsicherheit geprägt ist, hier ist Handlungsbedarf. Superlative wie größer, schneller, weiter sind zwar scheinbar in unserer Gesellschaft angesagt, doch bringen sie uns in keinster Weise weiter. Hier sehen wir unseren Auftrag, soziales und emotionales Handeln anzubahnen und zu vertiefen. Ein gelingendes Miteinander führt zu einer hohen Zufriedenheit und gelingt unter anderem durch Kommunikation, Auseinandersetzung, Rücksichtnahme und Rückmeldung. Diese Zufriedenheit streben wir täglich an. Zeitgleich fordert sie uns auch täglich heraus.

Basis für lebenslanges Lernen
In diesem Spannungsfeld der Unterschiedlichkeiten und der Vielfalt erleben die Kinder und wir eine Lernumgebung, die eine gute Basis für lebenslanges Lernen ermöglicht. Schon nach kurzer Zeit gehört Olga ganz selbstverständlich zu unserem Team. Und sie bringt ein ganz besonderes Potenzial mit ein: Sich selbst! Mit ihrer Persönlichkeit stößt sie Selbstbildungsprozesse bei den Kindern an, die sie ein Leben lang prägen werden. Das Besondere daran ist, dass es keine »künstlichen« Lernsituationen des sozialen Handelns sind, sondern als ein alltägliches Handlungsfeld im Kita-Leben bestehen. Dies gilt nicht nur für die großen und kleinen Kinder, sondern auch für uns ErzieherInnen sowie Eltern und Großeltern, den Träger und die Menschen in unserer Gemeinde. Wir spüren, dass sich durch das bewusste Handeln und Reflektieren unsere Haltung auch hinsichtlich unseres Menschenbildes verändert. Olga lässt uns offener und wacher werden und erweitert unseren Horizont, nicht nur in sozialen Kontexten.

Gemeinsam mit der Stadt Lingen, in Kooperation mit dem Christophorus-Werk und durch Geldspenden aus unserer Gemeinde möchten wir das Projekt finanziell tragbar machen und weiterführen, damit Inklusion gelebt, sichtbar und selbstverständlich wird. Das »Mit-einander leben«, »Von-einander lernen« und »Ein-ander verstehen« gibt uns das Gefühl: Ich bin dabei und gehöre dazu! Für uns hat Inklusion einen Namen: »Olga«!

Betreut und begleitet werden in der Kindertagesstätte Christ König in Lingen Darmen derzeit 108 Kinder im Alter von ein bis sechs Jahren von insgesamt 13 ErzieherInnen. Folgende Betreuungsgruppen stehen zur Verfügung: drei Regelgruppen, eine altersübergreifende Ganztagsgruppe, eine Krippengruppe. Weiterhin sind im Haus zwei hauswirtschaftliche Kräfte, drei Reinigungspersonen und ein Hausmeister beschäftigt.

Die Kita hat sich im Jahr 2009 zum »bewegten Kindergarten« zertifizieren lassen und arbeitet kindzentriert nach einem ganzheitlichen, teiloffenen Konzept. Projektthemen werden gemeinsam mit den Kindern anhand der Mindmap-Methode erarbeitet, durchgeführt und reflektiert.

Der Integrations-Arbeitsplatz von Olga wird von der Stadt Lingen und Firmen vor Ort finanziell unterstützt.

Verzeichnis der AutorInnen

JUNIOR-PROF. DR. TIMM ALBERS, seit Oktober 2010 Juniorprofessor für Frühkindliche Bildung an der Pädagogischen Hochschule Karlsruhe. Als Gastprofessor der Freien Universität Bozen/Italien lehrt er seit 2009 im Studiengang »Bildungswissenschaften für den Primarbereich/Zusatzausbildung zur Befähigung für den Integrationsunterricht in Kindergarten und Grundschule«. Seine Schwerpunkte in der Lehre liegen u. a. in den Bereichen Inklusion in Kindertageseinrichtungen sowie der interdisziplinären Frühförderung.

DR. BIRGIT BEHRENSEN, Soziologin und wissenschaftliche Mitarbeiterin in der Forschungsstelle Begabungsförderung des Niedersächsischen Instituts für frühkindliche Bildung und Entwicklung (**nifbe**). Arbeitsschwerpunkte sind die Qualitative Forschung, Migration, Flucht und Bildung.

THEKLA BERGEN, Pädagogische Leiterin der von einer Elterninitiative getragenen Kindergruppen »Die Rübe e. V.« in Lüneburg. Eines ihrer Schwerpunktthemen ist neben der Gesundheit und Ernährung eine geschlechtsbewusste Elementarpädagogik.

HEIKE BORNHORST, Leiterin der Kindertagesstätte »Sonnenland« in Neuenkirchen-Vörden, die im Jahr 2011 den Kita-Wettbewerb des Niedersächsischen Instituts für frühkindliche Bildung und Entwicklung (**nifbe**) zum Thema »Vielfalt als Chance« gewonnen hat.

PROF. DR. PHIL. STEFAN BREE, Hochschullehrer an der HAWK Hochschule für angewandte Wissenschaft und Kunst in Hildesheim/Holzminden/Göttingen an der Fakultät Soziale Arbeit und Gesundheit. Sein Schwerpunkt in der Lehre liegt im Bereich Didaktik der Bildungsbereiche und ästhetischer Lehr-Lernformen in der ästhetischen Werkstatt für Studierende des BA Studiengangs Bildung und Erziehung im Kindesalter sowie in Kooperation mit der Leibniz-Universität Hannover auch für Studierende BA/MA des Studiengangs Lehramt Sonderpädagogik. Seine Forschungsschwerpunkte sind Professionalisierung und ästhetische Bildung.

PROF. DR. ANDREA CABY, Kinder- und Jugendärztin, systemische Therapeutin sowie Professorin für Sozialpädiatrie an der Hochschule Emden-Leer, Fachbereich Soziale Arbeit und Gesundheit. Seit 2008 Leiterin des BA-Studiengangs Inklusive Frühpädagogik. Arbeitsschwerpunkte: Frühkindliche Entwicklung und mögliche Störungen, Kindergesundheit, Interdisziplinarität, Arbeit mit Eltern und Familien sowie die Weiterentwicklung systemisch-lösungsorientierter Ansätze in Therapie und Pädagogik.

LIVIA DAVERI, Koordinatorin in der Hauptstelle der Regionalen Arbeitsstellen zur Förderung von Kindern und Jugendlichen aus Zuwanderungsfamilien (RAA) in NRW und für das Konzept »*Griffbereit* – wie Eltern und Kinder gemeinsam Spiel und Sprache entdecken können/Inklusion über Sprachbildung und Elterneinbindung« zuständig.

NINA-KATHRIN FINNERN, Wissenschaftliche Mitarbeiterin an der Universität Bremen, Arbeitsgebiet Inklusive Pädagogik. Arbeitsschwerpunkte: Kindheitsforschung, Frühkindliche Bildung und Inklusion, Heterogenität in der frühen Kindheit (u.a. Promotionsstudie).

BENGT FÖRSTER, Wissenschaftlicher Mitarbeiter am Institut für Rehabilitationswissenschaften an der Humboldt-Universität zu Berlin. Seine Arbeitsschwerpunkte in der Abteilung Gebärdensprach-/Audiopädagogik sind Sprachentwicklung in Gebärdensprache, Didaktik Deutsche Gebärdensprache (DGS), sowie Inklusion tauber und schwerhöriger Kinder.

PROF. DR. KLAUS FRÖHLICH-GILDHOFF, Professor für Klinische Psychologie und Entwicklungspsychologie an der Hochschule Freiburg, Leiter des MA-Studienganges Bildung und Erziehung im Kindesalter. Leiter des Zentrums für Kinder- und Jugendforschung; im Bereich Jugendhilfe, Pädagogik der Frühen Kindheit sowie der Psychotherapie mit Kindern und Jugendlichen.

PROF. DR. ULRICH HEIMLICH, nach zehnjähriger Tätigkeit als Lehrer für Lernbehinderte und wissenschaftlichen Stationen in Dortmund, Halle-Wittenberg und Leipzig vertritt er seit 2001 den Lehrstuhl für Lern- und Körperbehindertenpädagogik an der Ludwig-Maximilians-Universität München.

DR. KARSTEN HERRMANN, seit 2008 Pressesprecher des Niedersächsischen Instituts für frühkindliche Bildung und Entwicklung. Zuvor verschiedene Tätigkeiten als freier Journalist sowie als PR- und Projektmanager im Bildungsbereich.

NORBERT HOCKE, Erzieher, Sozialpädagoge und Diplom-Pädagoge. Nach Tätigkeiten als Bildungsreferent und Kita-Leiter ist er seit 1986 im Geschäftsführenden Bundesvorstand der Gewerkschaft Erziehung und Wissenschaft für den Vorstandsbereich Jugendhilfe und Sozialarbeit zuständig.

EDITA JUNG, Erzieherin und Diplom-Pädagogin. Nach einer mehrjährigen Tätigkeit in der frühpädagogischen Praxis und Fortbildung sowie beim **nifbe**-Regionalnetzwerk NordWest ist sie seit 2009 Verwaltungsprofessorin mit dem Schwerpunkt Frühpädagogik an der Hochschule Emden-Leer. Ihr Forschungsschwerpunkt liegt u. a. im Bereich von Transitionen im frühen Kindesalter.

PROF. DR. MARIA ELEONORA KARSTEN, Universitätsprofessorin am Institut für Sozialarbeit und Sozialpädagogik der Leuphana Universität Lüneburg und Studiengangsleiterin im BA »Berufliche Bildung in der Sozialpädagogik« sowie im Master »Education. Lehramt an Berufsbildenden Schulen, Fachrichtung Sozialpädagogik«. Forschungsinteressen: Eigenforschung in Promotionen und Habilitation und Drittmittelforschung schwerpunktmäßig auf personenbezogene Dienstleistungsberufe in Bildung, Erziehung, Soziales, Gesundheit und Pflege fokussiert sowie Professionalisierungsforschungen, interkulturellen Genderstudien und Lehre und Forschung zu Prozessen des Managens des Sozialen. Langjährige Funktionen in der Frauen- und Gleichstellungsarbeit, Gremien der Universität und Mitglied der Akkreditierungskommission der AHPGS: Fachagentur für Studiengänge in Bereich, Bildung, Erziehung und Soziales.

PROF. DR. ANKE KÖNIG, Juniorprofessorin für Frühpädagogik an der Universität Vechta und Vorstandsmitglied der Kommission »Pädagogik der frühen Kindheit« der Deutschen Gesellschaft für Erziehungswissenschaft (DGfE). Ihr Forschungsschwerpunkt liegt auf den Interaktionsprozessen zwischen ErzieherIn und Kind als Ausgangspunkt für die Gestaltung einer guten Lernumwelt im Kindergarten.

PROF. EM. DR. JÜRGEN KÜHL, Kinderarzt, von 1977 bis 2003 Professor für Sozialpädiatrie an der Hochschule Emden-Leer, langjähriger Vorsitzender bzw. stellv. Vorsitzender und heutiges Ehrenmitglied der Vereinigung für interdisziplinäre Frühförderung e.V.

STEFANIE LÜPKE, Dipl.-Sozialpädagogin und Dipl.-Sozialwissenschaftlerin mit den Arbeitsschwerpunkten Frühkindliche Bildung, Kinder- und Jugendhilfe, Frauen- und Gesundheitsforschung, ist seit 2005 Mitarbeiterin bei der Landesarbeitsgemeinschaft Elterninitiativen in Niedersachsen und der Hansestadt Bremen (lagE e.V.). In 2012 übernimmt sie die Geschäftsführung.

PROF. DR. TAMARA MCCALL, Professorin an der Hochschule Osnabrück und Leiterin des Studienprofils Elementare Musikpädagogik. Ihre Lehrgebiete sind u. a. Bewegungserziehung, Musik und Bewegung, Schlagwerk, Gestaltung und Inklusiver Tanz. Sie leitet das Tanztheater eigenwert, ein Angebot für Menschen mit und ohne Behinderung (Praxisfeld für Studierende). Zusätzlich gibt sie Workshops und Fortbildungen im Bereich Inklusiver Tanz, Rhythmik und Afrikanische Spiellieder. Künstlerische Tätigkeit: Tanz- und Performanceprojekte und Märchentheater für Kinder.

ANGELIKA OEST, Leiterin der Kita Nimmerland der Elbe-Weser Werkstätten gGmbH im niedersächsischen Langen. Im Rahmen des Offenen Konzeptes vertritt sie mit ihrem Team den Ansatz »Inklusion durch Partizipation«.

PROF. DR. SIMONE SEITZ, Professorin für das Arbeitsgebiet »Inklusive Pädagogik, Schwerpunkt Geistige Entwicklung« an der Universität Bremen. Zu ihren Schwerpunkten in Forschung und Lehre zählen Inklusion in Kindertageseinrichtungen sowie Inklusion und Frühförderung.

ERIKA SCHUSSMANN, seit 13 Jahren Leiterin des nach dem Offenen Konzept arbeitenden Evangelisch-Lutherischen Kindergartens Petersfehn am Stadtrand des niedersächsischen Oldenburgs.

MARIA THÜNEMANN-ALBERS, mehrjährige Tätigkeit als Lehrerin in der Ausbildung von SozialassistentInnen/ErzieherInnen und HeilpädagogInnen, Fort- und Weiterbildnerin im kindheitspädagogischen Bereich, Motopädin in eigener psychomotorischer Ambulanz, Erfahrungen als systemischer Coach in der Betreuung von Pflegefamilien. Seit Anfang 2009 arbeitet sie am Niedersächsischen Institut für frühkindliche Bildung und Entwicklung (**nifbe**) und leitet dort das durch das Bundesfamilienministerium (BMFSFJ) geförderte Projekt »Professionalisierung, Transfer und Transparenz im elementarpädagogischen Praxis- und Ausbildungsfeld«.

HEIDE TREMEL, Dipl. Soziologin mit den Arbeitsschwerpunkten Elementarpädagogik und Bildungsplanung ist Gründungsmitglied und seit 2002 Geschäftsführerin der Landesarbeitsgemeinschaft Elterninitiativen in Niedersachsen und der Hansestadt Bremen (lagE e.V.). Bereits seit 1989 baute sie die regionale Beratungsstelle für Elterninitiativen in der Region Hannover mit auf und war dort geschäftsführend tätig. Ab 2012 ist eine freiberufliche Tätigkeit geplant.

PETRA WAGNER, Dipl. Pädagogin. Seit 2000 Leitung der KINDERWELTEN-Projekte zur Entwicklung und Verbreitung des Ansatzes Vorurteilsbewusster Bildung und Erziehung in Kitas, Grundschulen und Fachschulen für Sozialpädagogik. Seit 2011 Leitung der Fachstelle KINDERWELTEN und Direktorin des Instituts für den Situationsansatz in der Internationalen Akademie INA gGmbH an der Freien Universität Berlin.

SUSANNE WALLER, Erzieherin, Motopädin, Spielpädagogin und Leiterin der Kita und des Familienzentrums Christ König in Lingen/Darme. Zurzeit absolviert sie eine Weiterbildung zur Familienberaterin.

WIEBKE WARNECKE, Wissenschaftliche Mitarbeiterin in der Forschungsstelle Begabungsförderung des Niedersächsischen Instituts für frühkindliche Bildung und Entwicklung (**nifbe**). Arbeitsschwerpunkte sind u. a. die Themenfelder Heterogenität/Diversity und Bildung sowie Verschiedenheit und Begabungsentfaltung.

MIRIAM WEILBRENNER, Multiplikatorin für die Programme Rucksack und Griffbereit und Koordinatorin für das Projekt »Auftritt Beruf«/RAA Wuppertal.